新时代统筹城乡区域
德育一体化
理论与实践

编委会名单

主 编

向帮华　倪胜利　张秀芬

副主编

海国忠　王显锋　唐小兵　郭先富　胡 波　马明坤　刘晓霞
张秀玲　王 鹏　冯保伟　王秀霞　贾会杰　满泽洪　黎 强
文绍松　冉 平　肖欣耘　袁桂林　刘开幸　郑仁均　伍德瑞

江西教育出版社
JIANGXI EDUCATION PUBLISHING HOUSE
·南昌·

图书在版编目（CIP）数据

新时代统筹城乡区域德育一体化理论与实践 / 向帮华等编著 . —— 南昌 : 江西教育出版社 , 2022.10
ISBN 978-7-5705-3369-5

Ⅰ . ①新… Ⅱ . ①向… Ⅲ . ①德育 – 课程建设 – 研究
Ⅳ . ① G41

中国版本图书馆 CIP 数据核字 (2022) 第 190628 号

新时代统筹城乡区域德育一体化理论与实践
XINSHIDAI TONGCHOU CHENGXIANG QUYU DEYU YITIHUA LILUN YU SHIJIAN
向帮华　等　编著

江西教育出版社出版
（南昌市抚河北路 291 号　　邮编：330008)
各地新华书店经销
南昌市红黄蓝印刷有限公司印刷
720 毫米 × 1000 毫米　　16 开本　　15.5 印张　　字数 229 千字
2022 年 10 月第 1 版　　2022 年 10 月第 1 次印刷
ISBN 978-7-5705-3369-5
定价：58.00 元

赣教版图书如有印装质量问题，请向我社调换 电话：0791-86710427
投稿邮箱：JXJYCBS@163.com　　电话：0791-86705643
网址：http://www.jxeph.com

赣版权登字 -02-2022-528

前　言

立德树人,统筹推进新时代城乡区域德育一体化发展

当今世界正经历百年未有之大变局,我国正处于实现中华民族伟大复兴的关键时期。在习近平新时代中国特色社会主义思想指引下构建人类命运共同体,坚守为党育人、为国育才,培养担当民族复兴大任的时代新人,是时代赋予教育事业的神圣使命和光荣职责。紧扣立德树人教育根本任务,立足区域实际,以统筹城乡区域德育一体化体系建设为主要载体,统整区域德育优势资源,整体规划德育发展目标、优化德育路径、完善德育评价机制,是落实国家教育战略的导向性需求的根本策略,是培养新时代中国特色社会主义建设者和接班人的根本需要,是全面加强和改进新时代中小学校德育建设的必然要求。

按照教育规律办事是教育工作者的学理追求。在中华传统文化的价值理念中,最高的善是"与天地合其德,与日月合其明,与四时合其序"。"天地之大德曰生","生生之德"就是大善。天之德,"生而不有,为而不恃,长而不宰"。此乃生育万物而不占有它,促成万物而不挟制它,长养万物而不主宰它。这种善德是普惠于天地万物的。人及所处的生态世界的一切存在者,都因这种生命根本法则的存在而生生不息。在此基础上的区域德育一体化建设,是推动教育发展的一种顶层设计。为此,首先要对德育理论进行梳理和论证,统一思想认识,确立价值定位及核心理念,构建理论框架,然后要从全区域、全局性、全方位、全要素、全环节、全过程视角出发,基于现实发展的需要,确定具体的建设目标。作为核心概念的"德育",当从两个层次理解:一是作为教育总体目标的"立德树人"之"德",二是具体落实于"德、智、体、美、劳"五育之中的待立之德,两者

内在关联，相互促进。

城乡区域德育一体化建设，就是从区域德育全局出发，将德育的时间要素、空间要素，物质资源和精神资源，以及历史文化与现实发展等作通盘的考虑和整体的谋划。"一体"就是"整体"，整体性思维要关注全要素的关联与互动，互动具有多维度、多层次、多方面、多要素、多环节等因素相互作用的复杂性。德育远比单纯的教学更生动、更丰富、更鲜活、更多样。德育无时无处不在，教育的一切因素，无不关联德育。

提到德育，人们往往会想到，这是一个学校教育的话题。但学校从来就不是文化孤岛，尤其是像在城市化进程中突飞猛进地发展着的重庆市沙坪坝区、河南省郑州航空港区等新时代背景下的经济建设区域，学校教育与社区及原有的乡村教育生态背景等存在着十分独特的、千丝万缕的复杂联系。教育的顶层设计，必须将其与社会发展作整体的谋划，学校教育与人文生态和历史文化背景也须紧密结合起来，精神文明与物质文明建设须同步进行。所谓"一体化"，就是从城乡时空维度思考的整体布局。例如河南省郑州航空港区、重庆市沙坪坝区等地教育人积极探索、实践的区域性德育理念就是对德育时空维度整体思考下的教育行动，受到教育同行的广泛好评。

当下，学习贯彻党的二十大精神，按照党和国家的既定目标前进是全体教育工作者的神圣使命。在学校贯彻以人民为中心的思想关键表现为以学生的发展为中心。既如此，建设统筹城乡区域德育一体化体系，既是落实习近平新时代中国特色社会主义思想和贯彻党的教育方针之体现，也是新时代构建统筹城乡区域高质量教育体系及服务一线学校德育实践的需要。

目 录

上篇　理论篇

第一章　新时代统筹城乡区域德育基本理论 …………………………… 002

　　第一节　道德观念论 ……………………………………………… 002

　　第二节　德育认识论 ……………………………………………… 008

　　第三节　德育方法论 ……………………………………………… 017

第二章　统筹城乡区域德育一体化的理论框架 ………………………… 031

　　第一节　区域德育一体化理论之维 ……………………………… 031

　　第二节　区域德育一体化核心理念 ……………………………… 042

　　第三节　区域德育一体化实践途径 ……………………………… 048

第三章　统筹城乡区域德育一体化的时代意蕴 ………………………… 054

　　第一节　区域德育一体化政策溯源 ……………………………… 054

　　第二节　区域德育一体化时代背景 ……………………………… 058

　　第三节　区域德育一体化时代内涵 ……………………………… 062

第四章　统筹城乡区域德育一体化的融合路径 ………………………… 064

　　第一节　区域德育课程目标引领 ………………………………… 064

　　第二节　区域德育学科横向配合 ………………………………… 072

　　第三节　区域德育学段纵向衔接 ………………………………… 087

　　第四节　区域德育课堂内外融通 ………………………………… 089

下篇　实践篇

第五章　统筹城乡区域德育一体化的理念探索 ·················· 102

　　第一节　固本铸魂整体育人区域德育探索 ·················· 102

　　第二节　上善共生理念统筹城乡区域德育 ·················· 116

第六章　统筹城乡区域德育一体化的模式探索 ·················· 135

　　第一节　区域德育框架设计 ···························· 135

　　第二节　区域德育探索案例 ···························· 139

第七章　统筹城乡区域德育一体化的家校共育探索 ·············· 148

　　第一节　郑州航空港区新文明家风家庭共育策略 ············ 148

　　第二节　郑州航空港区新文明家风家庭共育案例 ············ 154

第八章　新时代统筹城乡区域德育一体化展望 ·················· 192

　　第一节　区域学校德育的价值品质状态 ·················· 192

　　第二节　新时代区域学校德育新生长点 ·················· 194

附录 ·· 198

后记 ·· 240

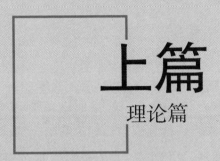

上篇

理论篇

第一章　新时代统筹城乡区域德育基本理论

第一节　道德观念论

德育就是道德教育。行何道，立何德，何以立德，始终是要关注的核心问题。道德观阐释，是确立当代德育理念的理论基础。"道德"一词，由来已久，今人对此有各种不同的理解，见仁见智，多有分歧。这个概念里有深厚的历史沉淀和丰富的文化意蕴。"德"由"道"生，"道"有"道统"，"德"有品性。统一认识要以文化认同为基础。老子《道德经》无疑是中华民族道德观的历史文化根基。

一、"道""德"意蕴

"道""德"话语是一个永恒的主题。自古及今，精神文化一脉相承。思考当代德育问题，有必要重温经典，弄明白什么是"德"，才知道立什么德，以及如何立德。当然，赋予经典时代精神，让经典活在当下，也是我们今天要做的。这就需要我们站在时代的高度，去发掘经典中具有永恒价值的思想资源。"道"有"道统"，一脉相承。大道之行，天下为公。"德"有向度，永无止境。盛德日新，止于至善。

何为"道"？道可从两个方面认识。一是老子所说的看不见、摸不着，不可名状而又无处不在，谓之"众妙之门"的形而上者。道生万物，育万物，成就万物。"生而不有，为而不恃，长而不宰"，然而却有"不行而至""不疾而速""不为而成"之神功妙用。"道"中蕴含着宇宙自然根本法则，万物皆从之。朱熹说："凡言道者，皆谓事物当然之理，人之所共由者也。"[①] 二是由前人开辟，后人沿

---

① 朱熹：《论语集注》，中国社会出版社，2013，第8页。

着它一路走来的道路。老子说:"执古之道,以御今之有。能知古始,是谓道纪。"儒家尊奉的道统,即是那种继往开来之路。我们可以将道的意义理解为两者的整合与统一。这就是说,人类文明演进的道路背后,是宇宙自然的根本法则。人所行之道,是有意向性的,以价值理念为导向。当代中国奉行的价值理念,是"文明""和谐""民主""自由""公正""诚信"等。"鼓天下之动者存乎辞",这些观念能引领社会,盖因其为"道之文也"。核心价值观规定了"道"之"大"者,"大道"是明德修身、立德树人的根本准则。总的方向目标之下,还有各个分支系统所依循的路径、理路和法则。"天人合一"是中华道统,现代人所说的"符合自然规律",与之义近。当代中国要走的道路,是构建人类命运共同体,其终极关怀指向人与人、人与自然的和谐一致。当今人类最大的困境是面临自然系统崩溃的威胁。这一切源于人类社会之间为抢夺有限资源而进行的流血与不流血的战争,而这又可在人类自身自私、懒惰、贪婪、霸道的品性中找到根源。为了自身的利益不给他人和别种生物留下活路,最终会导致自身的毁灭。儒家提出"万物并育而不相害"(《礼记·中庸》),治理社会的逻辑从个体开始:格物、致知、正心、诚意、修身、齐家、治国、平天下;老子"重积德"的"深根固柢"之道所遵循的逻辑以"修之于身"为起点,经由"修之于家""修之于乡""修之于邦",达到"修之于天下"(《道德经》第 54 章)。人间大道,从个体正己修身开始,最终指向,是人与自然的和谐共生,即古人说的"天人合一"。

何为"德"? 这个字无论从造型来看,还是体会其意向所指,都与"行道"密切关联。离开"道",无"德"可言。老子一语道出其本质所在:"道生之,德蓄之,物形之,势成之。"①万物由"道"而生发,道生之物,缘道而行所积蓄之品质即是"德"。物之形,势之成,皆是符合天地之道的事物聚合、积累所致。"孔德之容,惟道是从"(《道德经》第 21 章),"道"须臾不可偏离,偏离了道,无德可言。"德"这个符号要表达的意义,即是本着大道直行,须以慧眼观察大道,以诚心体悟大道。依中国古代先贤之见,"德"乃是天、地、人、物所得于"道"者。"道"寓于天、

---

① 老子《道德经》第 51 章。本书中老子《道德经》引文出自陈鼓应译注《老子今注今译》,商务印书馆,2003 年版。后文中《道德经》引语只在行文中以括号标注篇章名,不再作注。

地、人、物之中,其体现和作用就是"德"。《庄子·天地》篇云:"物得之以生,谓之德。"《管子·心术上》亦云:"德者道之舍,物得以生……故德者,得也……以无为之谓道,舍之之谓德。故道之与德无间,故言之者不别也。间之理者,谓其所以舍也。"这就是说,"道"与"德"是统一的,它们的区别只在于"道"是"所以舍",而"德"就是得于"道",亦即"道"所舍于(寓于、居处于)天、地、人、物之中者。

德之积蓄有厚有薄,有深有浅,有实有名,有真有假。实质不同,等次不同,"品德""品质",优劣有等。老子品评德性,有"上德""下德"之分,也有"玄德""厚德"之论。"上德不德,是以有德","下德不失德,是以无德"。这就是说,上乘之德,不称德,无须虚伪浮夸的语言装饰,它深深蕴含于内在本质之中;而下乘之德,总把"德"挂在口头上,那是表面的,做给别人看的,是缺德的表现,并非真正的德。西方哲人们批判那种将道德视为达到他种目的的手段,在中国人看来,满口仁义道德者会有心术不端之嫌。人之所以能被道德所"绑架",就在于被绑架者视道德为工具和标签。道德话语玄奥、深邃,仿佛一个黑洞,寻常事理,平庸见识,到这里会遭遇变形。所以老子说:"玄德深矣,远矣,与物反矣。"可见,"德"与"不德",不能只听他说,只看表面;外观与实质,常常大相径庭。所谓"厚德",是用"赤子"来比喻的:"含德之厚,比于赤子。毒虫不螫,猛兽不据,攫鸟不搏。"赤子德性,纯厚天然,不掺杂质,蕴含势能,生灵敬畏,盖因其"精之至也""和之至也"(《道德经》第55章)。

在中华传统文化的价值理念中,最高的善是"与天地合其德,与日月合其明,与四时合其序"。"天地之大德曰生"(语出《易传》),"生生之德"就是大善。天之德,"生而不有,为而不恃,长而不宰(语出《道德经》)"。这就是说,生育万物而不占有它,促成万物而不挟制它,长养万物而不主宰它。这种善德是普惠于天地万物的,人及所处的生态世界的一切存在者,都因这种生命根本法则的存在而生生不息。

二、德性面面观

古人论德性,具有多维度、多层次、多方面、多角度的特点。如《周易·系辞下》曰:"履,德之基也;谦,德之柄也;复,德之本也;恒,德之固也;损,德之修也;益,德之裕也;困,德之辨也;井,德之地也;巽,德之制也。"这就是说,行路是积德的起始点,有所行动才能进德,不行无以积德;"劳而不伐""有功而不德"为谦,不自满才能积德,常执谦虚之心,犹如为积德须握持的把手;"复"指回归良知,"有不善未尝不知,知之未尝复行也","见不善如探汤",复归其本,才能积善;持之以恒,才能巩固德性;君子之修德,必去其害德者,所谓"损",即损不德以进德;"益"即增益,善日积则德宽裕;不临艰难困苦之地,不足以体现德性,所以于受困之地,方能辨德;井的作用是养人利物,与君子之德有一比;"巽为风",风是流动的,顺时制宜而不随俗合污,风行而有所节制,所以孔子说"君子之德,风"。

德性尚善,以谷为怀。山谷幽深空旷,含弘化光,包纳万物,蕴蓄能量。老子谓之"上德若谷"。人之道,取法自然,所以,有德者,虚怀若谷,善居人下,和谐处事,宽容与共。熟语"从善如流""宽宏大量"说的就是有德之人。"善者,吾善之;不善者,吾亦善之",以善为德,是为"德善"(老子语);得失不计,宠辱不惊,是为"不争之德"(老子语);"生而不有,为而不恃,长而不宰",是为"玄德"(老子语)。庸人得宠也惊,受辱也惊,计较名利,患得患失,贪得无厌,欲壑难平,这便是万恶之源。"人到无求品自高","心底无私天地宽",古今品德高尚者,皆知守柔处下、少私寡欲之益,皆为胸襟坦荡、胸怀宽广之人。

"上德若谷,广德若不足,建德若偷。"(《道德经》第41章)这里,"偷"不是"窃",是说道德品质的养成和建树,不声张、不作响、不欲人知,不求赞誉,潜然而进,暗自增长。孔子在《周易·乾·文言传》中称有德却隐而不露者为"龙德":"不易乎世,不成乎名;遁世无闷,不见是而无闷……潜龙也。""不见是"与"人不知"意义相通。君子慎独,人见与不见,人知与不知,皆奉"惟精惟一"为圭臬。当然,这种极品德性,非圣人君子难以达到。但对常人来说,品评德性,这不失为一个价值判断的准则。修德是一种生长现象,生长本是一个潜移默化的过程，必得体究践履，身体力行。老子说："修之于身，其德乃真。"如何修之于身？身体在世界中行走，在运动中塑就，只有在做事中始终如一地遵道而行，身心统一，知行合一，才能真正有德性的积累和生成。西方教育哲学家杜威有句经典名言："教育即生活，教育即生长，教育即经验的改造。"一语道出了教育的实质。仔细品味，杜威是用西方现代话语表达了中国古代先贤所悟出并加以阐释的道理。

　　盛德日新。"德言盛，礼言恭。"（《周易·系辞上》）沿道而行积蓄之德性，以深厚、丰富、繁荣、兴旺、具有崇德广业的生长势头为盛德。因此又说"富有之谓大业，日新之谓盛德。"唯有盛德大业，才有长生之德，日新之象。盛德蕴蓄了生命的精华，集聚了勃发的势能，因而蒸蒸日上，欣欣向荣，有大业之象。关于"日新"之说，《大学》中引用了成汤之《盘铭》："苟日新，日日新，又日新。"刻在浴盆上的这句名言隐喻一个道理：人之洗濯其心以去恶，如沐浴其身以去垢。洗涤一新，不只是一日一时之事，当日日新之，不能间断。涤除污垢与积累盛德内在关联。恶不积不致灾殃，善不积不成德性。比起做善事，克己与自新更难。一辈子做好事不难，难的是只做好事不做不善之事。贤人颜回，也不能说未做过不善之事，但他之所以被奉为千古之大贤，就是因为"有不善未尝不知，知之未尝复行也"。这就叫"良知"。今天我们倡导批评与自我批评，要刀刃向内，勇于自我革命，并且时时处处警惕"心中贼"，这就是古人讲的"圣人洗心"，儒家主张的"慎独"，今人讲的"修养"。

三、赓续道德精神

　　中华传统道德观，蕴含深刻哲理，凝聚着数千年文明演进的核心价值理念，是丰富的文化遗产和宝贵的精神财富。中华民族的精神家园，孕育了无数流传千古的经典名句，关涉"道"与"德"的格言警句，形成了一个广大的精神谱系，大到治国理政以至国际关系，小到个体修身养性以至安身立命，道统有序，德博而化。"为天地立心，为生民立命，为往圣继绝学，为万世开太平"。北宋理学家张载这句话就是道统的经典表述。当代中国有家国情怀的精英志士，正在把经典重新引领到当下，回答现实提出的问题，为治国理政提供文化资源和智慧资源，为处理当代国际问题提供中国方案。诸如"天人合一""和而不同""生生之德""自强不息""厚德载物"等皆是盛德大业层面的核心价值理念,指向终极关怀,具有普世价值意义。而忠义仁勇、淡泊名利、诚信友善、孝亲敬老、勤俭节约、朴实勤劳等皆为中华民族认同和尊奉的传统美德。人文精神弥缦,道德华光普照,"尊道而贵德",早已成为我们中华民族的优良传统。发掘文化经典,利用道德资源,传承文化基因,赓续道德精神,是当代精神文明建设的重要准则。

道德概念的历史考察,使我们能够从本质上把握"道"与"德"的关系,有利于厘清这一概念蕴蓄的历史文化内涵。当下我们在道德建设上,一方面要着眼于那种具有永恒意义和终极价值关怀的文化内涵,继承文化基因,发掘古圣先贤思想资源,弘扬道德精神;另一方面,当认识到,道德话语,是社会意识形态的一部分,关乎人们共同生活的行为准则和规范,因此随着时代进步和世界发展,道德的本质意义也在不断丰富和发展。不同时代,不同阶层,不同文化群体,也会具有不同的道德观念。没有什么是永恒不变的,尤其是观念形态的东西。这里存在着一个处理好变与不变之关系的问题。当然,这也是在一切方面都存在的继承与创新的问题。"创造性转化,创新性发展"也是要遵循的重要原则。对当前道德建设面临的形势,当有清醒的认识。国际国内形势急剧变幻,空前未有的历史大变局催动各个领域的深刻变革。在国家社会层面,由于市场经济规则、政策法规、社会治理尚有待健全和完善,不良思想文化侵蚀和网络有害信息影响波及各个方面及个体发展的各阶段,道德精神滑坡现象普遍存在。随着突飞猛进的经济建设和物质文明的发展,拜金主义、享乐主义盛行;网络诈骗、造假欺诈、不讲信用、见利忘义、唯利是图、损人利己、损公肥私、贪污腐败等现象久治不绝;突破公序良俗底线、妨害人民幸福生活、伤害国家尊严和民族感情的事件时有发生。这些问题所涉及的,都是随着社会发展和时代变化而带来的道德问题,包括社会公德、职业道德、家庭美德、个人品德等多个层面。党和国家以及全社会高度重视道德建设,将其视为一项长期而紧迫、艰巨而复杂的任务。以主流价值构建道德规范、强化道德认同、指引道德实践,引导人们明大德、守公德、严私德,是凸显于时代背景中的重大现实课题。从学校教育抓起,从早期教育入手,养正于蒙,循序渐进,持之以恒,久久为功,是"深根固柢,长生久视"

的道德教育的正确途径。

《新时代公民道德建设实施纲要》指出，中华优秀传统文化蕴含讲仁爱、重民本、守诚信、崇正义、尚和合、求大同等思想理念，富有自强不息、敬业乐群、扶正扬善、扶危济困、见义勇为、孝老爱亲等传统美德。这些表述中的基本内涵，都是中华文明数千年演进累积的道德品质。我们应当结合新的时代条件和实践要求对之加以继承创新，充分彰显其时代价值和永恒魅力，使之与现代文化、现实生活相融相通，成为全体人民精神生活、道德实践的鲜明标志。

第二节　德育认识论

当代教育的本质意义被概括为"立德树人"，这对于长期以来在实践上致使教育沦落为教学技术的现实，是一个颠覆性的认识。教育目的被表述为"培养德智体美劳全面发展的社会主义建设者和接班人"。人们习惯地将教育的具体任务落实为德育、智育、体育、美育和劳动教育。人们也自然地认为，德育就是专门育德的，而智育就是育智的，体育就是育体的，美育就是育美的，而劳动教育，除了学习劳动技术之外，人们意识到其中含有更多的"育德"意义，但与"德育"中的"德"也是有明显的差别的。我们认为，根据"立德树人"的总要求，有必要厘清并加以强调的是，五育固然各有偏重，但也都共同具有"立德"的任务。

一、德育解读

德育认识论经历了不断发展的过程，"德育即政治教育""德育即思想政治教育""德育即思想品德和政治教育""德育即思想、政治和品德教育""德育即社会意识教育""德育即社会意识与个性心理教育"等，都是某个时期、某些地方、在某些人的理论与实践中曾有过的定义。今天，在一般人心目中，核心价值观、世界观与人生观、国家政治、社会意识形态、日常行为规范、法制与纪律、心理与生理、环境与人口、灾难与安全等内容，都被列入各级学校的德育大纲，几乎涵盖了除去智育、体育、美育、劳动教育之外的一切方面。这些认识都有一定的道理,但过于全面、过于宽泛,不同语境、不同层面的事项混淆交叉,一股脑儿地揽入"德育"框架,也会带来实践上的问题。认识德育,当聚焦在"育德"上。这里的视角,是从两个层次解读德育:一是立德树人,二是"五育"立德。

"立德树人"所指的德,是最高意义的概括。德合天地,是最大的德。大德是永恒意义上的"德",是亘古及今圣贤先哲、时代精英终极关怀所在。古人说"生生之德""天人合一""和而不同""天下为公",今人倡导生命关怀、生态保护、大同小康、命运共同等,实为"道""德"一统,一脉相承,可谓与时俱进的观念转化和生成。此"德"缘道而生,大可泽被万物,普济众生,小可增益身心,安身立命。以德治国,国运昌盛;以德立身,"性""命"端正。

普遍的、终极的德性,根本的价值追求可概括为"和谐共生"。个体身心和谐、家庭和谐、社会和谐、民族和谐、国家和谐、人与自然和谐。从个体到家庭到社会到国家到世界,最后到整个人类与自然界,层次递进,环环相扣。中国特色社会主义视域下的道德观,体现着中国文化传统和中国精神,也体现着马克思主义的本土化。马克思以这样的方式表达终极关怀:"这种共产主义,作为完成了的自然主义,等于人道主义,而作为完成了的人道主义,等于自然主义,它是人和自然界之间、人和人之间的矛盾的真正解决,是存在和本质、对象化和自我确证、自由和必然、个体和类之间的斗争的真正解决。它是历史之谜的解答,而且知道自己就是这种解答。"①马克思在考察了全部人类历史之后得出上述结论。所以说,人类全部历史发展的最终取向,就是人与人、人与自然之间的和谐共生。由此看,"立德树人"之德,是一个大德,大德是永恒的、终极的,含有古人所讲的"大德"之意,也被赋予了新的时代精神。要真正理解它,得了解全人类所走过的道路。古今中外德论名言之间的内在意义关联,毋庸赘述。按照经典表述:"大道之行也,天下为公。"大道孕育大德,它所关涉的是世界观、价值观、人生观。

---

① 中共中央马克思格斯列宁斯大林著作编译局编译《马克思恩格斯文集》(第1卷),人民出版社,2009,第185－186页。

大德永恒,小德日新;大德曰生,小德宜正。何为生?生民、生物、和谐共生;何为正?正直、正义,身心端正。既然德是沿着道行走所积蓄的品质,那么本于道,就是逻辑的起点。"德"是循道而行所"得"之物,得到了什么,要看所行何道。修道者称"道"德,武人有"武"德,文人有"文"德,艺人有"艺"德,师者有"师"德,为政者讲德能勤绩,第一位的是"政"德。各行各业,都有具体的业德。所有这些,都与终极德性内在关联。所积之德和欲立之德,两者有所不同。前者为已有之实,后者为待立之事。然而两者内在关联。教育是一种有价值引导的社会文化工程。"立德树人",实质就是一种继往开来的事业。同行于大道者,必求同心同德。然而,大道至简,小道至繁。每个人都有自己的人生道路,各自面临不同的生存境遇,有不同的经历和体验,这就有了做各种事情所遵循的道及循道而行所积之"德"。在当代学校德育的话题中,有每个人都需要"系好人生第一粒扣子"的命题,从而也就有了从理念到现实的具体实践。小道与大道,体现了个体与整体之关系,存在着如何统一的问题。而从"立德树人"与"五育"的关系来看,也存在局部与整体的差别与统一问题。

"立德树人"总体目标的具体化,就是培养"德智体美劳全面发展的社会主义建设者和接班人"。居于"五育"之首的"德育",与"立德树人"之"德",有必然的内在关联,但也有着具体的、特定的含义。2017年教育部颁布的《中小学德育工作指南》列出德育内容的五条:理想信念教育,社会主义核心价值观教育,中华优秀传统文化教育,生态文明教育,心理健康教育。学校德育的总体目标,是"培养学生爱党爱国爱人民,增强国家意识和社会责任意识,教育学生理解、认同和拥护国家政治制度,了解中华优秀传统文化和革命文化、社会主义先进文化,增强中国特色社会主义道路自信、理论自信、制度自信、文化自信,引导学生准确理解和把握社会主义核心价值观的深刻内涵和实践要求,养成良好政治素质、道德品质、法治意识和行为习惯,形成积极健康的人格和良好的心理品质,促进学生核心素养提升和全面发展,为学生一生成长奠定坚实的思想基础"。据此,又细化了小学低年级、小学高年级、初中、高中等各个不同学段的具体目标(详见《中小学德育工作指南》)。这些表述的基本内涵,指向社会主义道德文明建设,具有鲜明的意识形态属性和时代特征。

不难看出，这些规定，并不完全涵盖智育、体育、美育及劳动教育当立之德，尽管彼此间有交叉，也有最高目标上的一致性。此外，虽然各级各类学校课程中也有"课程思政"的教育任务，其中有育德含义，但并不完全等同于"立德"要求。"立德树人"总体目标中待立之"德"，要落实到五个具体的方面。德育中有"德"，自不必说；智育、体育、美育、劳动教育中，也必然有育德之内涵。思考和探究"五育"各立什么"德"，其与最高意义的立德树人之"德"有何关联，以及如何实现"立德"目标，具有重要的理论价值和实践意义。

二、智育立德

智育是就读书做学问而言的，孕育出的是"知德"。何为"知德"？先贤如是说："知德以大中为期，可谓知至矣。大中者，阴阳合德，屈伸合机，万事万理之大本也。"（王夫之《张子正蒙注》）知识的终极之处，大无边际，以宇宙自然之极为限。"大知闲闲"（庄子语），求知问道者，不以个人见闻和前识掺杂于天理之自然中；"允执其中"，便能渐渐达到与天地合一的境界。知德要达到的最高境界，按今人说法就是追求真知。何为"真知"？真知是客观的真理，那是追求知识的最高境界。人类认识世界，难免有主观因素的干扰和牵涉，要达到真知，就得不断克服自身的局限性，私见越少，公知越多。读书越多，越少私见。所以老子说："为学日益，为道日损。损之又损，以至于无为。无为而无不为。"（《道德经》第48章）王阳明说："吾辈用功，只求日减，不求日增。减得一分人欲，便复得一分天理。"两者是同一个道理。就学问来说，随着学习，知识日益增长；就修道来说，道行越深，私欲和主观性越少，越接近自然本身，即越近于道，越是近于道，就越是减损自身那不符合道的杂质，以达至道的纯真。主观因素减损了又减损，直到无所欲、无所为，达到与宇宙自然本身完全一致，成为一体。当今时代我们提倡的思想方法，讲求尊重客观性，追求客观真理，才能把握世界的真实脉络。实事求是就是这一知识观的经典表述。主观的因素越多，就越影响对真实世界的了解。随时准备放弃不真实的、虚假的知识，才是真正科学的态度，从而也才是在求知的道路上所积蓄的"德"。老子所说的"损"，就是"非道"的减损。从孔子的"子绝四"也可悟出同样的道理：毋意，毋必，毋固，毋我（《论语·子罕》)。这就是说不凭空臆测,不绝对肯定,不固执己见,不自以为是。"智育"务求确立"知德",它与大德的指向是一致的,通达真实的世界。

将智育仅仅视为学知识、开发智力资源,显然是一种狭隘的偏见,它在实践中带来的危害也是很深的。只是在实用的意义上掌握一些知识和技能,不过是一种工具性的考量。当今时代知识更新速度加快,职业更替日趋频繁。随着新技术革命的迅猛发展,很多传统的职业将在不久的将来彻底消失。对未来的一切谋划,都不能忽略日益增长的复杂性、多变性和不确定性。知德与那种功利性的、纯工具性的知识学习有本质的区别,它具有本质的力量,是可持续发展的、灵活变通的智力资源。孔子说,"君子不器""君子务本,本立而道生"。君子不屑于工具性的存在,求知不图一时功力,以安身立命之本为鹄的。只有学会学习,才有未来的适应性生存。而学习什么,如何学习,这是人生首先要思考的问题。毫无疑问,封闭的、缺乏学科间相互联系的专业知识不具有生命的活性,知识面狭窄和单向度的发展也难以适应未来生存。孔子治学十分注重知德,有很多经典论述关乎知德养成。如"知者乐水,仁者乐山;知者动,仁者静;知者乐,仁者寿"(《论语·雍也》)。孔子将知者喻为水德,水是流动的,真知也是活的可以转换生成的知识,僵化的知识算不得真知。还有"博学之,审问之,慎思之,明辨之,笃行之"(《中庸》),"知之为知之,不知为不知,是知也"(《论语·为政》),"敏而好学,不耻下问"(《论语·公冶长》),"学而不思则罔,思而不学则殆"(《论语·为政》),等等。知性、悟性、敏思、好学、灵活、谨慎、细心、缜密都属于"智"的范畴,皆可视为智育当立之德性。

以智育立德,重在促进追求真理的自觉,培养实事求是的精神,形成实践检验真理的常态。

三、体育立德

身体教育是一个文化过程,其育德功能十分显著。把学校的身体教育狭隘地局限于锻炼身体、增强体质,或发展身体运动技术,在比赛中获得名次,为学校赢得声誉等方面,这是一种认识的误区。实质上,身体的教育也包含德育、智育、美育和劳动教育,因为从根本上来说,这些都是不可分割的、统一的整体。

所以,在身体教育的目标中,放在第一位的就是成就"完整的人",不仅要关注学生的身心健康、形体优美、举止优雅,还要致力于培养道德情感、提升精神境界、拓展内心世界等与人的生命本质丰富性有关的一切方面。

人类身体是一种特殊的材料,它以其特有的方式记忆着自身经历的全部历史,过往的所有运动都会在身体上留下印记,体育运动在健美意向的价值引导下,持续而全面地塑造着人的身体。在教育文化的视域中,体育运动是意向性地营造身体的活动。人们在身体的极限能力发挥上,可谓用尽了心思。运动着的身体彰显着生命的和谐与力量,运动塑造的身体展现着生命的华美与健康。在由意志和力量美妙地结合起来的身体运动中,可以悟出以"文"化"身"的许多道理。历史告诉我们,人类进入文明时代以来,身体运动成为一种普遍的教化身体的手段和途径。古希腊的哲人们认识到,通过提高运动意识和使用技能来纠正感官运用的失误,可拥有更敏锐的感知力、更强的自律性、更好的适应性,从而也可促进美德的养成。身体训练,是智慧与幸福生活所必需的条件。中国夏商周时代的国家之学"六艺"中的"射",也是一种身体的教化。身心的微妙结合是"射之道"的真谛。"射"的运动需要探寻目标所在,心平气和,身体端正,才可以把弓矢拿得紧、瞄得准;把弓矢拿得紧、瞄得准,自然就射中目标了。比赛射箭的身体运动中,深含求仁之道。孔子说:"君子无所争,必也射乎!揖让而升,下而饮,其争也君子。"(语出《论语·八佾》)孔子推重"射礼",将之提升到关涉道德身体、社会身体、政治身体建构的高度来看待。[①] 与"射"有关的身体运动几千年来经久不衰,足见其强大的育人功能,许多传统的体育项目同理。考察中西身体文明初始阶段的经典记载,意在指出体育运动"以德润身"的原理。从一个举止优雅、充满活力的文明之身,可以感悟到生命法则的普遍与永恒,身体从运动中获得了美。

身体的生长发育要取法自然之道,也是一个重要原理。按道家说法,取法此道所积蓄之德,最高境界甚至可达"道成肉身"。人类的身体发育是一个文化过程,从蛮荒时代野蛮的身体,到今天文明的身体,浑身每一个毛孔、每一块肌

---

① 倪胜利:《教育文化原理探究》,西南师范大学出版社,2020,第357—358页。

肉、每一片骨骼,甚至血液的流动方式,包括速度、力度、黏度、强度等,都随人的文化活动而被形塑着。在不同的场合、不同的情境、与不同的人交往交流、参加不同的活动,会有不同的情感体验。激情燃烧的身体,充满着张力;苦难折磨的身体,有顽强的意志;营养过剩的身体,臃肿丑陋;运动锻炼的身体,则健康而美丽。肢体的运动,心灵的感受,在文化的氤氲中日益淳化,于是人有了灵敏的耳朵、审美的眼睛、灵巧的手指、娴熟的技能。依据前述的道德原理,我们可以把这理解成身体运动之道不同,所得也不同。看到臃肿丑陋的身体,人们会鄙夷地说:"瞧那模样!"有了这样的视角,我们再来看体育,无论学校内还是学校外,都有体育的存在,这是对人的身体的一种有目的、有计划、有内容、有方法的教化过程。在教育的这个领域中,个体的身体被带有情感、态度、价值观的意向性运动所引导,不断地被按照某种标准锻造和锤炼,从而逐渐朝着某一被期望的方向发育、生长,就像河流塑造着岸谷,文化的潜流也形塑着身体。[①]不难理解,身体文化过程所积蓄之德性,能够被称道的也是那种与自然和谐一致的完美形态。身体教化欲立之德,由此可见。

四、美育立德

美育欲立之德,与审美的知识和能力有关,如"审美的眼睛""音乐的耳朵"(马克思语),即是审美活动不断积累所获得的品质。以美育德,在学校教育中是通过艺术教育来实施的。艺术教育,不能被偏狭地归结为是美术和音乐的教育。从本质上看,艺术是人类文化一个重要领域,对艺术的追求贯穿于人类生活的方方面面。不仅是那些用色彩和线条、节奏与旋律的形式来表达的东西是艺术,也不仅是园林有艺术、建筑有艺术、服装有艺术,还有语言交流、处理问题、生命表达、知识传授、文章写作、生产制造、身体运动等,都讲求艺术。艺术几乎是无所不在的,它渗透到人类活动的方方面面,跨越所有的学科,遍及一切知识领域。我们能够从中体验到和谐快乐的所有活动和对象,都可以冠以"艺术"的美名。人们的生活因艺术而显得精彩。审美是艺术的本质属性。何为

---

① 倪胜利:《教育文化原理探究》,西南师范大学出版社,2020,第343—344页。

美？有人认为美不过是人的主观体验而已，没有客观标准。从宇宙的角度看，美和道德都是没有标准的，宇宙既不爱惜美，也不讲求美德。然而事实上，对美的本质的认识，也离不开对自然根本法则的领悟。"大乐与天地同和"所表达的就是这个意思。美的本质在于和谐与秩序，这不仅体现在我们对于自然事物的欣赏，而且体现在美德、美的心灵等人类社会现象。凡是破坏和谐与秩序的事物，自然过程和人类文化过程必然将其淘汰；凡是符合和谐与秩序法则的事物，都必将为自然过程和人类文化过程所肯定和保存。因此人类所认为美的事物，必与自然法则一致。"存在是永恒的，因为有许多法则保护了生命的宝藏，而宇宙从这些宝藏中汲取了美。"①由此可见，我们的"美"感来自对生命法则的领悟。儒家所倡导的"六经之教"，有乐教使人"广博易良"之说，心胸广阔，知识渊博，灵活应变，品性善良，皆是乐教能够培养的德性。以音乐培养德性的最早典籍记载见于《尚书·尧典》，舜指派夔掌管音乐。有这样一段话："夔，命汝典乐，教胄子。直而温，宽而栗，刚而无虐，简而无傲。诗言志，歌永言，声依永，律和声。八音克谐，无相夺伦，神人以和。"文明伊始，混沌初开，秩序未定，正邪难分。以诗歌声律开启心智，涵养性情，疏通人伦，和合天人。音乐何以有此等功效？以音乐教育培育人的德性，要把握好价值引导，要以积极的、正向的、健康的、向上的和谐之音影响和形塑人的德性。音乐之外，其他以美育德的形式，与此同理，几乎所有的美都关乎和谐原则和生命法则。色彩和线条的艺术，与节奏和旋律的艺术，一个诉之于形的塑造，一个依赖于声的表达。"形立而章成，声发而文生"，两者所孕育的德性，是相通的。自然和谐，灵活变通，关联转换，生动直观。从色彩与线条的组合之中看出节奏与旋律的变化，从节奏与旋律中听出色彩与线条的组合，这种感知能力被称为"通感"。② 通感之所以存在，是因为人的生理、心理和大脑的构造本身就是大自然的产物，大自然的生命法则，存留了一切美的形态。

---

① 薛定谔:《生命是什么》，罗来鸥、罗辽复，译，湖南科学技术出版社，2003，第 17 页。
② 倪胜利:《从"塞尚疑惑"到"倾听曼德勃罗集"——分形论与通识教育》，《美术观察》，2010 年第 175 期。

五、劳动育德

劳动教育，立德也是第一位的目标，其次是增长知识，强身健体，美化心灵。概括为"树德、增智、强体、育美"。由此来看，劳动教育是能把德育、智育、体育、美育融为一体的教育。劳动教育之"劳动"，主要指知行合一、动手操作的体力劳动而不是脱离实际、与生活脱节的纯粹智力活动。因此劳动从本质来看，也是一种不言之教，在劳动中，需要顽强的意志和身体的耐力、毅力、劳累，需要心灵的紧张、兴奋、专注、投入，也需要知识的实际运用和创造性的发挥。身体、心理、认知高度融合，协调统一。主体须以自觉的、能动的、积极的态度投入劳动过程，从而促使个体整个身心在忘我状态默然成化。劳动存在于人类生活世界的一切方面，在田间、在车间、在工地，也可以在家庭、在校园、在宿舍、在社区，等等。需要劳动身体的事情，时时处处无所不在。偷工减料、自私懒惰、不劳而获、贪占便宜等犹如心中贼，得时时提防。若是劳动成为一种常德（老子说"常德不忒"），那就是防贼的"申根固柢"之道。所以，劳动要成为积极人生习惯的生活方式。要从细节做起，时时刻刻，事事处处，克勤克俭，育德立人。要让儿童爱劳动，不是靠讲空洞抽象的道理就能做到的。世界上没有无缘无故的爱，也没有无缘无故的恨。要能从劳动过程中获得快乐，或从劳动结果中得到幸福感。儿童之爱劳动，必须得能看到自己的劳动成果，或为己，或为他人。能从造福他人的劳动中获得幸福感，这是高级的情感，是崇高的奉献精神。付出与索取、勤奋与懒惰、自私与奉献等方面的善恶观念，皆与劳动存在着某种必然的关联性。其实，不仅是德与善和劳动正相关，智慧的增长也同劳动有必然联系，知行合一只能是通过劳动来实现的。劳动还能增益身体，美化心灵。经验告诉人们，丑陋的身体可以通过劳动得以美化，勤劳最能体现美丽心灵的感染力。因此，劳动可被视为德育的最佳途径，学校德育应当与劳动教育紧密结合起来。

自私与懒惰是我们身体与生俱来的劣根性所在，在每个人身上，或多或少都不同程度地存在着。人的解放，就个体来说，就是人性的解放，就是同自己人性中不善的一面做斗争。劳动总是意味着身体和心灵的付出，是时间和生命的被占有。付出了劳动，究竟要换取什么？老子说："既以为人，己愈有，既以与人,已愈多。"(《道德经》第 81 章)这是看透了人生的圣贤先哲的精神境界。在凡人的生存世界里,不管有没有自觉意识到,人们总是在抗拒被动的劳动,在被驱使、被奴役的生活旋涡中挣扎、反抗,期望着自由。然而,真正的自由,也绝不是那种随心所欲的低俗追求。只有在深刻认识了劳动的必然性和崇高意义之基础上,才会有自觉的劳动需要,并将劳动视为身心愉快的根源。身体的付出与心灵的快感的有机统一,是身体文化的重要内涵。从文化视角来看,劳动教育具有立德树人、开发心智、增强体质、美化心灵、磨炼意志、砥砺精神等益处,尤为重要且具有原理性质的意义在于:以积极和有益的劳动来占有时间和生命,是有着特殊意义的生存方式。生命之流不可逆转,它在充满正向性的劳动中度过,也必然在这个过程中被炼化和塑造,如此生长和发展,便不会有他种生命样式。教育者的期望就是在这个过程中得以实现的。

总的来说,学校德育工作,虽然已有多年的探索,但一些重大的理路问题有待进一步厘清,认识有待深入;实践上的误区,也亟待进一步摸索并加以改进。此外,随着时代前进的步伐和社会发展,党和国家也有新的战略部署,学校德育也面临着新的任务。形势在变,格局在变,新问题不断出现,这些都需要我们进一步思考和探索时代提出的新课题,以新的经验丰富德育理论与实践。

第三节　德育方法论

德性的培育和养成,不是一朝一夕之功。成德之行,当"绵绵用力""驰而不息""守正笃实""久久为功",总之,须持之以恒。对教育者来说,培养德性还必须遵守教育规律,要有一定的理路,在关节点和关键环节上下功夫,才能有成效。首先,必须在起始点着力,一开始就得立正;其次,要次第着力,循序渐进;继之,积德存善,须遵循"成性存存"法则;最后,要在体究践履、知行合一上用功。

一、养正于蒙

端正起点，可谓立德树人第一原理。"养正于蒙"就是这一原理的经典表述。"正"蕴含价值取向，而实施行为于处"蒙"之时，则有方法论意义。这一表述中兼有价值论与方法论两个方面。

"蒙以养正，圣功也"出自《周易·蒙卦·彖传》。始生之物，童稚蒙昧，尚未开窍，需要养育之功以成就生命，养正了才能成就圣人之功。《程传》解释说："未发之谓蒙，以纯一未发之蒙而养其正，乃作圣之功也。发而后禁，则扞格而难胜。养正于蒙，学之至善也。"[1]王夫之论张载的《正蒙》时说："谓之《正蒙》者，养蒙以圣，功之正也。圣功久矣，大矣，而正之惟其始。蒙者，知之始也。孟子曰：'始条理者，智之事也。'其始不正，未有能成章而达者也。"[2]以条理贯穿始终，谓之"金声玉振"。上述话语指出了"正蒙"之说的神功妙用。何谓"圣功"？一可理解为崇高无上之大功，立正起点，能成就大功；也可理解为"圣人之功"，即"不为而成""不行而至""不疾而速"之功，就是说，起点立正，能成自然之功。根基歪了，日后再去纠正就难了。关于这个道理，《礼记·学记》如是说："大学之法，禁于未发之谓豫，当其可之谓时……发然后禁，则扞格而不胜。"养正之道，始于未发，当"童蒙"之时，当须以正道涵养其正性。老子《道德经》第55章说："含德之厚，比于赤子。"赤子之心，童蒙之时，情窦未开，纯朴未散，天真自然，完全顺应天道。《周易·系辞上传》曰："与天地相似，故不违。"其至柔可和顺万物，其亨通可崇德广业。如果童蒙之时因无所养而失其正，不"时"不"中"，则失其道也。

这个经典表述所蕴含的思想前提和逻辑基础，与一个科学原理有着高度的一致性——"系统演化对初始条件的敏感性依赖"。[3] 明末清初著名思想家王

---

① 程颐：《周易程氏传》，九州出版社，2010，第20页。
② 王夫之：《张子正蒙注》，中华书局，1975，序论。
③ 巴斯：《再创未来：世界杰出科学家访谈录》，李尧、张志峰，译，生活·读书·新知三联书店，1997，第338页。

夫之说:"差之黍米而已背之霄壤"①,即熟语所说的"差之毫厘,谬以千里",皆在指出一个来自生活的普遍经验——起始点的状态对后续过程有着决定性的意义。就教育来说,初始的文化建构,可视为居于首位的教育原则与方法。它不仅对于个体文化生命的生长过程,而且对于教育文化的整体发展,都是一个至关重要的原理。从一定意义上可以说,不懂起点之重要性,就全然不懂教育。今天我们所提的"系好人生第一粒扣子",即有此意。

实践上当从以下三个方面着力:

第一,解决好"正"的问题。初始阶段,需要具有丰富知识和经验的人,以真善美的知识,以正确的价值引导,选择合适的教育内容,抓住恰当的教育时机,实施启蒙策略。按照古人的说法,万物各有其正,端正性命,实质就是处理好人与自然的关系,摆正位置,方能使之各得其所。"养正于蒙"就是着力培育和培固元灵根,善之所以长,德之所以蓄,人之所以成形,从根本上说就是元灵根的生发。《周易·象上传》曰:"蒙亨,以亨行时中也。"张载解释说:"教者但观蒙者时之所及则道之,此是亨行时中也;此时也,正所谓如时雨化之。如既引之中道而不使之通,则是教者之过;当时而道之使不失其正,则是教者之功。养其蒙使正者,圣人之功也。"②这就是说,教人者之所以有功,就在于处蒙之时,抓住时机养之以正,即"当时而道之",这就是"时中"的含义。得"时"得"中","发而皆中节",自然亨通顺畅。不仅要有富含正向能量的内容,还要把握好时机,"当时道之","时雨化之"。

第二,处蒙之时,当以"果行育德",以免旁生枝节。《周易·蒙·象上传》曰:"山下出泉,蒙;君子以果行育德。"王弼解释说:"山下出泉,未知所适之处,是险而止,故蒙昧之象也。"③"'果行'者,初筮之义也。'育德'者,养正之功也。"这是说,要以坚定正确的选择立"中正"之德。摇摆不定,犹豫不决,就亵渎了正道。生活中的常识告诉我们,很多事情,第一次处理不当,回头重做,事情就麻烦了。万事在起始点上,要一下就放正,逡巡萎缩,左右摇摆,只需两三个

---

① 王夫之:《张子正蒙注》,中华书局,1975。
② 张载:《张载论易集》,山东画报出版社,2004,第12页。
③ 王弼、韩康伯注《周易注疏》,中央编译出版社,2013,第59页。

来回,事情刚一开头就"玩坏了"。所谓"初筮之义",是指《周易·蒙》卦辞所讲的道理:"初筮告,再三渎,渎则不告。"事情在发展过程中有左右摇摆是正常的,但在起点,不能摇摆。优秀的工匠操作的第一步,下手精准果断、端正平稳。匠人做活儿,一下子就能稳准狠地做到位,不需要第二下。他是怎么做到的?那是凭经验。可想而知,成就匠人得下多少功夫!处蒙之时,"君子以果行育德",这可以从两个方面理解,一是果断地以确定正确的行为来培育德行,一下子就做到位;二是将"果行"理解作种下"因"就结出"果"的行为,内中隐含着种善因结善果的意义。"不果"则意味着下了无用的功夫。养正于蒙之"正",意味着一切具有正向能量的事物之萌芽,而不是"歪""邪"的萌芽。

第三,每个人都有不同的人生境遇,何时开蒙,何事启蒙,如何发蒙,因人而异,这叫"各正性命"。不仅每个人都要经历"人之初"的养正阶段,人生中也还会碰到许多的"第一次"。在人生发展的各个时段和关节点上,都有个端正起点的问题。要"系扣好人生第一粒扣子",须知每个人,都有不同于他人的"第一粒扣子"。从一定意义上说,它可以视为"关口事件"。影响人生的关口事件,可以发生在各个不同的时期,可在学前,也可在学校教育的各个阶段。父母、老师对于处在发展期的孩子来说,就是"童蒙求我,非我求童蒙",为父母、为人师的神圣职责和历史使命即"圣功"所在。"养正于蒙"关乎人的一生,教育者首先当有使命感和责任心,把握好个体发展的时机和条件,提供充满正向能的丰富文化资源,促成特定时空条件下个体文化生命的有序发展。

二、循序渐进

道德养成要遵循"学不躐等"原则,不可超越阶段,要层次递进。"学不躐等"一语出自《学记》,"学"可宽泛地理解为学习、学业、学问。"躐等"就是僭越、超越之意,亦即打乱次序。后人据此提出做学问要"循序渐进"。先哲将"学不躐等"视为"教之大伦","伦"即次序、理路,有天伦,有人伦,天地人文,皆有内在的秩序结构。人类认识世界,从身体开始,由近及远,由直接到间接,由已知到未知,由简单到复杂,这是一个普遍规律。人的文化发展过程是一个由低级到高级的循序渐进过程,德性的养成也必然遵循这一规律。中国教育经典《学记》

论道"教之大伦"有七条,其中有两条最为突出:一是为学必须先立志,二是学问须"次第着力"(朱熹语)。立志不定不济事,杂乱无章不成学。《学记》曰:"不陵节而施之谓孙","杂施而不孙,则乱坏而不修"。"陵节"就是超越阶段,"孙"就是"顺"。这自然是说,要按顺序来,超越阶段,杂乱而没有章法,是不能成就学业的。朱熹与他的弟子们讨论教学之道,说到圣贤千言万语,教人从近处做起。譬如洒扫庭除之事,大厅大廊,得从细小处做清洁,小处干净了,大处才能干净。学者贪高慕远,不肯从近处做起,是无以成就大学问的。《中庸》讲谨独、谨言、谨行,说的就是从人所不知不觉的细微末节处端正自身。"古人于小学小事中,便皆存个大学大事的道理在。大学,只是推将开阔去。向来小时做的道理存其中,正似一个坯素相似。"(《朱子语类》)

《大学》有言曰:"古之欲明明德于天下者,先治其国;欲治其国者,先齐其家;欲齐其家者,先修其身;欲修其身者,先正其心;欲正其心者,先诚其意;欲诚其意者,先致其知。致知在格物。物格而后知至,知至而后意诚,意诚而后心正,心正而后身修,身修而后家齐,家齐而后国治,国治而后天下平。自天子至于庶人,壹是皆以修身为本。其本乱,而末治者否矣。其所厚者薄,而其所薄者厚,未之有也。"[1]这些道理,实质上就是"学不躐等"意义的拓展。皮亚杰的认知发生论和维果茨基的"最近发展区",也都印证了同样的道理。马克思主义关于全面发展的学说,指明了一个重要的原理:全面发展不是教会的,而是历史地形成的。历史就意味着连续性,是沿着"最近发展区"逐渐展开的过程。发展的起点,从个体来说必然不丰富、不完善、不全面,正因为如此,外部条件必须能够满足主体的发展所需要的全部丰富性,为主体的自我调整和适应,留有足够的空间和自由度。教育者真正要关注的,是个体发展中自发地产生的结构与秩序。

实践上也要从三个方面着手:

第一,从小事做起,次第着力。老子说:"天下难事,必作于易,天下大事,必作于细。是以圣人终不为大,故能成其大。"(《道德经》第 63 章)"合抱之木,生

---

① 朱熹:《四书章句集注》,浙江古籍出版社,2014,第 5 页。

于毫末;九层之台,起于累土;千里之行,始于足下。民之从事,常于几成而败之。慎终如始,则无败事。"(《道德经》第 64 章)立德树人,儒家有一套成功的经验。朱熹在《大学章句序》中说:"人生八岁,则自王公以下,至于庶人之子弟,皆入小学,而教之以洒扫、应对、进退之节,礼乐、射御、书数之文。及其十有五年,则自天子之元子、众子,以至公、卿、大夫、元士之适子,与凡民之俊秀,皆入大学,而教之以穷理、正心、修己、治人之道。此又学校之教、大小之节所以分也。"①"洒扫""应对""进退之节",用今天的话语来说就是劳动、交往、礼节。端正做人之道,得从小事做起,起始点上养成的德性,有路径锁定的效应。

第二,由近及远,亲亲为大。"亲亲"即是"亲"那亲近者。孔子说:"其为人也孝弟,而好犯上者,鲜矣;不好犯上,而好作乱者,未之有也。君子务本,本立而道生。孝弟也者,其为仁之本与!"(《论语·学而》)美好的正义社会得以实现的根本基础,是人与人之间的和谐相处,而这种良好关系的建立,是从最亲近的人开始的,这是人之"大伦",其与"教之大伦"同源。孟子说:"老吾老,以及人之老;幼吾幼,以及人之幼。"培养爱国之心,不是靠抽象的爱国词语和空洞的说教来实现的。世界上没有无缘无故的爱,培养爱心,要从爱自己身边的人和事物开始,爱父母、兄弟、姐妹、同伴,爱花草树木和动物。这种感情是切身的、合理的、必要的,并且是可以培养的。然而,爱那看不见摸不着的抽象物,显然不符合"德"与"善"的理念,因为那可能是虚假的。将道德教育当成是说教,是德育失败的一个重要原因。立德树人,必须遵循生长的规律,要从切身的人和事做起。

第三,进德修业,善于学习。人之为人,全在学习与适应,通过学习方能知"道",知"道"才能"周行而不殆"(老子语)。《学记》曰:"玉不琢,不成器;人不学,不知道。"进身之阶在学习,进德之路在修养。孔子说:"见善如不及,见不善如探汤"(《论语·季氏》),"择其善者而从之,其不善者而改之"(《论语·述而》),"见贤思齐焉,见不贤而内自省也"(《论语·里仁》)。荀子立场鲜明地说:"见善,修然必以自存也;见不善,愀然必以自省也。善在身,介然必以自好也;

---

① 朱熹:《四书章句集注》,浙江古籍出版社,2014,第 3 页。

不善在身，菑然必以自恶也。"①善于学习别人长处，克服自己的短处，这是培养德性必须着力之处。

三、成性存存

文明之有续，一个重要的原因，是具有主体性和创造性的社会精英，有选择地保存了前人的文明成果，将具有永恒价值的道德精神和知识经验加以继承并发扬光大，从而引领了有序发展的道路。对人类历史文化的沉思，不能不触及一个带有根本性的问题——"为什么总是有而不是无"？② 历史告诉人们：只是那些有价值和意义的事情被记忆。"成性存存"这一原理，可从宏观上阐释历史文化发展的动力机制，也可从微观上解释个体道德养成的路径。从大处说，继往开来是"崇德广业"的根本途径；从小处看，"成德以行"可成就"进德修业"之功。

"成性存存，道义之门"一语出自《周易·系辞传》。先贤大致将其解释为："成性，本成之性也。存存，谓存而又存，不已之意也"。③ 人之"性"，与"天命之谓性，率性之谓道"中的意义一致。"人之性，浑然天成，盖无有不善者，更加以涵养功夫，存之又存，则无所往而非道，无所往而非义矣。"④这说的是以天地之道来涵养得自于天的人性，自然是"与天地相似，故不违"（《周易·系辞上传》），如此则所行皆是符合道义的。由此可知，所谓"成性"是成就的天然之"性"。就个体来说，它是人来到世间的第一时间天地时空所赋予之本性，亦即"天命"。"天命"是"道"在个体身上的体现，正所谓"乾道变化，各正性命"。因此"成性"也可理解为成就"道"之所生。或可说，"成性"所指，是成就其自然本性。如上所述，天然之性亦即本成之性，来自自然的东西，是好的而不是坏的。西方哲人卢梭说："出自造物主之手的东西，都是好的，而一到了人的手里，就全变坏

① 荀况：《荀子》，方勇、李波，译注，中华书局，2011，第13页。
② 沃尔德罗普：《复杂：诞生于秩序与混沌边缘的科学》，陈玲，译，生活·读书·新知三联书店，1997。
③ 朱熹注《周易本义》，王玉德、朱志先，整理，凤凰出版社，2011，第80页。
④ 李光地：《周易折中：下》，李一忻，点校，九州出版社，2002，第802页。

了。"①自然之本性，早于人性。人性之恶，不能归咎于自然本性。人之性，若违反了自然本性，最终必将不可"存"、不能"存"、不得"存"、不会"存"。所以，与自然保持一致是人类的终极关怀所在。然而，人不是简单的自然动物，人是积极的、能动的、有价值选择的主体，人总是在不断的更新和创造中保持着自身的存在，人类在生存本质上是一种创生，是本性的完善。儒家将大学之道定位于"明明德""亲民""止于至善"。这"亲民"被解释为"新民"，即"日日新"之意，是颇有道理的。古代圣王"能新其德以及于民""自新新民，皆欲止于至善也"（《尚书·康诰》）。日日更新方能生生不息，而"存存"与"生生"是不可分割的统一体。"生生之德"来自天地之道，即宇宙自然的生命法则。"生生"就是给生者以生存的机会。儒家倡导并践行"中和位育"的理念。所谓"育"，即"遂其生也"，"遂其生"即是"长善"。不遵循天道运行法则，无以"遂其生"，只会"害生"或"毁其生"。

"存存"即是"存"那由"道"所生之物。正是由于有价值的东西被保存，才有了绵延不断的进德之路。"存存"是中国传统道德哲学中一个意蕴深刻的命题，许多经典表述与之相关联。"一阴一阳之谓道。继之者，善也，成之者，性也。"（《周易·系辞上传》）"积善之家必有余庆，积不善之家必有余殃。"（《周易·文言》）"善不积，不足以成名，恶不积，不足以灭身。"（《周易·系辞下传》）因此，君子不存不善。"颜氏之子，其殆庶几乎？有不善未尝不知，知之未尝复行也。"（《周易·系辞下传》）良知不仅能辨善恶，且能即刻弃恶从善。"庸言之信，庸行之谨，闲邪存其诚，善世而不伐，德博而化。"（《周易·乾·文言》）君子日常谨言慎行，所存者，唯有"德"与"善"。"闲邪"即是"无邪"，"存其诚"即是与天地为一，"忠信"于天地之道，方能"进德修业"。老子的"道生""德蓄""物形""势成"之说，也关乎"存存"的道理。积小成大，积少成多，"合抱之木，生于毫末；九层之台，起于累土"（《道德经》第 64 章）。可见，生长的道理也在"存存"。善于建树，方能"子孙以祭祀不辍"（《道德经》第 54 章），"重积德"是"深根固柢，长生久视之道"（《道德经》第 59 章）。"道"记录着万物演进的轨迹，蕴含着生存的法

① 卢梭：《爱弥儿：上》，李平沤，译，商务印书馆，1978，第 5 页。

则,保留着成功的记忆,亘古及今,知"道"才有"存在"。道家讲求存"道",尊道便有德。儒家讲求存"善",积善便是德。道德和善,皆可视为"存存"的历史效果。

生命的生长,也是一种有序的发展。有序也意味着有向度。在这里,向度就是运动的方向,后续总是前辙的延伸。这是一个普遍适用的法则。个体文化生命的生长遵循"成性存存"的原理,生命的长生和拓展,是"存存"留下的轨迹。有一个重要的规律值得注意:"习惯于赢的个体就越是会赢,习惯于失败的个体就越是要失败。"[①]"成功是成功之母"与"失败是成功之母"都有道理。一种生命要生存下去,必得有肯定其存在的力量。"褒奖"赋予它更高程度的确立性,从而成为支配(slaving,或役使)生命系统的"序参量"。生命有序发展的模式,是个体在自身所处的环境中,以其独特的身体、心理和知识结构参与生命体验所涌现出来的,不是外来因素强加和施予的。有序结构的形成,不是外部力量控制和干预的结果。那么,教育究竟能做什么? 当教育把视野转向培育生境,而不是以规训和惩罚来影响和制约人的时候,关爱、鼓励、赞赏、肯定等会被视为最有效的生命催化剂。教育思想家王阳明用富有传统人文韵味的话语说:"大抵童子之情,乐嬉游而惮拘检,如草木之始萌芽,舒畅之则条达,摧挠之则衰痿。今教童子必使其趋向鼓舞,中心喜悦,则其进自不能已。譬之时雨春风,沾被卉木,莫不萌动发越,自然日长月化;若冰霜剥落,则生意萧索,日就枯槁矣。"[②]所谓"条达",就是井井有条、通达顺理、活力勃发、长生无滞。要使儿童"天天向上",需要"实地用功",让每一步都有牢靠扎实的基础。"存存"的道理可比作走路,每一步都有此前迈出的"跬步"做基础,所以说"不积跬步无以至千里"。然而正是这个简单而平凡的道理,有着深刻的哲学、科学、历史、文化意义。

我们把"存存"视为一种德性养成的有效途径和方法。"成性存存",理在"长善"。良善人心也是要不断地温养的,若任其放纵自流,便退回到蛮荒禽兽。"山木人心,其理一也"(朱熹语)。孟子总结道:"故苟得其养,无物不长;苟失其

---

① 道金斯:《自私的基因》,卢允中,等译,吉林人民出版社,1998,104 页。
② 王阳明:《传习录注疏》,邓艾民,注,上海古籍出版社,2015,第 175 页。

养，无物不消。孔子曰：'操则存，舍则亡；出入无时，莫知其乡。'惟心之谓与？"《孟子·告子上》）持守那已有的，关乎存亡兴衰。未来之事，难以预料，时空变幻莫测，唯有"成德为行"，方能永远走在"道"上。

实践着力点：

首先，培养德性须有"存存"之念。《周易·乾·文言传》曰："君子以成德为行，日可见之行也。"教育者要关注学生的言行举止，有善举则须及时给予肯定并保存记录。德性养成遵循生命生长的机制，需要自学习、自适应、自参考、自维生，而保存那已有的德善之举，便是参考的依据。运用科学原理表述，即正反馈、信息增值、路径锁定效应。

其次，道德养成的过程，须保持连续性，持之以恒，习惯成自然，力避偏离和间断。循道而行，须臾不可偏离。

最后，与"存存"相对应，要不断克服不善，两者之间内在关联，相辅相成。孔子说的"就有道而正"，可从两种意义上理解，一说跟从或向有道者学习，正己修身；二说但有偏离，要能够立即以"道"正之，回归正道。孔子还赞颜回"不贰过""有不善未尝不知，知之未尝复行也"。这是一种"致良知"的自我更新品质。从方法上讲，"克己"与"存存"相互依存。

四、知行合一

"知行合一"是明代著名思想家王阳明提出的。围绕"知"与"行"的关系问题，有过很多的讨论，学者们也有一些不同的看法。有将两者区分开来看的，认为两者有先有后；有从对立统一的角度说的，认为两者相辅相成。王阳明认为两者是一回事，知中有行，行中有知。"知行原是两个字，说一个功夫"。我们这里重提这一理念，是从德育的途径与方法角度来讨论的。这个方法的核心要义：在知中行，在行中知。

王阳明在《答顾东桥书》中说："学校之中，唯以成德为事。而才能之异，或有长于礼乐，长于政教，长于水土播植者，则就其成德，而因使益精其能于学校之中。"①所要成就之"德",因人而异,要在做事的过程中,就个人的禀赋以成就其德。他主张的"事上磨炼",亦即"就学者本心,日用事为间,体究践履,实地用功"。② 就是说要通过日常行为去体认"良知"。在实际的生活世界里,真正的精英都是善于将知与行统一起来的人。知与行是一个双向互动的过程,"所谕知、行并进,不宜分别前后,即《中庸》'尊德性而道问学'之功,交养互发,内外本末一以贯之之道"。③ 能做到"一以贯之",显然离不开"存存"之功。他对知行关系的真知灼见还有如此一番表达:"知之真切笃实处即是行,行之明觉精察处即是知,知行功夫本不可离;只为后世学者分作两截用功,失却知、行本体,故有合一并进之说。真知即所以为行,不行不足谓之知。"④

今日之学校,与王阳明时代已经大为不同,只是,知行的分离却日益加深,技术理性泛滥造成文化生命断裂的现象处处可见。道德认知与道德行为的分离、课程与生活的脱节、课程与文化的割裂等都是突出的问题。细究起来,当今时代学校教育中的一切文化断裂,都能从技术理性的泛滥找到根源。陶行知曾批判过那种将教育等同于读书和赶考的实践:学生的任务就是学会考试,教师是教会学生如何考试,会考所需要的就必须教,不需要的就不必教,甚至是必不教。于是唱歌不教了,图画不教了,体操不教了,家事不教了,农艺不教了,工艺不教了,科学实验不做了,活动也都不做了。所教的只是书,是用来考试的书。今日教育的现实中使用的"会考"一词,尽管也含有各种学科的统考之意,实质上也有"学会考试"的意义。今日教育的现实中,人们变着法地践行着陶行知所批判过的东西。

"体究践履,实地用功"即是把实践放在了第一位。万事开头难,充满了未知与不确定性的事情,先做起来,一旦开始行动,便能通过边做边学增长知识,丰富学问。真知和良知是在实践过程中获得的,"成德"即是积累生长的经验。"体究践履"无疑是一种对时间和生命的占有。占有与被占有是同一事物的两

---

① 王阳明:《传习录注疏》,邓艾民,注,上海古籍出版社,2015,第 114 页。
② 同上书,第 93 页。
③ 同上书,第 94 页。
④ 同上书,第 93—95 页。

个方面。道德和善的存留，就是对邪恶和不善的丢弃。教育是一个生长的过程。何谓"生长"？生长是一个连续过程。幼苗长高了，孩子长大了，常识告诉人们，那是一点一点地在长，边生边长。但在确定的瞬间里，生长和变化是看不到的。生长的细节看不见、摸不着，它没有断点，只是在经历了必要的过程后，才能看到生长的结果。从哲学意义上说，这是一个时间和空间的连续性问题。生长也是一种能力。知识可通过读书学习从前人那里获得，也可在做中学。两者都是十分必要的，其作用不同。从书本获得的知识，如果不能内化为学习者自身的素质，是完全没有用的。譬如摄取食物，各种食物纳入腹中，得经过一个消化吸收过程，长成骨骼和血肉。不能消化，摄入的食物就是浪费。内化就是一种生长过程。在能够学习书本知识之前，有一个打基础的阶段，杜威强调儿童要在做中学，实质就是在为"生长"奠定生理和心理的基础，这也是一个思维的物质基础建构问题。在杜威看来，教育中最大的浪费，就是教育与生活隔离，学校与社会隔离。课堂里学习的东西在实际生活中派不上用场，生活中获得的经验不能提升到知识和学问的层次，由这种断裂所造成的浪费，在现代教育中处处可见。在正确指导下的生活体验中获得的知识和经验，与获得这些知识和经验的能力内在地相关联。譬如语言学习，就是一种能力生长，是像肌肉那样的生长，只要坚持运动，肌肉就会提高。语言也是如此，只要不断应用，语言能力就会增长。只是语言能力的获得，比纯粹生理上的肌肉生长更高级复杂。两者的共同之处就是一点一点地生长，日日见长，并不觉特别费力。生长是记忆与新体验综合作用的结果，这实质上也是"确立性"与"新奇性"的对立与统一，连续性就是记忆的延伸。文化过程的内在秩序，是"结构稳定"与"形态发生"相互交织、循环往复的过程。在这个过程中，充满着生命能动性和创造性的主体，总是在寻找着"最近发展区"。

今天我们认识"知"与"行"的关系，还有一种更新的视角。以往人们认为，"知"就是认知，是大脑的功能；"行"就是行为和行动，是身体的功能，心理，则是独立于两者之外的另一种功能。未曾想到过，人的身、心、知是一个统一的整体。人的任何一个行为，连举手投足，都可视为身、心、知的统一行动。"肢体语言"这个现代概念，可以使我们从另一个角度来认识"知"与"行"的关系。这个概念可有两层意思：一是用肢体语言来表达的思想感情，这是为意识所控制的、清醒的头脑和思维语言所把握的东西；二是，不是有意识的身体表达，而是在个体发育的历史中，那些文化的、交往的、生产的、生活的各种活动凝结成的东西，或者说，由于肢体功能的发挥，而在结构上形成的特殊表现形式。这种形式不是清醒的意识所能把握和指挥的，而是无意中表现出来的。譬如，人的面相、走路方式，以及身体在这些方面的个人特点。更为隐秘的是，眼睛爱看什么，耳朵爱听什么，肚子爱吃什么，鼻子爱闻什么，都不是受意识和思想控制的。读懂身体文化符号的意义，对重新理解"知行合一"至关重要。身体的符号意义，只有通过主体间的交往和互动得以显示。这当然就是"行"的意义所在。

"身体知"是 20 世纪 80 年代以来，受身体现象学的启示，学校身体行为的教育研究中出现的新概念。按照梅洛·庞蒂的说法，身体具有认识功能，"身体行使认识功能时对外部世界感到意外"，身体对自身有整体的觉悟。所谓"身体图式"，即"一种表示我的身体在世界上存在的方式"[①]。身体对世界的觉悟，有"体认""体知""体悟""体验""体会"等多种表述，总之都是与身体的感知有关联。"身体知"的概念是基于身体的行为感知而提出的。研究者认识到，"身体"并非物理学、解剖学意义上冷冰冰的、毫无生气的"躯体（或物体）"，而是指运动与感觉同在的、活生生、有血有肉、洋溢着生命气息的"身体"，这就是哲学家们所提到的"动感身体"（胡塞尔）和"现象的身体"（梅洛·庞蒂）。"知"也不是指经由大脑的思维功能发挥而得出的东西，不是认知，而是非逻辑与非理性的身体感知。譬如：学自行车，摔倒几次之后突然"会"了；反复弹奏生疏的曲目，不知不觉中熟练了，皆为身体知使然。[②] 当然，这也绝不等同于动物对外物作用的本能的身体反应，而是属于人的身体特有的一种高级功能。"知"中有"不知"，"不知"中有"知"。这是运动文化的混沌之境。前文提到的"在知中行，在行中知"，就是基于这种方法论原理。

培育德性要达到的至高境界是"善"，善言、善行、善事、善能、善学、善用，都

---

① 庞蒂：《知觉现象学》，姜志辉，译，商务印书馆，2001，第 130、138 页。
② 王水泉、刘小璐、黄霞：《日本身体知研究的脉络》，《体育与科学》2015 年第 1 期。

是经由身体行为死守善道、持之以恒所达到的至高境界。老子如是说："善行，无辙迹；善言，无瑕谪；善数，不用筹策；善闭，无关楗而不可开；善结，无绳约而不可解。"（《道德经》第 27 章）可以视为"身体知"所达到的境界。身体行为的德育意义，在于成就完整的人。德育、智育、美育和劳动教育，都须依循"在行中知，在知中行"的方法论原理，注重统一性和整体性。不仅关注身心健康、形体优美、举止优雅、充满活力，还要关注道德情感、精神境界、内心世界等与人的生命本质丰富性有关的一切方面。

实践上的着力点：

第一，"事上磨"，这是王阳明的提法。其要义在于"体究践履，实地用功"。以从事道德的、善良的事情，占有他的生命，让他的时间花费在有价值引导、有正确指导的行为上。善长了，不善就不能生长。杜威的"民主是一种生活方式"让我们得到这样的启示：道德行为也是一种生活方式，怎样生活，就怎样生长。

第二，动手做。培养孩子德性，要让他做各种各样的事情，诸如陶行知在倡导"教学做合一"时提到的：买菜、算账、缝补、洗衣、清洁、修理、布置、装修、种花、养殖，等等，都是培养德性的有效途径。校园文化建设讲求每一株小草都具有教育的意义，德育工作则讲求每件小事都具有育德的意义。

第三，合作共事。要在做事的过程中，发扬合作精神，培养合作意识，学会合作方法，共享合作成果。孔子说："德不孤，必有邻。"不会合作，就不能共事，不能共事，也不能成大事。

总的来说，德育工作的有序、有效开展，首先要求德育工作者厘清道德概念，掌握德育原理。中华文化传统、马克思主义、时代精神，是我们全部德育理论基础建构必须遵循的原理，是必要的起点也是必然的归宿。在实践上，必须弄清楚的是，关于道德的知识与道德品质的养成，两者并不是一回事。这在德育原理的话语体系中，是"道德的观念"和"关于道德的观念"的区别。也是圣贤先哲提出"上德不德"的意义所在。道德知识的学习有必要，但远不是全部，甚或可以说，道德说教远不如"体究践履，实地用功"重要。指导实践，需要理论，但理论不能代替实践。从思想认识上厘清两者的关系，是新时代区域德育全部工作的基础。

第二章　统筹城乡区域德育一体化的理论框架

第一节　区域德育一体化理论之维

德育一体化建设立足于德育体制机制改革的需要以及人的全面发展的需要,致力于构建整体的、系统的、衔接的德育体系,促进德育的理念、目标、课程、方法等方面的一体化的建构,革除德育体系的碎片化、割裂化、分散化的弊病,从而实现培养全面发展的人的使命。[①]"一体化"以整体性思维为理论基础。德育是一个系统工程,要面对的是具有开放性、动态性、复杂性的巨系统。这个系统存在不同层次的整体性问题。从宏观来说,有社会文化工程意义上的整体性,有区域和全局意义上的整体性;从中观来说,有学校—家庭—学校意义上的整体性,有课程层次的整体性;从微观来说,每一个体,自身又是一个身、心、知统一的整体,德性的养成是从整体的生命中涌现出来的品质。不同层次的整体之间有机关联,互动同构。一个系统工程常常被分解为具有相对独立性的部分,有具体的分工,各部门有自己的目标和实施的具体方法和途径,这样做固然必要,将整体分解为部分,也是科学地处理问题和做事情的方法。但人们在这样做的时候,往往忘记了整体,只见树木不见森林,从而造成割裂的、碎片化的现象。尤其是像德育这样的系统工程,更容易被割裂,并且事实上,已经存在着一些现实的问题。清醒认识整体关联的意义,充分把握各层次相互作用的全要素,合理利用一切有利资源,遵从普遍性与特殊性德育要素的和谐融合理念,调动各种要素协同运作,是推动区域德育一体化建设的基本思路。

---

① 叶飞、檀传宝:《德育一体化建设的理念基础与实践路径》,《教育研究》2020 年第 7 期。

一、整体性思维

整体性思维并不是一个新概念,也不是西方近现代以来独有的新发明,几千年来,中华文化传统的突出特点就是整体性思维。譬如中医治病的原理,就是整体性思维的典范。西医治病,头痛医头脚痛医脚,中医治病,不仅要全身调理,而且还将身体之外的季节、时令、时辰等诸要素考虑进去。如中华医典《黄帝内经·素问》将五行运作的机制与人的五脏相匹配:肝配木主春,心配火主夏,脾配土主长夏,肺配金主秋,肾配水主冬。彼此之间的生克关系依据时空的变换而确定,将养生与治病密切结合。"应则顺,否则逆,逆则生变,变则病"(语出《黄帝内经·素问·六微旨大论》)。具体情形如:"春三月,此谓发陈,天地俱生,万物以荣。夜卧早起,广步于庭,被发缓形,以使志生,生而勿杀,予而勿夺,赏而勿罚,此春气之应,养生之道也"(语出《黄帝内经·素问·四时调神大论》)。"发陈"即是推陈出新。春回大地,生气涌动,人的饮食起居要与自然协调一致,使蓄养了一冬的精气生发新质。针灸依据"子午流注"学说,将十二经脉的运动状态与每天的十二时辰相匹配,取穴要依据不同时辰穴位的开合状态而刺不同的穴位。中药的炮制、药性、药量及诊治病人等,也都极有讲究,必得究天人之际,因时而变、因人而异,辨症施治、对症下药。道家的"身学"追求人身与自然的统一,从《道德经》名句"圣人抱一为天下式""万物负阴而抱阳,冲气以为和""天一则清,地一则宁"等,都能使人感悟出今人所说的"整体性""一体化"的道理。中华道德哲学经典《周易》,更是突显了万物相连的整体性思维特征。人之德性,必与天地相合,与四时相应,将天、地、人视为一个统一的整体。孔子说:"德合于天地,变通无方,穷万事之终始,协庶品之自然,敷其大道而遂成情。"(《孔子家语·五仪解》)整体性、统一性,是"天人合一"观的内核,"万物并育而不相害"的思想,也是基于万物相连、和谐统一的整体性思维方式。只是近现代以来,西学进入中华语境,以决定论和还原论为主要标志的"西方大范式",取得话语霸权,人们逐渐习惯了割裂与分解的思维方式。现代学校教育体制,以"分科"的方式将科学变成了制度,甚至,成了占统治地位的生活方式。

科学思维的一个重要原理是分解、还原。列宁曾经指出:"如果不把不间断的东西割断,不使活生生的东西简单化、粗糙化,不加以割碎,不使之僵化,那么我们就不能想象、表达、测量、描述运动。思维对运动的描述,总是粗糙化、僵化。不仅思维如此,而且感觉也是这样;不仅对运动是这样,而且对任何概念也都是这样。这里也有辩证法的本质。对立面的统一、同一这个公式正是表现这个本质。"①理性只有找到存在的不变性才能在思维中建构出离散的思考"逻辑点",才能把面对的对象与自我区别开来,把对象与其他对象分离开来,使它们分别成为思维逻辑上的"原子对象",也才具有进一步深刻把握事物的可能。所谓"逻辑点"是指在一阶逻辑中,我们只能在一定的时间、一定的方面(范畴)对一定的对象下非真即假的点判断,违反这其中任何一种设定,就会出现思维中的矛盾,这便是亚里士多德的同一时间、同一方面、同一对象的"三同一"理论。② 正是由于思维的这些特性,人们很容易在思考和分析时忘记整体性原则。"德育"在学校被列为一门具有相对独立性的教育学科,与智育、体育、美育和劳动教育并列。这当然有一定的合理性,但也正因为这样,它很容易被人为地从生活、从课程、从社会等具有整体性的系统中分割出来,成为一个独立的工作领域。分工是必要的,但人们常在实践上忽略了合作。

割裂首先体现为一种知识与品德的分裂。很久以来,德育被认为是像智育、体育、美育和劳动教育一样的,以教授知识来培养道德观念的说教课程,未曾像古人那样,将"德"视为坚守某种行为而积累起来的品质,忘记了在行为中"死守善道"才是有效的育德途径的前人经验,致使道德教育进入误区也就不足为怪了。除此之外,割裂现象还体现在学校与社会、学校与家庭、课程与生活、课程与课程、学校教育与历史文化传统等方面。值得注意的是,道德教育中的知识与品德的割裂和分离现象,几乎是一种普遍的存在。不仅是中国,西方也有;不仅是今天,古代也有。老子批判过的"上德不德"即是几千年来就没有根绝过的现象。西方学者杜威也看到并批评过这种普遍现象,他认为学校的智力训练和道德训练之间的分割,获得知识和性格成长之间的分离,是十分可悲的

---

① 中共中央马克思恩格斯列宁斯大林著作编译局编译《列宁全集》(第 38 卷),人民出版社,1959,第285 页。

② 刘劲杨:《还原论的两种形相及其思维实质》,《自然辩证法通讯》,2007 年第 6 期。

病态化和形式化。德性是在真实的生活情境中生长出来的品质。分科设置的学科课程，为了追求效率，以"奥卡姆剃刀"切断一切不必要的联系，直奔教学的目标。因此，有充分的理由可以说，被割裂的课程绝不可能实现"立德树人"的教育目标。

德育是一项系统的教育文化工程，须将一切教育的要素在意义联结的基础上，形成一个统一的、开放的、动态的、全息关联的整体。封闭性、孤立性、不连贯、不一致等做法，作为实现某种有限的特定目标的手段，或许有一定的合理性，但对于德性的养成却是极为不利的，甚至是有害的。它排除随机性、偶然性、不确定性和复杂性，切断了事物之间的联系，从而也就排除了生长的空间和自由度。而生活，充满了不确定因素、随机作用的复杂性。一个鲜活的、富有生命力的个体，总要面对不断变化的环境来调适自己的行为。自我学习、自我评价、自我修养、自我调适，科学术语叫作自学习、自参考、自维生、自适应，是每一生命个体真正能据以安身立命的根本所在。这是"学会生存"必备的能力，也是"立德树人"要培养的德性。而要使这一切成为教育的现实，整体化思维、全要素调动、全环节着力、全过程调控，便是区域德育一体化顶层设计的立足点。

二、全要素统观

一体化建设的逻辑起点，必然建立在对德育资源的全面了解、对各要素之间相互作用的关系及过程的认识基础上。这就需要从多维度、多层次、多方面、多环节等角度来思考问题，将时空因素、过程要素、主体因素及目标、途径、方法、评价等项纳入思考的基本范畴。主要从以下方面来认识：

其一，德育资源，可从物质的、精神的、制度的、习惯和行为方式等方面来认识。物质层面，首先是校园的物质环境，能使人健康向上的、滋养精神的校园，是教育者必须着力思考和营建的环境。校园物质文化建设，包括建筑、道路、草木、场馆、宿舍、食堂等，都要体现人文关怀，富有生命性、艺术性、励志性。今天，虽然基本看不到"学校像监狱"[①]那样的现象，但物理空间尚有极大的德育

---

① 福柯：《规训与惩罚》，刘北成、杨远婴，译，生活·读书·新知三联书店，1999，第153页。

潜能有待进一步开发。精神层面,主要有课程内容(包括学科课程和活动课程)以及所有体现着学校精神及历史文化的符号化存在。以语言符号为载体的学科课程,占据了学校生活的绝大部分时间。从教育原理来看,一个人怎样生活,就怎样生长,从而,能成长为什么样的人,是由他全部的生活体验决定的。这也是"道生之,德蓄之"所阐释的原理。所以,发挥好课程立德树人的功能,始终是学校工作的中心和重心所在。当然,学校精神、学校传统、学校风气也是不可忽略的要素。制度层面,主要涉及国家宪法、法律、政策、规范及学校的各项制度、纪律、规章、守则等。以社会共同遵守的道德规范来克制和约束自己,是每个人作为一个社会成员必备的共同道德基础。"克己复礼"对社会建构的积极意义就在于此。习惯并善于在限制中体现自由,是遵道而行积蓄的德性,也是个体必须学会的社会化生存的基本技能;习惯和行为方式被视为德育资源主要是指,良好的行为方式和生活习惯是德性养成的有效途径。

其二,从层次来说,一体化要考虑的主要是个体、家庭、学校、社会不同层面的整体观。从个体来说,在教育文化的情境中,个体联结着家庭、学校与社会,那些外部的环境在影响着个体,个体也在影响着环境。从个体自身来看,他也是一个整体,是一个身、心、知的统一体。有机的身体,文化的心理,科学的认知,被工具理性主导下的教学活动割裂,是一种普遍现象。认识三者之间的有机联系及其作为一个整体与全部世界的关系,并致力于"知行合一"的教育,有难度,但是必须达成的目标。家庭是构成社会的基本细胞,又是孕育出个体的母体。它将一个经过家庭熏陶和早期教养的孩子送入学校,孩子又将学校的文化反馈给家庭,使家庭间接地与学校文化碰撞、交流。事实上在今天,家校之间通过网络的交流已经成为常态,其德育功能潜藏着巨大的空间。学校是德育的主要场域。学校教育的功能毋庸赘述,这里特别需要强调的是,学校不是文化孤岛,它与家庭和社会存在着千丝万缕的复杂联系,"德育一体化"这个概念本身,就是将学校德育工作视为与社会发展统一起来的系统工程。社会层面,当须认识到,社会是一个复杂的巨系统,充斥着多元化的思想观念和意识形态,各种文化群体和利益群体间存在着多种矛盾和冲突,学校与社会的关系错综复杂。

其三，从阶段性来看，区域德育面临学前、小学、初中、高中各阶段有所不同的目标任务，从而也有实践方面的诸多差异性。但毋庸置疑，各个年级段之间的有机衔接和整体的有序发展，显然是"一体化"必须关注并着力的关节点。《中小学德育工作指南》已经列出了从小学到高中阶段德育实施的指导性意见，然而在实践上，还会存在新问题和新课题，需要在探索中发展。这里特别要提及的，是对学前和更为早期的教育关注。每一个体进入学校，是有先在影响因素的，并且从原理层面看，早期教育具有"第一原理"的意义。前文理论部分着力论述的"养正于蒙"就是阐释这个道理的。《中小学德育工作指南》中并未给出这个初始阶段的指导性意见，这意味着，需要我们深入思考和探索，以富有成效的研究来丰富德育的理路与实践。

其四，从行为主体来说，教育者、管理者、家长、学生、社会人群要纳入视域。德育的行为主体是人，人是类的存在物。不同身份、地位、角色，具有不同的价值观、文化心理和行为方式的人，他们都具有类的特征。"方以类聚，物以群分。"（《周易·系辞上》）不同的人既有不同的文化差异和认识上的差异，也会存在意见和观点上的分歧，进而在交流和交往的行为方式上，存在矛盾和冲突，并不总是一致。就教育者来说，其在教育情境中的地位和作用尤为重要，在很大程度上决定着德育目标的实现。需要十分关注的问题是，由于其地位特殊，极易把学生视为应当无条件服从自己的教育对象，从而导致师生关系的恶化。构建新时代良好的师生关系，是教师的重要责任，是一切教育的目标得以实现的重要基础。学校的管理者即专门从事各方面管理的人员，他们从各个不同的方面进入学生的生活世界，其与学生的交流和交往，也负载着德育的责任。家长是一个复杂得多的群体，学生之间的差异，极大程度上受家长的社会地位、经济条件、文化资本、道德观念的影响，与家长的沟通是德育不可忽视的必要环节。学生主体，是一切教育的谋划在他身上实现的、具有自主行为的个体，个体自身、个体与其他主体之间、个体与家庭成员之间、个体与社会之间的和谐，是德育的核心价值取向。社会其他人群，不能游离于教育的视野之外。学生在社区里活动的时间虽然不多，但社会人群对学生的道德观影响绝不可忽视和低估，自觉抵制落后观念和不良行为的影响，以正向能引导社会，是德育工作的重要领域。

其五,从区域内学校格局来看,不同层次、不同规模、不同办学条件、不同教育资源配置,会带来竞争与合作方面的问题。一体化的布局,要思考激励的机制,也要在协调与平衡方面做出整体的谋划。一般来说,因地制宜,发挥特色,是开展德育工作的有效途径,须大力提倡并予以全力支持。再就是,根据学校德育工作存在的问题,设置适当的课题,鼓励各学校根据自己的实际情况,进行相关的课题研究,创设有利的条件,予以资金的支持,树立样板,激发创造力,提高整个系统的创新活力。课题研究是促进区域德育一体化建设的有效途径,当需在此着力。

除了上述方面,还需从德育实施的全环节考虑,目标、内容、途径、方法、过程、评价等要纳入基本范畴。这里毋庸细述,一体化建设的具体实践中将要全面展开的就是这些方面。最后还需提及的,是一体化建设的顶层设计,需要教育领导者和管理者从区域发展的全局出发协调平衡各方面关系,合理配置教育资源,制定和出台相关政策,还需要专家团队的支持,提供理论支撑和智库援助,更需要一线教育工作者的实践智慧和实际经验。由此形成的合力,是完成本课题的关键所在。

三、一体化建设重要场域及突出问题

一体化建设要考虑全局,但也不可能面面俱到。应在处理好一些重要关系、抓住主要矛盾、解决好关涉全局的突出问题上下功夫。诸如学校与社会协作、学校与家庭配合、课程与生活结合、课程与育德相关、校园建设与教育文化同步、文化传统与道德教育融合等,都是重要的建设领域,也是一体化的应有之义。主要的着力点有以下方面。

(一)学校德育与社会发展

区域德育一体化建设首先要考虑的,是学校德育工作要与区域的社会发展相适应。应充分认识区域经济发展的形势,一方面,学校教育将面临发展的新机遇;另一方面,飞速发展的城市化进程,也会涌现出前所未有的新问题。以郑州航空港区为例,物质文明的飞速发展和精神文明建设的相对滞后是该区面临

的突出的现实问题。从学校方面来说,应致力于打造精神文明高地,发挥道德引领的作用,助力航空港区的精神文明建设。从社会方面来说,当把教育视为全社会的责任,由政府主管教育的部门牵头,充分利用各种社会资源,调动一切积极因素,发挥各种场馆的教育功能,建立综合社会实践基地。"建设儿童友好城市"是一个新概念,这是将早期教育纳入社会文化工程。以往人们习惯成自然地禁止、限制、管控儿童行为的做法,应当来一个彻底的、根本性的变革。人类生活的一切场景,都是儿童的生活世界,要把一切设施都设计得符合儿童发展的需要,对儿童是友好的和安全的,且是富有教育意义的。儿童在友好的环境中亲近自然、亲近动物、亲近他人,人与人、人与自然和谐共生的理念要从早期教育着手,打下牢固的根底。

(二)校园文化建设

校园文化建设的教育功能及重要意义早已为教育者所重视。现代学校,一般都会在校园文化建设上下功夫,但重视的程度不同,因此效果上会有很大差别。实践上有待致力解决的突出问题有:

第一,有待在"全面性"上下功夫。"立德树人"与"人的全面发展"内在关联。按照马克思的说法,"人以一种全面的方式,就是说,作为一个完整的人,占有自己的全面的本质"。何为全面,这是需要教育者用心体悟和刻意追求的。由于学生在学校的大部分时间,心智都用在对学科知识的把握上,如果只埋头于学习课本知识,人就失去了感知丰富多彩的世界并发现意义的机会,从而造成内心世界的贫乏和苍白。审美的眼睛、音乐的耳朵、丰富的内心世界、多方面的需要、兴趣和能力的培养等教育任务,需要以学科课程学习之外的方式来弥补。校园文化建设,也要致力于全面建设学科课程之外的物理空间和精神空间。物理因素的全面,指诸如建筑、草木、道路、场馆、宿舍、食堂等一切物质形态;精神因素的全面,指负载着真、善、美价值追求的文化符号,全方位地覆盖一切使人的内心世界丰富的文化内容,涵括"人的本质"所涉及的一切方面,如马克思说的"视觉、听觉、嗅觉、味觉、触觉、思维、直观、情感、愿望、活动、爱"等。要实现这一切器官的功能,对于一个"完整的人",那是必需的,这又是课堂不能提供的。唯一的途径,就是以全方位覆盖的文化符号来丰富生活世界。让真善美的事物全面地占有耳目所及的一切事物，不仅是每一株小草，连气息和氛围也要纳入教育功能发挥的范畴。

第二，文化品位和质量有待提升。目前存在的普遍问题，是有待在文化品位和质量上提升。校园建设过于简单、粗糙，品位不高，境界偏低，缺乏创意，不利于向上向善的德性养成，有时可能产生负面影响。应在设计和建设方面，充分利用有利资源，多动脑筋，发挥想象力和创造力，力避平庸和刻意创新，提高境界，提升品位。物质文化建设应秉持的核心理念，是要突出生命性、艺术性、励志性、教育性。要将优秀传统文化及崇德向善理念，以精美的、直观的、生动的艺术形象加以展现。让"不言之教"蕴含于所有经过精心设计的文化符号之中，一改往日学校那种枯燥无味、沉闷僵化、了无生气、令人厌烦的不良印象，让孩子们一进校园，就仿佛进入了一个优雅精致、激人向上、超尘拔俗、令人向往的美好世界。

（三）家校合作

家校合作是德育一体化建设的重要领域，文明城市、文明村镇、文明社区，必然是建立在文明家庭基础之上的，而孩子的道德教育，无疑是家庭文明建设的核心所在。孩子的第一课堂是家庭，让孩子有德，意味着家长必须有德，家校合作育德意义十分重大。学校应将家庭教育指导服务纳入常态工作计划。教师的基本素养，必须将家校合作方面的能力要求包括进来。在家校合作的形式、内容、方法、途径、渠道等方面，各个学校都有自己的实践，也有很多成功的经验。互联网的运用，在交流与沟通方面提供了方便，一般都会通过网络来建立家长群，加速了信息的及时交流。家校合作的成功经验，还有待进一步总结并提升，此外，对存在的问题也要有充分的认识。一是沟通的方式有待提升。教师面对的家长群体，情况极为复杂，教师极易板着面孔说千篇一律的话，简单化、压迫感都会造成不良的后果。如何运用语言艺术，使交流更富有人情味，是每个教师专业发展必须解决的课题。二是家校合作，要注意调动家长参与的积极性。家长被要求参与管控孩子，督促孩子完成作业等，不应成为唯一的合作内容。如何让孩子养成良好的习惯，是一种正向的努力，需要家校密切配合，要思考和探索使家长积极主动地参与的方法。另外，家长不仅是关怀自己的孩子,还要参与班级事务、学校事务等。三是家长对孩子德性的养成,都有贴身的关怀,但不可否认,很多家长不仅缺乏教育的知识和能力,还有修己正身的必要。所以,以学校为主,建立家长学校很有必要。根据不同年龄段的特点,组织有经验的老师,定期进行公益性家庭教育指导服务及实践活动,传授家庭教育理念、知识和方法,促进家校合作育德工作的有效开展。四是要充分利用学校之外的场馆设施展开道德教育。诸如图书馆、博物馆、文化馆、纪念馆、美术馆、科技馆、体育场馆、青少年宫、儿童活动中心等公共文化服务机构和爱国主义教育基地等,都要充分发挥德育功能。不仅直接服务于儿童,还应定期开展公益性家庭教育宣传、家庭教育指导服务和实践活动,开发家庭教育类公共文化服务产品。

(四)课程思德

已有"课程思政"一说,这里要强调的是,各学科教学中都要思考"育德"的问题。前面已经阐释"五育"立德问题,而学科教学,一般都会将之视为是智育话题。学科教学占有了学校生活的绝大部分时间,而学科课程之间存在知识断裂,各种知识之间缺乏内在联系,带来一系列普遍存在的问题。课程与生活的分离、理论与实际的分离、知与行的分离、道德观与行为的分离、内心世界与外部表现的分离等种种不和谐都可以在被割裂的知识学习中找到根源。教育在很大程度上已经蜕变为教学的技术。课程的实施与结果的检验是可操作的技术过程,所有的考试几乎都可以通过技术培训而易于通过,因为技术过程排除复杂性和不确定性,只要按照程序操作就可达到预定目标;各阶段的数学教育,不过是一种运用公式的"算术"而已,与生活世界的本质联系被割断了,这可以推及一切的学科;教师习惯于将难题分解为可操作的步骤,而学生只要善于将脑瓜"清零",就能顺利接受已经设计好的知识。技术过程不需要思想、个性和创造性,更不需要情感、态度、价值观。学科教育在很大程度上决定着培养出什么德性的问题,教育一旦蜕变为教学的技术,也就不再追求智慧和高尚的目标,从而也就无法实现智育立德的任务。智慧和高尚,都是知德。如前所述,"知德以大中为期",所谓大,是博大;所谓中,是不偏颇。如此才有"通达"之德性。知德的优良品性,还体现于追求真知、融会贯通、转换生成、灵活运用等诸多方面。

而这一切,非彻底改变割裂式教学不能实现。而这也恰恰是德育一体化建设中最大的问题,带有根本性的突出问题。解决这一问题的关键在教育者素质的提升。要充分认识教师专业发展过分强调"专业化",忽视"通识"带来的危害。另外,专业化的培养模式,复制和再生产出一代代具有狭隘的专业知识结构的教师,这个制度性缺陷,要通过教师发展来解决。课程思德,教师必得有通识,他关注的不再是那些能够被"教"会的东西,不再殚精竭虑地致力于用某种技术和程序将现成的知识传递给学生,他必须得使自己具备活的知识并且有能力在被分割的知识领域间架设意义的桥梁,能将"很多人知道得很少,很少人知道得很多的东西"变成人人都能通晓的知识。课程思德是德育一体化建设的重点所在,是一项艰难的、常态的、长期的建设任务,要花主要精力来研究。

四、充分发挥优秀传统文化的育人功能

中华文化和中国精神的时代精华,是孕育中国特色社会主义的重要元素。立德树人,培养社会主义事业的建设者,继承优秀传统文化是必要的基础条件。公序良俗,传统美德,都是德育的文化资源。习近平总书记多次讲话涉及传统美德,提出要把弘扬孝亲敬老纳入社会主义核心价值观宣传教育,建设具有民族特色、时代特征的孝亲敬老文化。还有"和为贵"的处世哲学,"和而不同"的文化理念,"天人合一"的自然意识,"协和万邦"的国家观念,等等。中华传统的和谐文化孕育了中国精神,是实现中华民族伟大复兴的动力之源。比如郑州航空港区历史文化资源丰厚,许多传统美德故事流传千古。《诗经·郑风》二十一首诗歌描写郑国风俗民情,有很多德育元素值得深入挖掘。历史上发生的"黄泉认母"的故事,也涉及孝亲敬老话题。至于有关黄帝故里的种种传说,都有德育资源可挖掘。孝亲敬老的传统美德,在民间有广泛的基础,丰厚的文化土壤,是培育美德的上善之地。此外值得提及的是离去不远的乡土传统。随着城市化进程,昔日充满乡土气息的日常生活物品和劳动工具,逐渐淡出生活世界。在学校里可以建立一些博物馆,搜集物典,留住根的记忆,有非常特殊的德育意义。老树、小河、古建筑,都有不朽的灵魂,那些从学校里走出去的学子,会通过它们勾起对往事的回忆,故事里美好的东西,也有教育的意义。留住永恒的价

值是育德的本有之义。总之,传统具有重要的育人功能,应在德育一体化建设中充分发挥出它的作用来。

第二节 区域德育一体化核心理念

目前,我国有很多省市区县积极探索区域德育整体化建设。以河南省郑州航空港区为例,该区德育核心理念可以"上善共生"来表达。再如重庆市沙坪坝区以"固本铸魂·整体育人"为区域德育理念,积极探索新时期学校德育的新内容、新途径、新方法。本节重点以河南省郑州航空港区为例对区域德育理念加以解读。河南省郑州航空港区"上善共生"德育理念的"上"有向上之意,与港区"蒸蒸日上"和少年一代"天天向上"意义相合。另外"上善"还有"上乘之境""至高境界"之意。"上善"本有之义在于"尚善",即崇尚善、信仰善、向往善、践行善。其根本目的是以善为本,立德树人。"共生"即和谐并存、合作包容、相互促进、共同发展。其内涵包括个体身心的和谐、人与人之间的和谐、人与社会的和谐、人与自然的和谐。

一、以"善"为本

日常话语中,美德和"善"是同义语,是人类文明的根本标志和永恒主题,是普世的价值追求和终极关怀。西方古希腊时代的哲学家苏格拉底说"美德就是知识",这就等于说,真理就是善。在他看来,人类认识事物所能达到的最高境界就是善。他终身践行的美德是智慧、谦逊、节俭、公正、勇敢、坚韧。他坚持正义,轻视名利,教授学生不收取学费,为真理而献身大义凛然。他本身就是美德的典范。苏格拉底及其后人有关"善"的思辨成为西方传统哲学的一个重要命题。众所周知,由世界几大文明孕育的最高信仰,其核心理念皆可归结为善。

中国社会传统文化中"善"的理念源于宇宙自然的根本法则,植根于天地之道,历史悠久,源远流长。华夏"善"根自文明伊始,就与天地相连。其本原意义有经典的表述："文明以止，人文也。观乎天文，以察时变；观乎人文，以化成天下。"（语出《周易·贲卦·彖》）"文"即天地系统的纹理、理路，是成就万物的根本原理。人文来自天文，符合天地之根本法则，即为"善"。将"善"的道理揭示出来，照见于天下，天下就一片光明，人心就不再暗昧。人知道了善的道理，也就懂得约束行止，当行则行，当止则止。

老子说："上善若水，水善利万物而不争，处众人之所恶，故几于道。"这说的是，上乘的"善"就像水一样，处在人们所不屑的低下位置，不与他人争夺利益，"处下"实为"上善"，因为它趋近道。老子指出为人之善道："既以为人己愈有；既以与人己愈多。"简单说，就是付出得越多，拥有得越多。道家风范——"被褐而怀玉"（语出《道德经》），展现了质朴、节俭、施与、付出的美德。

儒家倡导的善更是囊括了一切核心价值理念——仁、义、礼、智、信皆为善念，温、良、恭、俭、让皆为善举。儒家将善视为人生的本质意义所在，孔子说"德行焉求福""仁义焉求吉"，美德和善行自会带来善果，无须祈求鬼怪和神明，就可以把命运把握在自己手中，自有福祉来回报。这与老子所说同为一理："天道无亲，常与善人。"孟子说："穷则独善其身，达则兼善天下。"独善与兼善表达了修身与济世的道理。儒家食无求饱，居无求安，但内心世界丰富多彩，精神境界纯洁高尚。孔子赞扬颜回有良知，"有不善未尝不知，知之未尝复行也"。儒家笃信美德和善，并以"慎独"戒之，使之臻于完善。"正心、诚意、修身"，即是从自身做起。完善自身，要从童蒙开始，从小事做起，不以善小而不为，不以恶小而不防，防微杜渐，成性存存。立德树人，理在"长善"，"长善"第一，"救失"次之。正如《学记》所言，"禁于未发之谓豫""发然后禁，则捍格而不胜"。好比说，第一粒扣子系错了，以下就全部错乱了。民间有句熟语"一步赶不上，步步赶不上"，说的也是这个意思。"存存"就是长善，在个体生命发展中，"善"长了，"不善"就没有了生长的机会。《易传》曰："蒙以养正，圣功也。"何谓"圣功"？即"不为而成"之功。正是基于这一原理，我们将"尚善"作为系好人生第一粒扣子的逻辑起点。

"善"的意义，不只是从日常话语中的"善良"来解释，在老子《道德经》中，使用最多的"善"字，还代表着最高境界。譬如，"居善地，心善渊，与善仁，言善信，政善治,事善能,动善时"(《道德经》第 8 章)、"善行无辙迹,善言无瑕谪;善数不用筹策;善闭无关楗而不可开,善结无绳约而不可解。"(《道德经》第 27 章)、"盖闻善摄生者,陆行不遇兕虎,入军不被甲兵"(《道德经》第 50 章)。做各种事情要达到的至高境界,也就是"上乘之境",这个意义上的理解,与"上善"相通。前面已有论述,"立德树人"总体目标要落实到"五育立德",德智体美劳"五育"待立之德,各有特点,但都通终极之德。"大学之道,在明明德,在亲民,在止于至善。"一切的学问,归根结底在于追求至高的境界。"至善"是一种上乘的、崇高的境界,是一种永恒的理念,没有人能达到善的终点,这实质就是说,对善的追求是没有止境的。

二、和谐共生

中华文化核心理念即为"和谐共生"。早在两千多年前,先贤提出"大道之行,天下为公,选贤与能,讲信修睦,故人不独亲其亲,不独子其子,使老有所终,壮有所用,幼有所长,矜寡孤独废疾者,皆有所养"。今日中国构建和谐社会,追求"大同""小康",其实根本就是中国的文化传统。和谐是共生的基础,和合之道早在中华文明定型之初,就已成为先王治理天下的法宝。《尚书·舜典》记载,虞舜虽有聪明、睿智、神武之才能,却不恃强凌弱,以霸道一统天下;相反,却以和顺之德感召天下,故有"德昭天下""协和万邦"之美名永垂青史。另有《国语·郑语》记载史伯的话说:"夫和实生物,同则不继。以他平他谓之和,故能丰长而物归之;若以同裨同,尽乃弃矣。"这是讲"和而不同"的道理。《左传·昭公二十年》中晏子有一段话:"和如羹焉,水、火、醯、醢、盐、梅,以烹鱼肉,燀之以薪,宰夫和之,齐之以味,济其不及,以泄其过。君子食之,以平其心。"这些有关和合的道理,在当代尤具重要的现实意义和深远的历史意义。求同存异,理解包容,和谐并存,相互促进,共生共荣,这是当代中国提出构建人类命运共同体的思想基础。

人文社会建构需要共生理念,人与自然的关系更需以共生理念来维持。这也是中华文化传统的一个重要方面。《淮南子·主术训》有言曰:"不涸泽而渔,不焚林而猎。……獭未祭鱼,网罟不得入于水;鹰隼未挚,罗网不得张于溪谷;

草木未落,斤斧不得入山林;昆虫未蛰,不得以火烧田。孕育不得杀,鷇卵不得探,鱼不长尺不得取,彘不期年不得食。"这是对《礼记·中庸》提出的"万物并育而不相害,道并行而不相悖"的具体化表述。生态失衡成为当今时代人类面临的严重危机,与急功近利求发展密切关联。破坏生态带来的残酷教训使人们再度认识到祖先遗训的终极价值和意义。建设绿水青山的美丽家园,要从共生理念的重构做起。

共生的思想基础是"仁爱"。孔子说:"人者仁也,亲亲为大。""亲亲"即是"亲"那亲近者。由近及远、由身体到世界、由家人到社会、由社会到自然、由爱人到爱一切生命。人与人关系的紧密性、连续性、互助性、合作性是维持社会良性秩序结构的根本基础。一个四分五裂的社会,必是从人与人之间最贴近的关系的分裂与崩溃开始的。而和谐关系的建立,正是从最亲近的人开始的。儒家所倡导的"仁爱"精神,是基于底层的社会建构,是和谐社会得以实现的根本途径。

总的来说,"尚善"与"共生"的文化基因,源远流长,根深蒂固,不仅有着悠久的历史,还有其生长的深厚的社会文化土壤,经历了中华千百年实践的检验,跨越遥远时空的文化存在,从而也是具有永恒价值意义的理想和信念。"善"的理念对人格完善和社会建构的意义,在任何时代都具有突出的重要性,然而也须认识到,"善"的具体内涵随着社会文化背景和时代更迭而有差异和变化。当今时代,"善"的意义涵盖了核心价值观的全部内容,不仅可用以指宏观的、普遍的、抽象的、整体的价值理念,也指细小的、具体的、感性的、个体的实践性知识,这是在"善"即真理的意义上来认识的道理。譬如说,爱护校园和港区的一草一木,孝敬父母,关爱弱者,等等。总之,"善"的理念渗透于生活的各个细节,一言一行,一举一动,都要以"善"为准则。至于在具体情境中,当如何说话、如何做事,才符合"善"的要求,这不仅是一个认识问题,更是一个实践问题。如何做才是恰当的,在中原文化的语境里,是以"中"来表述的。每个生活于此语境的个体,都有深切的体会。其深刻的思想性和实践意义,早在《中庸》里有透彻的阐释。理念树立起来,行为就有了规范,这就是"文明以止"这个经典名句的现代价值所在。"尚善"与"共生"内在关联,互为表里。只有以"善"的理念引导言行举止,才有理解宽容、互利共生;也只有以和谐共生为终极目标,才会有对善的自觉追求和实践探索。人之为人,重在积德;育人之道,理在促生。

三、核心理念的现实意义

以善为本,立德树人,是教育的根本宗旨。和谐共生,是构建人类命运共同体的终极关怀。由此来说,"上(尚)善共生"理念具有重要的现实意义和深远的历史意义。具体到河南省郑州航空港区德育建设来说,其必要性、现实性和可行性可从以下方面来认识:一是促进个体全面发展,二是推动区域精神文明建设,三是建设美丽家园。

从个体发展来说,教育不仅是让人学会从事专业化劳作的具体知识和能力,而是要培养完整的人。孔子的经典名句"君子不器""君子务本,本立而道生"告诉人们,安身立命之本,在于人内心世界丰富性的增长和人的本质的全面展开,在于人性的完善和人格的提升。人之为人所需要的一切,都要依循"善"的理念,在教育所营造的合适的生境中得以全面的健康发展。善的理念涵盖了人生在世的一切方面。读书做学问,要懂得"为学日益,为道日损"(老子语)。为人处世,要做到"见善如不及,见不善如探汤"(孔子语)。总之,学习、生活、交往一切方面,言行举止、为人处世的一切细节,都要有"善"的追求,以"善"为准则,依"善"而行,向"善"而动。"善"的本质,内在地包含着完美、恰当、合适、优异、全面、丰富,具有促进个体全面发展的正向功能。孟子所说的"独善其身",就是自身的完善,完善意味着方方面面、里里外外、彻头彻尾地臻于完美。心中有善念,邪恶就难以滋长。

对河南省郑州航空港区精神文明建设来说,"上善共生"理念具有引领社会、改造社会的现实功能。该区发展如火如荼,日新月异。人们在物质上迅速富裕起来的同时,精神文明建设相对滞后。改造社会,构建文明的和谐社会,不是一朝一夕之功,需要积极的、充满活力的正能量,更需要一代又一代人坚持不懈的努力,这是一个长期的文化工程。这个工程的基础文化建构,就在于善的教育。孔子曾以"内修七教,外行三至"的经典表述,来阐释古代明王治理天下的道理。何为七教?孔子说:"上敬老则下益孝,上尊齿则下益悌,上乐施则下益宽,上亲贤则下择友,上好德则下不隐,上恶贪则下耻争,上廉让则下耻节,此之谓七教。七教者,治民之本也。政教定,则本正也。凡上者,民之表也,表正则何物不正?是故人君先立仁于己,然后大夫忠而士信,民敦俗璞,男悫而女贞。六者,教之致也,布诸天下四方而不窕,纳诸寻常之室而不塞,等之以礼,立之以义,行之以顺,则民之弃恶,如汤之灌雪焉。"当教化之功弥漫渗透于天下四方,纳之于寻常百姓之家,就如拿开水浇灌冰雪一样即刻冰消雪融。这是比喻"教化"之功,不言自明,不为而成。郑州航空港区人文社会一切方面的建树,都向善而立,会产生人所意想不到的集成效应,精神文明之风一旦兴起,歪风邪气就没有存身的余地。对刚从农耕社会向现代社会急速转型的空港新区来说,改造社会最积极、最活跃、最富有生长力的因素,来自新生的一代人,他们正处在一个新的起始点上。学校教育不是文化孤岛,学校与社会有着千丝万缕的复杂联系。占领精神文明的高地,引领港区精神文明建设,学校教育义不容辞。其必要性、现实性、可能性和有效途径,皆体现在"上(尚)善共生"理念的确立和践行。

建设美丽家园是当代中国社会发展的主旋律和时代强音。美丽家园可从两个维度来认识。一指精神家园。精神的家园就是内心世界,是人不断回归的地方。"此心安处是吾乡"。安心之处,必得美丽,才能使人难以忘怀,才有不断的回归。龌龊的心灵无以安顿灵魂。二指外部空间。《诗》曰:"缗蛮黄鸟,止于丘隅""邦畿千里,惟民所止"。这是说,安身之处即是生境。明朗的天空,清澈的河水,纯净的空气,鸟语花香的田园,是安身的理想居处。可以想象,缺失了善念,没有了善行,无论内心还是外部世界,都只能是恶浊的地狱。美的本质特征是和谐,而和谐就是善。与人为善者,心灵是美丽的;人人相爱的社会,是美好的社会;关爱生命,才能维持美丽的生态。个体身心和谐统一,才能与人和谐相处,人与人之间和谐,才有和谐社会,社会和谐,才有民族国家的和谐,进而才有世界的和平。人类和谐相处,才能停止对有限自然资源的掠夺和对生态环境的破坏,从而才有人与自然的和谐。所以说,美丽家园是由美的心灵和美的行为构建起来的。郑州航空港区是通向世界的窗口,不仅要在城市建设和生态环境上营造美丽家园的形象,更要以人心之美、语言之美、行为之美与之交相辉映。这是唯有"尚善共生"理念的践行方能实现的愿景。没有善的信念就没有追求善的自觉行为。《周易·坤·文言》曰:"积善之家必有余庆,积不善之家必有余殃。"善言善行,必有善果善报;美丽家园,必是积善之功。

第三节　区域德育一体化实践途径

德育一体化是落实学校立德树人根本任务的重要环节,是促进德育改革顺利步入深水区并向纵深挺进的关键所在。[①] 就河南省郑州航空港区而言,该区德育一体化建设的实施,是一个将理论付诸实践的过程。实践途径突出以下方面:学科教学、文化建设、活动课程、社会实践、劳动教育、师德建设、学校家庭社会协作。

一、学科教学

由于学校生活的绝大部分时间在课堂,所以将立德树人的根本任务落实到各学科教学的目标之中,有机融入教学的全过程,就成为至关重要的环节。实现这一目标的现实问题与困境,主要来自技术理性对教育实践的全面入侵,教育蜕变为教学的技术。学科教学在内容上直接是德育课程的,易于将育德理解为说教。而其他课程,育德任务很难有机融入。这个问题的根本解决,有赖于教师素质的提升。学校要把教师发展视为具有决定意义的常态工作,可以通过设置研究课题的方式,鼓励探索、改革之举。

实践上可以着力之处,一般来说,各学科教学,都需要在深刻把握学科知识内容的基础上,认识学科教学的"至善"境界,联系生活实际,挖掘立德树人的思想资源,充分利用现代教育技术和媒体资源,精心设计教学内容,优化教学方法,注重学生道德认知境界的不断提升。人文的课程,倾向于价值理性,易于挖

---

① 张志勇:《省城中小学德育课程一体化的建构与实践》,《人民教育》2019 年第 21 期。

掘道德和善的元素;科学的课程,重在"知德"方面,培养求真的品性;而艺术,则重在培养审美方面的德性。三者之间,内在关联,不真、不善,就不可能是美的,真的,也必然是善的和美的,"至善",内在地蕴含着真与美。教育者真能领会好三者之间的关系,就能解决好课程育德的问题。

开发应用校本课程,易于将课程与生活世界联系起来,从而有利于德性的培养。应当结合学校所处自然人文环境,深入考察、搜集、整理历史文化资源和当代社会发展的现实资源,挖掘德育因素,因地制宜,开发和建设学校德育课程,使德性的培养,从身边开始,由爱家人,到爱家乡,再到爱祖国,层次递进,循序发展。最终目标通向人与人、人与自然和谐共生的至善境界。

二、文化建设

校园文化建设的意义毋庸赘述。校园要建成美丽的精神家园,激人向上,励志尚善,必得花大气力。一般要考虑的因素是空间设施、园林设计、心理空间、行动空间。要从物质文化、精神文化、制度文化及习惯和行为方式等方面来体现核心理念。

崇拜伟大精神,敬畏自然法则,尊师重道,家国情怀等优良品德培养,可通过庄严的仪式实施不言之教,也可通过各种物质载体来体现。升国旗的旗台和旗杆要精心设计,高品质建设。让文化的要素体现于一切视听所覆盖的空间——橱窗、走廊、墙壁、板报等。有条件的,要办好电子板报。通过校徽、校训、校规、校歌、校服等来体现办学理念,凝聚学校精神,形成良好的校风和学风。也可通过现代媒体手段,创建校报、校刊。

特别要关注的是学校的网络文化建设。积极建设校园绿色网络,开发网络德育资源,搭建校园网站、论坛、信箱、博客、微信群、QQ群等网上宣传交流平台,通过网络开展主题班(队)会、冬(夏)令营、家校互动等活动,引导学生合理使用网络,避免沉溺于网络游戏,远离有害信息,防止网络沉迷和伤害,提升网络素养,打造清朗的校园网络文化。

三、活动课程

活动课程与学科课程最大的不同,是通过组织化的活动,让学生亲身体验并获得直接经验。用古人的话说,叫"体究践履,实地用功。"活动课程具有情境性、主体性、综合性、生动性等特点,对德育来说,有着课堂教学难以相比的优越性。德性养成,离不开行动。开辟第二课堂,是最重要的育德途径。活动课程的设计,要从德育需要和学生兴趣出发,注重学生的主体性,调动学生参与的主动性和积极性。活动课程设计要有鲜明的主题,内容丰富多彩,形式多种多样,知识灵活运用,价值取向端正,激励学生向上,身心愉悦健康,旨在促进学生形成良好的思想品德和行为习惯。

活动课程在内容和形式上,要将负载着浓厚中华文化传统和时代精神的节日纳入设计之中,利用好春节、元宵、清明、端午、中秋、重阳等中华传统节日以及二十四节气,介绍优秀传统文化,学习历史知识,体验生活,认识人类生产生活与自然的关系。利用植树节、劳动节、青年节、儿童节、教师节、国庆节等现代节日,集中开展以爱祖国、爱人民、爱劳动、爱自然、爱老师为主题的教育活动。另外,建党纪念日、建军纪念日、学雷锋纪念日、抗战胜利纪念日、烈士纪念日、国家公祭日等重要纪念日,以及地球日、环境日、健康日、国家安全教育日、禁毒日、航天日、航海日等主题日,也都是需要很好地利用的德育资源。入学、毕业、入团、入队、成人等,也都应举办相应的仪式和活动。还有艺术节、科技节、运动会、读书会、绘画展、演出活动等,都是丰富体验、增长知识、培养德性的活动形式。总之,活动课程,要将一切时间与空间资源纳入计划之中,精心设计,认真组织,师生家长共同参与,切实发挥活动课程的育人功能。

四、社会实践

社会实践要与综合实践活动密切配合,每学年都要安排一定的时间(至少一周),组织学生广泛参与有益于身心健康发展的社会实践活动,加强学校与社会的联系,让学生认识社会,提高社会责任感,培养创新精神和实践能力。

区域内各类主题实践活动,可以利用的资源丰富多样,如爱国主义教育基地、公益性文化设施、专题教育社会实践基地、历史博物馆、文物展览馆、科技馆、美术馆、音乐厅、物质和非物质文化遗产、革命纪念地、烈士陵园（墓）、高新区等场所，还有许多发挥着重要社会功能的政府机构（如公检法）、高等院校、科研机构以及环境保护和节约能源展览馆、污水处理企业、交通队、消防队、地震台、养老院、儿童福利机构、心理服务机构、儿童保健机构、残疾人康复机构等场所，这些都是社会实践活动内容可利用的场所。

研学旅行也是开展社会实践的一个方面，也应纳入学校教育计划。要根据小学、初中、高中不同学段学生的身心发展特点和能力，安排适合学生年龄特征的研学旅行，将研学旅行与学校课程、德育体验、实践锻炼有机地融合起来，充分利用好研学实验基地，有针对性地开展自然类、历史类、地理类、科技类、人文类、体验类等多种类型的研学旅行活动。在活动中，加强管理，制订严格的规程，力避随意性，做到"活动有方案，行前有备案，应急有预案"，明确学校、家长、学生的义务和权利。

五、劳动教育

劳动教育是立德树人的重要途径，基本理念是：

一是强化劳动观念，弘扬劳动精神。将劳动观念和劳动精神教育贯穿于人才培养全过程，贯穿于家庭、学校、社会各方面。注重让学生在学习和掌握基本劳动知识技能的过程中，领悟劳动的意义、价值，形成勤俭、奋斗、创新、奉献的劳动精神；

二是强调身心参与，注重手脑并用。把握劳动教育的根本特征，让学生面对真实的个人生活、生产和社会性服务任务情境，亲历实际的劳动过程，善于观察思考，注重运用所学知识解决实际问题，提高劳动质量和效率；

三是继承优良传统，彰显时代特征。在充分发挥传统劳动、传统工艺项目育人功能的同时，紧跟科技发展和产业变革，准确把握新时代劳动工具、劳动技术、劳动形态的新变化，创新劳动教育内容、途径、方式，增强劳动教育的时代性；

四是发挥主体作用，激发创新创造。关注学生劳动过程中的体验和感悟，引导学生感受劳动的艰辛和收获的快乐,增强获得感、成就感、荣誉感。鼓励学生在学习和借鉴他人丰富经验、技艺的基础上,尝试新方法、探索新技术,打破僵化思维方式,推陈出新。

中小学劳动教育,主要包括三个方面:日常生活劳动、生产劳动和服务性劳动。开展劳动教育,要认识"为着劳动的教育"和"通过劳动的教育"两者之间的区别与联系,将目的与手段有机统一起来。日常生活劳动教育立足于个人生活事务处理,结合开展新时代校园爱国卫生运动,注重生活能力和良好卫生习惯培养,树立自立自强意识;生产劳动教育要让学生在工农业生产过程中直接经历物质财富的创造过程,体验从简单劳动、原始劳动向复杂劳动、创造性劳动的发展过程,学会使用工具,掌握相关技术,感受劳动创造价值,增强产品质量意识,体会平凡劳动中的伟大;服务性劳动教育要让学生利用知识、技能等为他人和社会提供服务,在服务性岗位上见习实习,树立服务意识,实践服务技能;在公益劳动、志愿服务中强化社会责任感。

学校必须将劳动教育纳入正常的教学计划,三种形式的劳动都要有安排。小学低年级要注重围绕劳动意识的启蒙,让学生学习日常生活自理,感知劳动乐趣,知道人人都要劳动。小学中高年级要注重围绕卫生、劳动习惯养成,让学生做好个人卫生清洁,主动分担家务,适当参加校内外公益劳动,学会与他人合作劳动,体会到劳动的光荣。初中要注重围绕增加劳动知识、技能,加强家政学习,开展社区服务,适当参加生产劳动,使学生初步养成认真负责、吃苦耐劳的品质和职业意识。普通高中要注重围绕丰富职业体验,开展服务性劳动,参加生产劳动,使学生熟练掌握一定劳动技能,理解劳动创造价值,具有劳动自立意识和主动服务他人、服务社会的情怀。

六、其他方面

德育实施的途径,除了上述方面,还需要积极争取家庭、社会共同参与和支持学校德育工作,引导家长注重家庭、注重家教、注重家风,营造积极向上的良好社会氛围。要建立健全家庭教育工作机制,统筹家长委员会、家长学校、家长会、家访、家长开放日、家长接待日等各种家校沟通渠道,丰富学校指导服务内容,及时了解、沟通和反馈学生思想状况和行为表现,认真听取家长对学校的意见和建议,促进家长了解学校办学理念、教育教学改进措施,帮助家长提高家教水平。构建社会共育机制。要主动联系本地宣传、综治、公安、司法、民政、文化、共青团、妇联、关工委、卫健等部门、组织,注重发挥党政机关和企事业单位领导干部、专家学者以及老干部、老战士、老专家、老教师、老模范的作用,建立多方联动机制,搭建社会育人平台,实现社会资源共建共享,净化学生成长环境,助力广大中小学生健康成长。

师德师风建设也是必要的环节。要注意培育、宣传师德标兵、教学骨干和优秀班主任、德育工作者等先进典型。学校要致力于培养有理想信念、有道德情操、有扎实学识、有仁爱之心的"四有"好教师。实行师德"一票否决制",把师德表现作为教师资格注册、年度考核、职务(职称)评审、岗位聘用、评优奖励的首要标准。

德育一体化建设的实施,还必须加强组织管理。区域内各学校要把德育工作作为党建的重要内容,摆上重要议事日程,加强指导和管理。学校要建立党组织主导、校长负责、群团组织参与、家庭社会联动的德育工作机制。学校党组织要充分发挥政治核心作用,切实加强对学校德育工作的领导,把握正确方向,推动解决重要问题。校长要亲自抓德育工作,规划、部署、推动学校德育工作落到实处。学校要完善党建带团建机制,加强共青团、少先队建设,在学校德育工作中发挥共青团、少先队的先进性、自主性、实践性优势。要在条件保障、队伍建设督导评价、科研课题等方面着力,增强德育工作的科学性、系统性和实效性。

第三章　统筹城乡区域德育一体化的时代意蕴

第一节　区域德育一体化政策溯源

从政策历史维度分析,我国区域德育一体化建设是贯彻落实立德树人根本任务,立足于德育体制机制改革发展的客观现实需要,是努力建构系统化、整体性、有机衔接的中小学校德育体系,推动德育理念、目标、课程、方法、评价等方面内容一体化建设,不断构建全面育人立体大格局的持续过程。大致经历了初步探索、体系建构与全面推进三个阶段。

一、德育一体化建设的初步探索阶段

中小学校德育一体化建设的思想始自 20 世纪 80 年代初,据上海市普陀区的教育志记载:1988 年,真如中学接到国家教委下达的任务,"着手进行为期三年的学校、家庭、社会德育一体化的实验,研究三者之间的相互关系及对学生思想品德形成的合力作用。"[①]从中不难发现,这一时期学校德育一体化探索呈现如下特点:

一是基层主体。原国家教委结合当时中小学校德育路径匮乏、形式单一的状况,主要依托基层一线力量,鼓励部分有条件的地区先行尝试,为更大规模、范围的探索实践提供参考借鉴经验。

二是机制为主。学校德育一体化建设强调以学校德育为主渠道,以统整学生思想品德教育的正向合力为方向,以形成德育一体化的社会网络系统为路径,沟通学校与家庭、社会之间的横向联系,依托社会各方面资源,不断优化社

---

① 张健、潘国良:《学校家庭社会德育一体化课题研究报告》,《上海教育研究》1991 年第 2 期。

区教育环境,从而实现目标一致、各有重点、同步协调、分层实施的德育工作机制。

三是经验为重。因缺乏宏观政策层面的方向性指导策略,基层一线学校主要基于自身条件和理解,开展小范围的实践性探索,积淀了难能可贵的宝贵经验,为后期全国范围内的深入研究奠定基础。

二、德育一体化建设的大规模探索阶段

自 20 世纪 90 年代以来,中小学校开始大规模开展德育一体化建设的探索实践:1994 年下发的《中共中央关于进一步加强和改进学校德育工作的若干意见》明确提出"整体规划学校德育体系"的要求,强调学校德育工作是一项系统工程,应遵循整体性原则、层次性原则、相关性原则,为学校德育一体化研究和建设指明了方向;2001 年,中共中央颁布了《公民道德建设实施纲要》,强调学校德育阵地建设的重要作用,提出要科学规划不同年龄学生及各学习阶段道德教育的具体内容,把道德教育渗透到学校教育的各个环节,要把家庭教育、学校教育、单位教育和社会教育紧密结合起来,相互配合,相互促进。2005 年,教育部出台了《关于整体规划大中小学德育体系的意见》,总结吸收了近十年来整体构建德育体系等方面的科研成果和实践经验,提出了整体规划大中小学德育体系的总体要求,不断提高学校德育体系的针对性、实效性、吸引力和感染力。2010 年《国家中长期教育改革和发展规划纲要(2010—2020)》提出将"构建大中小学有效衔接的德育体系"作为中长期教育改革发展的重要目标和任务。2011 年教育部启动"整体规划大中小学德育课程项目",开启了整体规划大中小学德育课程研究的新阶段。不难发现,这一时期中小学校德育一体化建设呈现出以下特点:

一是发挥政策导向作用。党和国家高度重视学校德育一体化建设工作,出台系列文件指导基层整体推进德育一体化建设工作,为一线实践指明了行动方向。同时在全国范围内掀起探索整体构建学校德育体系化的研究和实践的新高潮,进一步充实德育一体化建设的理论认知和实践经验。

二是注重德育系统思维。立足学校德育整体视角,运用系统科学的思想原

则和方法,坚持有效衔接、分层实施、循序渐进、整体推进的一体化建设基本思路,针对大中小学德育工作三大子系统,从德育目标、内容、途径、方法、管理、评价六个维度,构建时间上具有全程性、空间上具有全域性,能够产生更大整体效应的学校德育体系,从而不断提高学校德育体系的针对性、实效性。

三是强调德育内在逻辑。遵循学校德育内在的科学原理,坚持教育逐步形成和发展的过程性客观规律,按照"贴近实际、贴近生活、贴近学生"原则,努力探索学校德育体系化建设,体现如下探索特征:首先,从德育的出发点观察,努力克服传统德育"泛政治化"趋势,强调德育功能以学生的成人作为根本价值取向;其次,从德育的基本依据考察,努力克服过去德育中普遍存在的唯上、唯书本式的说教逻辑,更加注重观照学生的现实生活,强调德育服务于学生生活、现实逻辑;再次,从德育的价值尺度考察,克服过去德育片面强调抽象的集体主义价值导向误区,强调个人利益与集体主义相结合的价值主张。

三、德育一体化建设的全面推进阶段

党的十八大以来,以习近平同志为核心的党中央高度重视学校德育工作,将建设大中小学一体化的德育体系作为党和国家教育体制机制改革的重点方向之一。2012年全国教育工作会议指出,要构建目标明确、内容科学、结构合理、学段衔接、循序渐进的大中小学德育课程教材体系,拉开了新时代全面推进中小学德育一体化建设的帷幕。2014年,《教育部关于全面深化课程改革落实立德树人根本任务的意见》指出,全面深化课程改革,落实立德树人根本任务,要坚持系统设计,整体规划育人各个环节的改革,整合利用各种资源,统筹协调各方力量,实现全面育人。教育部在2017年印发《中小学德育工作指南》,立足学校德育工作实践立场,运用一体化系统思维,从德育目标、内容、实施路径等方面,重新梳理、定位、规划德育工作整体设计,进一步明晰中小学校德育一体化建设思路。2017年9月,中共中央办公厅、国务院办公厅再次发出大中小幼一体化指导性文件——《关于深化教育体制机制改革的意见》,强调要构建以社会主义核心价值观为引领的大中小幼一体化德育体系,为新时代探索德育的大中小幼一体化建设指明重要方向。2019年3月18日,习近平总书记在学校思

想政治理论课教师座谈会上指出,在大中小学循序渐进、螺旋式上升地开设思想政治理论课非常必要,是培养一代又一代社会主义建设者和接班人的重要保障。强调要统筹推进大中小学思政课一体化建设。习近平总书记的这一论断,将青少年正确价值观的培养提到了新的高度,并且指明了前进的总方向,为新时代学校德育一体化建设发展提供了重要准则。同年 8 月,中共中央办公厅、国务院办公厅印发《关于深化新时代学校思想政治理论课改革创新的若干意见》,这是党和国家进一步加强学校德育工作的又一重要战略举措。因此,新时代学校德育一体化建设呈现出以下新特质:

一是体现国家意志。随着我国社会主义建设进入新时代,为确保党和人民事业后继有人和国家长治久安的战略要求,针对教育应当"培养什么人""如何培养人""为谁培养人"这一根本问题,围绕培养新时代社会主义建设者和接班人的使命高度,重新审视和定位新时代学校德育工作,强调一体化德育体系建设是顺应新时代中国共产党治国理政大局,应对我国教育发展新挑战、新要求的根本举措,更加强调德育实践层面的价值引领与协同创新,为新时代我国学校德育改革发展提供了根本准则。

二是强化"五育"并举。立足德智体美劳,全面培养时代新人的战略高度,进一步深化德育一体化建设的内涵认识,立足融合育人的全新视域,提出德智体美劳"五育"相互渗透、相互滋养、相互贯穿、相互融合,达成"五育"并举、相互促进的内在本质变革。正如南京师范大学冯建军老师指出,让"五育"在融合中充分发挥各自的教育价值:以德定才智、以德健体魄、以德悦美、以德塑造劳动教育的品格,突出智育为德育、美育、体育、劳动技术教育等提供知识和智力的基础,以体育孕育品德、以体益智、以体健美、以体助劳,以美润德、以美激智、以美健体、以美益劳,以劳树德、以劳强智、以劳强体、以劳益美。[①]

三是注重长程综合。习近平总书记在学校思想政治理论课教师座谈会上提出,"要把统筹推进大中小学思政课一体化建设作为一项重要工程,推动思政课建设内涵式发展"。因此,在新形势下,深入探索实践学校德育一体化建设,

---

① 冯建军:《构建德智体美劳全面培养的教育体系》,《新华文摘》2020 年第 14 期。

更加注重打破传统意义上的不同学段之间的壁垒,更加强化打通校际的时空阻隔,强调立足终身教育视角的长程综合融通的思维路向,按照大中小幼一体化整体规划,形成一个纵向衔接、横向联系、贯通时空一体的教育实践逻辑体系。

第二节　区域德育一体化时代背景

我国区域学校德育工作实践,取得了显著成效,形成了优良的德育工作传统,但随着时代的进步、社会的发展和学校德育工作的不断深化,长期以来形成的条块化、专门化、碎片化等德育思维和模式,已经不能适应社会发展和人才培养的要求,在目标上与学校德育工作"全人"目标脱节、教学和育人脱节、知识教授与实践脱节,大中小学德育纵向脱节、学校德育与家庭社会脱节、教学手段与时代条件脱节[①]。

一、一体化:新时代德育的价值使命

学校德育关系人心向背,关系国家长治久安。当今世界,正处于历史性的大变革进程之中,国际政治、经济、文化、科技等各方面全方位加速演变,国际冲突日趋激烈,国际斗争更加剧烈,这对学校教育提出了新的挑战和要求。新时代需要一代新人,需要新的教育形态。现在的中小学生,承担着建设社会主义现代化强国的重任,更肩负着维护国家政治安全、赓续社会主义命脉的重大使命,对学校德育价值定位赋予了新的使命和要求。以习近平同志为核心的党中央高度重视德育工作,多次发表关于学校德育的重要讲话和论述,从"培养什么人""如何培养人""为谁培养人"的历史新高度,进一步明确学校德育根本目标是培养拥护党的领导和中国特色社会主义制度的时代新人,进一步强化新时代基础教育特别是德育工作的战略地位,对学校德育一体化建设的探索与实践具

---

① 谢梦菲:《哲学视域下新时代一体化德育的构建》,《思想政治课教学》2018 年第 7 期。

有深刻的现实指导意义。

当下之中国,正处于从漫长的农耕文明走向现代工业文明的历史转折阶段,人们的思想观念、价值追求和思维方式等正从传统走向现代,合作、开放、包容、理性、责任、诚信、友善等现代社会基本价值理念成为指导人们现实社会生活的基本价值规范,对塑造现代性人格特征具有深刻的启示意义,也对学校德育提出新的时代命题,赋予学校德育新的时代内涵。因此,学校教育应肩负培养时代新人的光荣职责,积极顺应时代发展之变化,秉持为社会发展、民族进步和学生终身发展服务的价值追求,主动融入现代性的价值观念元素,超越原来旧有的思维和实践方式,实现学校德育的现代化根本转型。

经济全球化、价值多元化、社会信息化是 21 世纪的显著特征。随着经济持续发展、社会变迁、信息网络技术突飞猛进,各种思想文化交流交融交锋更加频繁,人们生活的外部环境发生了深刻的巨大变化。人们的思想观念都在发生着更新与变革,"丧文化""佛系文化""道系文化"等侵蚀着中小学生精神。另一方面,随着社会的不断进步和人的主体意识觉醒,学生思想意识更加自主,价值追求更加多元,个性特点更加鲜明。学校德育作为社会体系的有机组成部分,如何在社会价值多元的背景下,顺应时代发展的需要,构建具有中国特色的学校德育体系,发挥学校德育的主流价值观引导作用,是一个不容忽视的时代课题。

二、一体化:区域德育发展必然路径

考察我国教育管理体制,主要采取一种统一领导下的分级管理模式,主要体现在两个方面:从教育行政组织上看,中央一级设立教育部,统一管理全国教育工作,地方设立省、市、县、乡镇等四级专门的教育行政组织,统一接受中央领导;从教育行政内容上看,主要采取自上而下的教育制度,即教育方针、政策、规划等由中央与国务院制定,具体由下设各级教育行政组织负责实施。这种分级管理模式容易限制地方各级教育行政组织的自由度,缺乏地方各级教育行政的充分参与,致使教育政策执行和遵守被视为一种带有强迫性的工作,导致基层教育行政部门主动性不足,缺乏积极作为的创新性思维。

区域德育一体化建设重在立足基层、整合各方资源、统筹内部要素、贯通德

育时空,具有多层次性和复杂性,需要发挥地方各级教育行政主体职能作用,需要基层教育行政部门结合区域自身特点,发挥各级行政组织的积极性、主动性和创造性,需要建立一种自下而上与上下互动相结合的新型教育制度形态,从而保证学校德育一体化建设有效推进。这给现有教育行政管理体制带来新的机遇和挑战,需要各级行政组织主动改变原有工作思维模式,积极主动作为,努力突破原有制度性桎梏,充分激活管理机制的内在活力,并以区域德育一体化建设为契机,推动区域教育管理机制向现代化转型。

以区域教育行政部门为主体,推进区域德育一体化建设,具有极大的制度优势。首先,从职能任务分析,区域教育行政部门主要履行上传下达的行政功能,是沟通、联系上级管理部门与基层学校不可或缺的中间纽带,具有不可替代的重要作用。其次,从管理对象分析,区域教育行政部门管理的对象包括中小学校、幼儿园等各级机构,其作为推进区域德育一体化的主体,能较好打通现在行政管理体制壁垒,统整基层一线学校力量,更好推进区域德育一体化工作的探索和实践。再次,从区域德育一体化建设的工作内涵分析,包括德智体美劳五育融合、家社校德育协同、学校德育内部因素协调、学科整合育人、中小幼德育课程一体化等诸多内容,涉及德育众多要素,单凭基层一线学校自身力量显然不太现实。因此,发挥区域教育行政主管部门主体作用,从区域层面推进德育一体化建设,是一条切实可行的必由之路。

三、一体化:校本德育客观现实需要

区域德育一体化建设立足于德育体制机制改革的内在需要和中小学生的健康成长发展的需要,致力于构建整体、系统、衔接的德育体系,促进德育的理念、目标、内容、方法等方面的一体化的建构,从而推动德育内在结构系统的开放性、动态性、有序性和整体性建构。反观中小学德育生态现状,存在德育体系的碎片化、割裂化、分散化、封闭化等诸多弊病。

一是德育内容的碎片化。提到学校德育,任何人似乎都非常清楚包括哪些内容,但人人看似都清楚答案的话题,却并非都清晰明了。反映到中小学校德育实践上,基层教育工作者往往基于自身理解出发,导致学校德育实践呈现千

差万别的状况,甚至鱼龙混杂的乱象,基层学校德育主观性、随意性太多,往往出现"说起来重要,忙起来不要"的怪象。另一方面,从传统德育内容的分类来看,主要包括政治、思想、道德、法治和心理健康等五大领域,彼此之间虽然有密切联系,但在具体内容、方法、理念上却存在较大差异。基层一线教师却不甚清楚彼此间的区别,往往一视同仁,进一步加剧德育内容的混乱状况。从这个意义上讲,区域德育一体化建设将有助于基层学校、教师清晰具体的德育内容,从而增强学校德育的科学性。

二是德育职能的割裂化。考察基层学校行政管理职能,主要分为教学、德育、后勤三大板块。这种条块化的职能分工,往往加剧了学校教育功能的异化,出现学科教学只注重知识授受而忽视育人功能;德育工作口号化、标签化,缺乏具体载体有力支持;后勤注重管理,忽略育人隐性价值营造等客观现状。这种人为割裂的管理机制,制约了学校德育的效果的发挥和质量的提高。

三是德育力量的分散化。中小学校德育工作处于教育行政管理层级的最底端,是各级上级管理机构行政指令的具体执行、实施主体。事实上,宣传部、文明委、共青团、妇联、关工委、禁毒委、生态环境局、司法局、卫健委、公安局……一系列部门,往往基于自身的需求、意愿,都给基层学校下达德育任务,不但增加基层学校工作负担,而且可能造成学校德育工作的内在紊乱,严重损害学校德育正常生态。区域德育一体化建设,能较好地整合各方力量,遵循德育内在规律,实现外在工作任务的内在教育内涵转化,最大限度地提升德育工作实效。

四是德育生态的封闭化。学校现有德育内容、路径、观念等诸多要素,与时代、社会脱节较为严重,关起门育人的现象客观存在。推进德育一体化建设,有利于统整社会教育资源,发挥社会文化的育人功能,挖掘相关教育因素,利用丰富的社会资源,落实实践育人、协同育人的根本要求。

第三节　区域德育一体化时代内涵

区域学校德育一体化建设,是一个有着既定目标、多层次、多因素、多功能的立体结构。必须坚持把人的全面发展作为根本培养目标,突出德育一体化建设的方向性、规律性和系统性、整体性。

一、坚持德育一体化建设的方向性

"德育的方向比德育的行动更重要"。区域德育一体化建设,是新时代中国共产党治国理政大局对教育发展提出的新要求,更加强调德育实践层面的价值引领与协同创新。因此,德育一体化建设要彰显政治性原则,要以落实立德树人教育根本任务为根本目标,围绕着解决好"培养什么人""如何培养人""为谁培养人"这个根本问题,确保党的路线、方针、主张在中小学校德育工作中得以贯彻落实。要突出时代特色,要立足国家进步、民族发展的长远视角,主动吸纳符合人类文明发展方向和时代潮流的思想意识、价值观念和道德行为规范。

二、坚持德育一体化建设的规律性

一体化德育体系建设要以学生终身的健康成长和发展为根本宗旨,更加注重育人规律,尊重学生的主体地位,尊重学生在德育过程中的选择性、自主性、能动性和创造性,准确把握和遵循学校德育的基本特点和学生成长发展规律,遵循中小学生年龄特点、身心发展规律和价值观念形成的内生机制,真正将学生视为德育的主人。要按照"贴近实际、贴近生活、贴近学生"的基本思路,将教育者的育人理念和学生的内在需求有机结合起来,主动关注学生的现实生活境遇的真实问题,尊重学生客观需求,思考、发现学生生活情境中所蕴含的教育契机,遵循德育内在育人机理、逻辑,进行针对性实践,实现德育工作的校本化教育转型。

三、坚持德育一体化建设的系统性

一体化德育体系建设要立足终身教育的长程综合视域,遵循"纵向递进、横向贯通、分层发展、螺旋上升"的系统化建构策略,围绕区域德育目标、内容、途径、方法、管理、评估等基本要素,按照中小幼一体化衔接的基本思路,系统规划区域德育整体设计和实践。要以系统的观念认识德育各要素在整个系统中的育人功能,要从要素看整体、从结构看功能,既要充分发挥个体的育人功能,又要注重系统整体的教育合力,系统思考德育各要素、各系统之间的内在逻辑关系,从而建立起彼此关联、结构稳定的实践框架,以优化结构、抓关键要素来促进育人功能的提升。

四、坚持德育一体化建设的整体性

区域德育一体化建设要坚持全面育人的基本原则,树立全局性观念,从整体上考虑问题,正确认识德育目标、德育内容、德育途径、德育方法、德育管理、德育评价系统内部各层次、各方面的地位和作用,以及学校德育在所处区域生态系统中的地位和作用。要让每位教育工作者树立整体性观念,着眼于德育系统的整体功能进行规划、设计和实施。在处理部分与整体的关系时,注意定位的整体性,坚持先思考整体再思考部分;注意时间的整体性,坚持先立足全过程再关注阶段;注意空间的整体性,坚持先考虑全局再关注局部。

第四章　统筹城乡区域德育一体化的融合路径

第一节　区域德育课程目标引领

　　党的十八大以来,党始终坚持把教育摆在优先发展的战略位置,全面深化教育的综合改革。近年来,习近平总书记对落实立德树人根本任务目标多次提出了明确要求,对整体规划、统筹推进中小学德育工作做出了全面部署。2017年9月,中共中央办公厅、国务院办公厅发布的《关于深化教育体制机制改革的意见》指出,要健全立德树人系统化落实机制,强调要构建以社会主义核心价值观为引领的大中小幼一体化德育体系。针对不同年龄段学生,科学制订德育目标,合理设计德育内容、途径、方法,使德育层层深入、有机衔接,推进社会主义核心价值观内化于心、外化于行。[①] 同时,党的十九大强调要加强社会主义精神文明建设,并对深入实施公民道德建设工程提出了明确要求,要求学校教育的各方面都要为培养新时代公民而奋斗,因此区域德育课程要为培养区域公民而奋斗。价值引领是区域德育课程的价值追求和原动力,实现价值引领必须构建好区域德育课程体系,要全面把握好二者的内在逻辑联系。

　　区域德育课程的目的在于融合区域各方面德育资源,高效推动德育课程的发展。德育课程是对学生进行思想政治教育的专门课程,其目标可以分为课程的总目标以及情感态度价值观、能力、知识等方面的分目标,并随着学段不同而各有区别。为完成立德树人根本任务,应充分发挥区域德育课程教学的德育功能与价值引领作用,把培育和践行社会主义核心价值观渗透于区域德育课程建

---

　　① 谢春风:《共育将助推我国教育发展出现"蝶变之态"——对大中小幼一体化德育内涵和实践策略的初步思考》,《北京教育(普教版)》2020年第4期。

设、区域德育课程实施和区域德育课程资源开发等各环节、全过程,要充分挖掘和有效发挥区域德育课程各要素中的德育价值。区域德育课程是彰显中国区域特色教育的重要内容,其发展保障着全面育人的贯彻落实。区域德育课程的有效开展有利于推动区域发展与德育课同向同行,实现协同育人、全方位育人,对区域整体发展的价值引领有着不可替代的作用。

2017年,教育部颁发的《中小学德育工作指南》(以下简称《指南》)根据社会发展对新时代公民全面培养的要求,对我国中小学德育工作做出了顶层设计。[①]《指南》是现阶段指导我国中小学德育工作的顶层设计,也是今后相当长时期内区域开展德育一体化工作的基本准则,也是区域德育课程教学的基本导向。因此,区域德育课程要始终以《指南》为价值导向,以课程标准为基本依据,以立德树人为根本,培养全面发展的人,以促进学生形成良好行为习惯为日常工作,坚持教育与劳动、实践相结合,坚持学校教育与家庭教育、社会教育相结合,不断完善区域中小学德育工作长效机制,全面提高区域德育课程教学水平,为中国特色社会主义事业培养合格建设者和可靠接班人,担当起新时代中小学德育课程的使命,推动区域德育课程教学的实践发展。

一、"立德树人"是区域德育课程的本质和根本目标任务

国无德不兴,人无德不立。习近平总书记多次强调,立德树人,是教育事业发展必须落实好的根本任务,是人才培养的基本方略。"立德树人"是区域德育课程的本质。教育的首要问题是要解决培养什么人的问题,同时这个问题也是教育的根本问题和永恒主题。因此,区域德育课程就必须牢牢占领"立德树人"的制高点,努力彰显区域德育课程的独特育人价值。区域德育课程要为区域落实"立德树人"任务固本强基,为区域培养人才树好风向标,为挖掘区域德育课程的育人功能开凿蓄水池。只有真正把握好区域德育课程"立德树人"本质,才能够充分发挥区域经济、社会、文化等发展中蕴含的德育资源,提高全面育人的

---

① 蔡志良:《〈中小学德育工作指南〉对中学德育课程的价值导向》,《教学月刊·中学版(政治教学)》2017年第11期。

成效与辐射功能,使区域德育课程在学校里滋润学生的心灵,提高学生的道德素质,又能成为助推区域社会整体发展的内生动力。总的来说,区域德育课程要始终坚持立德树人根本任务,以培育和践行社会主义核心价值观为核心,加强德育一体化建设,建构区域特色德育体系,进一步强化对区域各部门的德育要求,有效建立学校、家庭、社会相一致的德育目标,形成立德树人的整体合力,提高新时期区域德育工作的实效性。

二、区域德育课程以正确政治方向作为首要原则

区域德育课程要坚持正确政治方向,将党和国家大政方针融入区域德育课程教学当中。《指南》中明确提出要"教育学生理解、认同和拥护国家政治制度","坚持社会主义办学方向,牢牢把握中小学思想政治和德育工作主导权,保证中小学校成为坚持党的领导的坚强阵地"。因此无论是什么地区、什么学段、什么类型的德育课程,其政治方向性、思想引领性都是第一位的。区域德育课程在德育课程的基础上,教学内容更加丰富,形式更加多样,表达更具趣味性、感染性。但与此同时,也不能弱化区域德育课程的政治性和思想性,政治性、思想性始终是区域德育课程的核心精髓。那么区域德育课程在正确政治方向上的引领与担当,要具体集中体现在其培育学生的政治认同和社会主义核心价值观的引领两个方面。

(一)培育和加强学生的政治认同

政治认同,即生活在政治体系中的社会成员对当前的政治生活所产生的一种情感和意识上的归属感,以及基于特定角度而积极支持、参与政治体系的实践行为活动。就当前的政治认同来说,政治认同并不是抽象的,而应该是历史的、具体的,主要体现在对中国共产党领导的认同,对中国特色社会主义道路的认同以及对中国特色社会主义的政治原则、政治制度以及治国方略等的认同。而学生作为未来中国特色社会主义事业发展的重要力量,培育学生政治素养,对于探索政治认同一体化价值,构建政治认同体系,意义深远。培育学生的政治认同,最根本的就是要达成对这些核心内容的认识和理解,只有在对核心内容认识的基础上,才能拓展到对制度、政策、价值观等其他更深层内容的认同。

因此可以说,确立中国特色社会主义的政治认同,是区域德育课程贯彻《指南》精神、培育学生思想政治素养的首要任务。

(二)以社会主义核心价值观为价值引领

当代中国社会价值观的多元化影响着社会公民,特别是青少年的价值取向和价值选择。因此价值观的引领要综合考虑不同时段青少年的身心特点和成长规律,要深入了解社会多元价值观的变动轨迹,以及学生成长阶段思想的共性与个性,从而科学设置区域德育课程的教学内容,合理选择教学方法,把社会主义核心价值观教育融入区域德育教育的全方面、全过程,落实到课程开展的各个环节,为区域发展培养出德智体美全面发展的优秀建设者和接班人,为区域发展提供正向引导。区域德育课程必须时时有与主流意识形态相适应的明确的价值目标、价值引导与价值干预。

在多元的价值观当中,社会主义核心价值观是对社会主义核心价值体系的内核凝练和集中表达。社会主义核心价值观是中国进入新时代的特定背景下,基于中国特色社会主义价值本质需要,塑造国民积极、健康、科学的价值观需要,构建社会主义和谐社会的需要,加强社会主义核心价值体系建设的需要提出的。社会主义核心价值观是当代中国精神的集中体现,凝聚着全体人民共同的价值追求,是区域公民价值塑造过程中的指明灯,与区域德育课程目标高度契合,为立德树人工作确立了根本依据,为区域德育课程的本质与内容提供了价值指引。与此同时,区域德育课程内容也要充分体现社会主义核心价值观的内涵,成为社会主义核心价值观的载体。

社会主义核心价值观的深刻内涵与区域德育课程的目标相契合,要坚持社会主义核心价值观引领区域德育课程内容。由于区域德育课程要与区域的社会、经济、文化等发展同向同行,那么两者在价值观教育方面始终要保持一致性,即都要牢牢坚定新时代社会主义核心价值观。要做好社会主义核心价值观教育,首先离不开对24个字的价值标准深刻内涵的解释与学习,同时要发挥其他学科作用,把社会主义核心价值观渗透到各门课程之中,要全面系统、重点突出地进行宣传阐释,让学生认识和理解社会主义核心价值观的丰富内涵。同时要利用好区域德育资源,不单单通过课程学习开展引导,要结合区域提供的实践机会、素材,创新实践方式,着力去提高广大学生的价值判断力和道德责任感,将社会主义核心价值观充分渗透进区域德育课程内容的全方面。

总之,区域德育课程要以培育和加强学生的政治认同为基础目标,以社会主义核心价值观为价值引领,始终以正确政治方向作为首要原则,提高区域社会公民的政治觉悟、思想素质,为区域社会的发展作方向引领,成为区域社会发展的隐性动力。

三、区域德育课程要坚持唤起坚定的文化自觉与文化自信

习近平总书记指出:"没有高度的文化自信,没有文化的繁荣兴盛,就没有中华民族伟大复兴。"在中国特色社会主义新时代,文化自信就是人们对我国文化和内在价值的认同、肯定和坚守,同时也是对我国文化发展进程和文化强大生命力的肯定。坚定文化自信,要以增强文化自觉为前提。文化自觉是指生活在我国文化历史环境的人对我国文化有自知之明,并对我国文化发展历程和未来有充分的认识。在这个过程中,也有对文化的自我觉醒,自我反省,自我创建。文化自信是建立在文化自觉的基础上的。没有深刻的文化自觉,就不可能有坚定的文化自信。中国人民的文化自信就是在文化自觉的过程中逐渐建立起来的,是对中华文化的高度认同和充分肯定。中华优秀传统文化、社会主义先进文化是《指南》明确的重要德育内容,增强文化自觉和文化自信也是重要的德育目标。在新时代的中国,文化自信主要是基于马克思主义基本原理与中国实际相结合的中国特色社会主义文化、制度的自信。因此,区域德育课程要充分挖掘区域优秀文化,传承中华优秀传统文化,引导学生了解区域文化的历史、发展、精神,要弘扬其传统美德与人文精神,从而唤起学生的文化自觉,增强文化自信,让学生在文化自觉与文化自信中发展成为区域发展的主力军。

四、区域德育课程以培养学生法治意识为己任

公民的法治意识除了有利于维护社会秩序、遵纪守法以外,还有基本的道德教化作用,对人的社会性发展具有基础性作用。随着学生的成长,学生将逐步融入社会当中,而在此过程中,学生大多的时间是在学校接受教育,因此德育

课程应当承担起引导学生融入社会、遵纪守法的关键作用，而区域德育课程就更应结合区域的社会发展特点，在每个学段加强学生法治意识的培养。

为进一步提升教育系统普法工作质量和水平，教育部制定发布了《全国教育系统开展法治宣传教育的第八个五年规划（2021—2025 年）》（以下简称《规划》），对"十四五"时期教育系统法治宣传教育工作进行了全面部署。《规划》提出，要全面贯彻党的教育方针，深入开展教育系统法治宣传教育，增强普法的针对性和实效性。因此区域德育课程要持续提升课程内容的法治素养，加强对宪法、民法典等普法重点内容的宣传讲解，以此推动区域法治宣传教育高质量发展。

同时，《规划》指出，各地教育部门和学校要从党和国家事业发展全局出发，将普法工作摆到重要位置，明确责任分工，认真组织实施，推动普法工作扎实有效开展。《指南》也明确指出，要将法治意识的培养贯穿于各个学段的德育目标，每个学段明确德育法治价值目标，小学的中高年级要引导和帮助学生"初步形成规则意识和民主法治观念"，初中学段"树立规则意识、法治观念"，高中学段"增强公民意识、社会责任感和民主法治观念"。① 因此区域德育课程要积极推广启发式、互动式、探究式教学方法，开创多种实践形式。在法治意识的培养上，区域德育课程必须作为主体，发挥其显性和隐性功能。

五、区域德育课程要高举理想信念教育旗帜

习近平总书记指出："心有所信，方能行远。面向未来，走好新时代的长征路，我们更需要坚定理想信念、矢志拼搏奋斗。"理想因其远大而为理想，信念因其执着而为信念。青少年只有坚定理想信念，才能成为区域发展的重要力量，才能走好新时代的奋进路。一个国家，一个民族，一个人，如果没有信仰是没有灵魂的，没有希望的。信仰的力量是巨大的，是无穷的，是不可或缺的，是无可替代的。加强青少年理想信念教育，也是帮助区域社会走出思想困境的重要工

---

① 蔡志良：《〈中小学德育工作指南〉对中学德育课程的价值导向》，《教学月刊·中学版（政治教学）》2017 年第 11 期。

具,区域德育课程要高举理想信念的旗帜,从青少年抓起,引导青少年确立远大的志向,树立和培育正确的理想信念,要立志为自己的未来而努力奋斗,为区域未来社会培养新时代的接班人。

六、区域德育课程要着眼于彰显办学特色

每一个区域都会在发展中形成自身的特色文化,也会在长期的教学实践中逐渐形成区别于其他地区的优良传统、风格和显著特征,而这些特色都将成为区域德育课程的特点,这些特色也将体现为区域德育课程的内在精神气质和鲜明特质,这对于新时代德育工作有着积极影响。

区域德育课程建设要紧密结合区域特色。区域德育课程必须结合立德树人的培养目标和区域自身发展的定位,将自身的本质特色同当地的优良传统有机结合,融入区域德育一体化体系的建设中,开发和发挥好区域文化、教育资源的育人作用,落实好立德树人的根本任务。

(一)处理好共性和个性发展的辩证关系

当前区域正快速发展,区域德育课程只有依托于区域定位和教育模式等鲜明特色与优势,才能充分发挥出德育课程的比较优势。德育课程本身具有普适性,要针对区域打造特色,特色才是优势,个性才是竞争力。因此区域德育课程既要把握德育课程的共同规律,又要体现出自身不同的德育优势,将立德树人的共同要求与区域具体实践相结合,丰富区域德育课程的内涵、内容、形式,把德育渗透于课程教学的各个环节,也让德育课程内容体现在区域发展的方方面面,让立德树人的教育之花在区域发展中处处绽放。同时,区域德育课程不能局限在学校中发展,要在共通的基础上进一步加强与区域社会、学校、家庭的交流、借鉴、融合和发展,最终全面实现区域德育一体化建设。

(二)统筹好区域发展与学生成长的辩证关系

区域德育课程特色的形成和巩固离不开社会、学校、家庭共同的认同和行动。塑造德育课程特色的过程也是区域特性、学生成长特点形成的过程,区域的特色会对学生能力素质和眼界视野产生不同的影响,呈现出学生的不同特点。在区域德育课程建设过程中,区域特色的凸显使学生更容易明晰自身的优

势和特点，坚定区域文化自信，加深对区域社会、历史、文化的了解，也更有针对性地影响学生的价值选择、三观塑造。区域德育课程在办学实践中的一切出发点和落脚点始终是学生的成长与发展，所以在区域德育课程中彰显区域特色，有利于鼓励学生发挥自身优势脚踏实地地奋斗，让其成为区域发展建设的生力军，贡献其青春磅礴的力量。

（三）坚持精准育人、无声育人、实践育人、"三全"育人、特色育人

首先，坚持精准育人。准确的定位是推进区域德育课程和整合优势资源的前提和基础，区域要根据自身的教学思想、教学理念等因素确定德育课程建设的价值取向，明确区域德育课程的内容设计和具体着力点。其次，坚持无声育人。充分挖掘区域德育的元素，教学内容是我们进行知识传授、价值引领和能力培养过程中的载体，区域特色的凸显要通过充分挖掘区域独特资源入手。区域可以依托区域德育课程和校本课程，充分挖掘区域历史、传统、人物故事等德育元素，更好地将价值观导入课程当中去，从而使学生能够潜移默化地接受价值观的引领，这样也使得区域德育课程充满活力与亲和力、吸引力、感染力。再次，丰富区域德育课程方式，实践育人。结合区域的资源，充分利用现代信息技术手段，进一步拓展区域德育课程的方法和途径，在区域德育课程的实践中进行价值引领，要依托区域教育基地等现实社会资源，开展社会实践、志愿服务等丰富多彩的校园活动。这些活动在巩固和实践理论知识的同时，能够引导学生弘扬区域的优秀传统精神，提高学生综合素质，从而帮助学生更好地适应社会。在实践活动中，道德伦理、法治意识、政治意识的培养要贯穿其中，这要根据区域教育理念和社会发展需要有所侧重，从而有助于学生做出正确的伦理价值判断，成长为德才兼备的人才。再者，综合构建区域德育课程体系，"三全"育人。德育课程的丰富需要区域社会、学校、家庭将德育资源拓展至方方面面，使区域各方面协同育人。当然，区域特色发展的彰显也要通过德育课程体系才能得以体现。在区域德育课程建设的同时，也要推动建设区域德育体系多层次示范体系，大力推广区域德育课程建设的先进经验和做法，促进全国区域德育课程与一体化建设的交流互鉴，努力构建德育课程的育人大格局。最后，努力打造区域德育课程品牌，特色育人。除了完成国家、区域对德育工作和德育课程的基

本要求之外,区域德育课程还应当在找准区域定位的基础上,树立打造特色区域德育课程的品牌意识,有针对性地修订人才培养方案,努力解决好专业教育和德育的结合问题。同时,也应当注重发挥区域教育文化的创造性,整合资源打造区域精品特色德育课程,依托区域和学校特色打通学科与学科之间的经络,将立德树人贯穿于整个教学过程,全面提高人才培养质量。

总之,要发挥好区域德育课程的价值引领,就要将立德树人作为区域德育课程的本质和根本任务,始终以正确的政治方向作为首要原则,坚持唤起坚定的文化自觉与文化自信,以学生法治意识培养为己任,高举理想信念教育旗帜,着眼于彰显办学特色。要始终把握好区域德育课程与价值引领之间的内在逻辑关系。以正确的政治方向和社会主义核心价值观引领和保障区域德育课程内容的先进性,始终以思想性和政治性为第一位,以唤起文化自觉与文化自信的责任担当去丰富区域德育课程的内容、形式、方法。另一方面,区域德育课程要始终发挥自身的价值引领作用,把握好课程教学的优势,创新课程教学方法,挖掘区域特色丰富德育资源,发挥社会、家庭、学校多主体作用,从价值观、道德、法治等多维度为区域培养全面发展的人才,为区域社会发展做好价值保障。

第二节　区域德育学科横向配合

以河南省郑州航空港区为例,在"上善共生"大德育理念的引领下,该区基础教育各级各类学校根据国家《中小学德育工作指南》,充分发挥课堂教学的主渠道作用,将中小学德育内容细化落实到各学科课程的教学目标之中,渗透到教育教学全过程。按照义务教育、普通高中课程方案和标准,严格落实道德与法治和思想政治课的课时,不得随意减少课时或挪作他用。基于《中小学德育工作指南》的要求,幼小初高各学科教学中都要加强德育协同配合,不能单打独斗;各学科都要挖掘学科德育内涵与外延,既要发挥学科德育优势,又要注重各学科之间的相互配合,形成各学科德育工作的横向配合合力。

一、重视区域德育学科横向配合，形成德育学科工作的新格局

（一）核心概念

（1）概念的内涵：所谓"区域德育学科横向配合"，就是以思政课教学为核心，充分发挥各学科所蕴含的德育因素，通过区域德育在各学科之间的横向配合，形成具有"点面结合"特色的中小学德育工作协同创新体系。

（2）概念的外延：区域德育在各学段、各年级、各学科之间横向协同的组织形式、目标要求、基本原则、评价方式。

（二）基本构想

（1）全领域布局：突破"学校"的局限，从更大范围、更宽领域、更高层面上着眼布局，真正形成社会、学校、家庭"三位一体"的德育协同机制。

（2）全学段渗透：突破"学段"的局限，坚持从孩子早期教育阶段抓起，构建幼儿园、小学、初中"学段一体化"的德育课程体系。

（3）全学科协同：突破"学科"的局限，充分发掘各学科的思政优势，注重德育工作与学科教学的深度融合，形成具有"跨学科"特点的德育合力。

（4）全过程跟进：必须突破"学期"的局限，把德育工作贯穿到每一个领域、每一个学段、每一个学科、每一个时空，着力形成"常抓不懈"的新常态。

（三）具体实践

1.新时代对德育工作提出了新的更高要求

党的十九大报告明确指出："要全面贯彻党的教育方针，落实立德树人根本任务，发展素质教育，推进教育公平，培养德智体美全面发展的社会主义建设者和接班人。"这就充分表明，党和国家对德育工作极其重视，这是幼小中学做好德育工作的理论基础和力量源泉。进入新时代，开启新征程，整个世界每时每刻都在发生变化，中国也每时每刻都在发生变化，幼小中学要落实立德树人的根本任务，就必须使德育工作紧跟时代的步伐，不断推进理论创新和实践创新，不断增强幼小中学德育工作的时代性、科学性和实效性。

新时代呼唤新德育，新德育要紧扣新时代。《中小学德育工作指南》的发布实施，为构建方向正确、内容完善、学段衔接、载体丰富、常态化开展的德育工

体系,大力促进德育工作专业化、规范化、实效化,努力形成为全面育人德育工作格局。

2.思想政治课是德育课程的核心

党中央、国务院关于德育工作的一系列文件和精神,为幼小中学德育工作指明了方向,明确了目标。特别是,2019年3月18日,中共中央总书记、国家主席、中央军委主席习近平在北京主持召开学校思想政治理论课教师座谈会并发表了重要讲话。习近平指出:"办好思政课,是我非常关心的一件事。党的十八大以来,党中央先后召开全国高校思想政治工作会议、全国教育大会,我就思政课建设多次讲过意见。我对教育工作在这方面强调得最多,教育工作别的方面我也强调,但思政课建设我必须更多强调。针对义务教育阶段中道德与法治、语文、历史三科教材建设,我提出要从维护国家意识形态安全、培养社会主义建设者和接班人的高度来抓好。我们培养人的目标是什么要搞清楚,现在非常明确坚定地提出要培养社会主义建设者和接班人。2014年,我在上海考察期间说过,培育和践行社会主义核心价值观要在落细落小落实上下功夫,特别是要抓好青少年等重点人群;在北京市海淀区民族小学考察时提出,学校要把德育放在更加重要的位置,努力做到每一堂课不仅传播知识,而且传授美德,让社会主义核心价值观的种子在学生们心中生根发芽。2016年,我在北京市八一学校考察时强调,基础教育是立德树人的事业,要旗帜鲜明加强思想政治教育、品德教育,加强社会主义核心价值观教育,引导学生自尊自信自立自强。在全国高校思想政治工作会议上,我强调思想政治理论课要坚持在改进中加强、在创新中提高,及时更新教学内容、丰富教学手段,不断改善课堂教学状况,防止形式化、表面化,等等。2018年五四前夕,我在北京大学专门考察了马克思主义学院。今年年初,我去南开大学时也强调了思政课建设。当前形势下,办好思政课,要放在世界百年未有之大变局、党和国家事业发展全局中来看待,要从坚持和发展中国特色社会主义、建设社会主义现代化强国、实现中华民族伟大复兴的高度来对待。我们正在为实现'两个一百年'奋斗目标而努力。"

从习近平总书记在北京主持召开学校思想政治理论课教师座谈会上的重要讲话中,我们清楚地理解了思政课是做好德育工作的核心课程,也是落实立德树人根本任务的关键课程。未来 30 年,我们培养的人要能够完成"两个一百年"的伟业。这就是教育的历史责任。我们党立志于中华民族千秋伟业,必须培养一代又一代拥护中国共产党领导和我国社会主义制度、立志为中国特色社会主义事业奋斗终身的有用人才。这就要求我们把下一代教育好、培养好,从学校抓起,从娃娃抓起。在大中小学循序渐进、螺旋式上升地开设思政课非常必要,是培养一代又一代社会主义建设者和接班人的重要保障。要成为社会主义建设者和接班人,必须树立正确的世界观、人生观、价值观,把实现个人价值同党和国家前途命运紧紧联系在一起。随着我国日益扩大开放、日益走近世界舞台中央,我国同世界的联系更趋紧密、相互影响更趋深刻,意识形态领域面临的形势和斗争也更加复杂。学校是意识形态工作的前沿阵地,不是一个象牙塔,也不是一个桃花源。办好思政课,就是要开展马克思主义理论教育,用新时代中国特色社会主义思想铸魂育人,引导学生增强中国特色社会主义道路自信、理论自信、制度自信、文化自信,厚植爱国主义情怀,把爱国情、强国志、报国行自觉融入坚持和发展中国特色社会主义、建设社会主义现代化强国、实现中华民族伟大复兴的奋斗之中。

2021 年 11 月 8 日至 11 日,党的十九届六中全会在北京召开,审议通过了《中共中央关于党的百年奋斗重大成就和历史经验的决议》,为各级各类学校进一步上好思政课提供了重要德育资源,教育战线要把《决议》精神学习好、贯彻好,并及时地融入课堂教学之中,体现出思政课在德育教育中强大的力量。

3. 重视各学科德育工作的横向配合

充分发挥思政课德育工作的强大育人功能,在思政课的引领下幼小中学其他学科都要挖掘德育元素,发挥其课程德育功能。语文学科同热爱祖国的语言文字、同文质兼美的爱国篇章的学习相结合;历史学科以祖国五千年的文明发展史实为载体,尤其是通过近代落后挨打的史实、中国人民前赴后继反侵略斗争和无数仁人志士探索救国救民之路的事迹对学生进行爱国主义教育;地理学科通过祖国的地理环境、辽阔的疆域、丰富的资源、社会主义建设的伟大成就进行热爱祖国的教育;数学、物理、化学、生物等学科运用我国灿烂的科技文明史,我国历代科学家热爱祖国和创造发明的事迹,中华人民共和国成立后我国在这些领域所取得的科技成就对学生进行爱国主义教育等；体育与保健、音乐、美术、生活与劳动、劳动技术、职业导向和计算机，这些学科的德育都同一定的知识和技能训练结合在一起，其德育内容除共同进行爱国主义教育外，在思想、品德、行为等教育方面又各具特色。以上这些事实充分说明，学科德育内涵丰富，要根据不同年级和不同课程特点，充分挖掘各门课程蕴含的德育资源，将德育内容有机融入各门课程教学之中。

4.充分认识学科德育横向配合的作用

重视幼小中德育学科横向配合的价值和意义，既是新时代立德树人的时代要求，也是各类学校开展德育工作的重要抓手，更是各学科教师进行学科德育工作义不容辞的责任。我们要认真学习习近平总书记关于德育工作重要性的论述，努力在学科教学中挖掘德育资源，在传授知识的过程中，始终牢记育人的历史使命，改变德育工作主要是班主任和思政课教师的责任的传统观念，树立德育工作人人参与、人人都是第一责任人的理念，形成各学科横向配合的德育工作新格局。

二、加强区域德育课程全学段建设，构建德育课程一体化体系

根据《中小学德育工作指南》要求，每个区域要在认真完成国家规定的德育课程内容的基础上，还应该根据区域特点有计划有目的有重点地开发一些更具有价值导向、地方特色的德育课程。同时，这些德育课程内容可围绕"理想信念教育""社会主义核心价值观教育""中华优秀传统文化教育""生态文明教育""心理健康教育"等相关方面，结合本地方的自然地理特点、民族风情特色、传统文化精华以及重大历史事件、历史名人故事等德育资源，因地制宜地开发地方德育课程和学校德育课程，引导学生了解家乡的历史文化、自然环境、人口状况和发展成就，培养学生爱家乡和爱祖国的感情，树立维护祖国统一和加强民族团结的意识。

据此，遵循《中小学德育工作指南》所倡导的基本理念，为了有声有色地开展德育教育工作，港区在不同学段、不同学科开发了一些德育校本课程，从而初步形成了幼小中学全学段德育学科校本课程建设的一体化体系。

（一）学段德育资源的一体化配置

1. 幼儿阶段

初入社会的幼儿，缺乏基本的礼仪和规则意识，对此幼儿园要开发以绘本为特色的校本德育课程。正如《幼儿园工作规程》所规定的幼儿德育目标那样，萌发幼儿爱家乡、爱祖国、爱集体、爱劳动、爱科学的情感，培养诚实、自信、好问、友爱、勇敢、爱护公物、克服困难、讲礼貌、守纪律等良好的品德行为和习惯，以及活泼、开朗的性格。各幼儿园结合本园实际和特点，开发礼貌用语、卫生习惯、友爱互助、行为规范、家校劳动等方面的德育校本课程。通过这些课程的开展与实施，初步启蒙幼儿的规则意识，为下一步进入小学奠定必要的基础。

2. 小学阶段

小学是孩子成长的关键阶段，在此期间德育工作的基本目标是：培养学生初步具有爱祖国、爱人民、爱劳动、爱科学、爱社会主义的思想感情和良好品德，遵守社会公德的意识和文明行为习惯；具有良好的意志、品格和活泼开朗的性格；具有自己管理自己、帮助别人、为集体服务和辨别是非的能力，为使他们成为德智体全面发展的社会主义事业的建设者和接班人，打下初步的良好的思想品德基础。根据小学德育目标，港区各小学学科结合实际，已开发礼仪教育、养成教育、热爱家乡、劳动教育、诚信教育、乡土英雄、遵纪守法、农耕文化等方面为内容的学科德育课程，为小学生的健康成长提供了支持。

3. 中学阶段

国家规定的初中阶段的德育目标是：热爱祖国，具有民族自尊心、自信心、自豪感，立志为祖国的社会主义现代化建设努力学习；初步树立公民的国家观念、道德观念；具有良好的道德品质、劳动习惯和文明行为习惯；遵纪守法，懂得用法律保护自己；讲科学，不迷信；具有自尊自爱、诚实正直、积极进取、不怕困难等心理品质和一定的分辨是非、抵制不良影响的能力。主要是六个方面：政治思想教育、道德素质教育、安全卫生教育、遵纪守法教育、心理健康教育、科学世界观教育。为此，港区各初中围绕初中德育目标及内容，各学科围绕课程目标联系学生生活实际，挖掘课程思想内涵，充分利用时政媒体资源，注重学生的情感体验和道德实践。开发的德育校本课程主要是：升旗礼仪、法治教育、规则意识教育、黄河文化、中原文化、乐木工场、工艺美术、课后阅读等。

（二）学科德育资源的一体化开发

德育资源包括内部资源和外部资源，其中内部资源包括教师自身所掌握的自然科学知识、社会人文知识、社会经验以及教师的行为举止、师德修养、授课艺术等；外在资源包括各种教学教育的时间、场合、内容等，教师可通过自身的专业水平、师德修养来潜移默化地影响学生，同时结合学科知识内容渗透思想品德教育，开发德育资源。郑州航空港区通过在全区实行"学科融合德育课程、学校德育校本课程、校外文化德育课程"三课并举，全区各校结合发展实际，充分挖掘各类资源，构建出具有本校特色的德育课程体系。例如，航南幼儿园"悦请品格"德育课程，实验小学"润心"系列课程，遵大路小学"遇见正德好少年"德育课程，铁李小学"水韵教育"课程等，共有300多种。这些资源可分为文史类、理工类、艺体类和实践类四种。

1.文史类学科的德育资源开发

文史类学科教材有着较强的综合性，各个学科之间纵横交叉，而且德育资源丰富，这为德育工作提供了广泛的素材和灵活的空间。在广博的文史类教学内容中，充满了比较丰富的德育要素，具有较强的教育价值。然而，让学生学会政治、历史和地理等学科的知识不是唯一目的，还需要培养学生的正确价值观和优良品质。教师在教授各学科知识的同时，还要让学生善于使用唯物主义观念来思考和分析现实问题。因此，郑州航空港区幼儿园、小学、初中、高中都结合各自学校的特点和学生的文化水平，开发了多种校本课程。例如，郑州航空港区枣园幼儿园刘晓娜老师的"阅读课程"，实验小学（南）曾妍、侯宵晗老师的"奇妙的绘本"，君赵小学李小莹、张晓可老师的荷美德育课程"爱国主义教育"，郑州市第一二九中学马可利老师的阳光德育课程"政史大讲堂"，领航学校马文杰老师的"经典流传"，郑州航空港区高级中学何金会老师的"让世界了解中国传统文化"等。

2.理工类学科的德育资源开发

以前更多地重视文史类学科的德育资源，忽视在理工类学科中渗透德育教育，其实理工类教学中同样也蕴含着丰富的德育资源，有必要从以下几方面进行深度挖掘。一是进行辩证唯物主义和历史唯物主义的教育。随着科学技术的不断进步,旧的科学技术能力不断被新的科学技术能力所替代,揭示了事物是不断发展的客观规律,表明了普遍联系的观点;科学技术和社会的不断进步,不是哪一个人或几个人的功劳,而是无数劳动人民在生产实践中不断探索发现和创造的结果。理工科教学内容中有丰富的辩证唯物主义和历史唯物主义的内容,教师在组织教学过程中有针对性地对学生进行辩证唯物主义和历史唯物主义的教育渗透,对学生树立科学的世界观具有巨大的作用。二是进行爱国主义教育,激发学生的爱国热情和奋斗精神。我国有古老的文明和悠久的历史,古代劳动人民有很多发明创造,使得我国的科学技术水平和生产力在很长一段时间处于世界领先地位。但是,近代和现代我国科学技术的发展远远落后于一些发达国家。通过我国前后科技发展水平的对比,一方面可以引发学生的学习兴趣,另一方面,也可激发学生的探究意识和奋发图强的精神。三是严谨的科学精神和治学态度教育。自然科学和工程技术往往是经过几代人长期的艰苦探索和研究得来的,国内外的伟大科学家无不有着光辉的业绩和艰辛的历程,他们的科学精神和治学态度对学生有着强烈的震撼力和激励作用,对于学生端正人生态度、树立远大理想、刻苦学习、努力工作有着很大帮助。

创新是一个国家不断进步发展的灵魂,为了更好地培养学生的创新精神、创新能力和实践能力,教师可以通过启发式教育拓展学生思路,培养他们科学思维的方法,也可以通过实验教学培养他们观察问题、分析问题的能力和实际操作的能力。

因此,郑州航空港区幼儿园、小学、中学的老师也开发了许多理工科方面的德育资源。例如,实验小学(北)韩晓玲老师开发的"数学阅读",实验小学(南)平丹阳老师开发的"科学实验",郑州一中航空港实验学校李丽萍老师开发的"生命健康",郑州航空港区高级中学袁爱琴老师开发的"物理学史的'真善美'"和彭丽老师开发的"青春期生物科普课堂"等30多种德育课程资源。

3.艺体类学科的德育资源开发

艺体类学科是集艺术活动、体育活动、艺术实践与思品教育、审美教育于一体的特殊学科,是校园文化建设不可或缺的重要组成部分。许多科学家、艺术家和教育家都认为,艺体与教育的结合是未来人类思想发展的趋势。因此,在教育过程中重视艺体与教育的结合,积极开展艺体活动,充分挖掘艺体活动中的德育要素,发挥其在育人中的实际功效是培养具有良好人文精神和创新能力的重要途径。因此,郑州航空港区幼儿园、小学、中学结合学校特色,充分发挥教师特长,开发出了120多种艺体类课程德育资源。例如,郑州航空港区绿苑幼儿园任静老师开发的"美心课程",太湖路小学张钰、马霁月老师开发的"趣味沥粉画",桥航路小学张趁平、胡阳阳老师组建的合唱社团,港区高级中学窦冰老师开发的"艺术传播者——校园微展厅",第一二三中学孙灿江老师开发的"青春篮球社",郑州航空港区艺术小学刘欣然老师开发的"艺韵舞社",郑州一中国际航空港实验学校王孟杰老师开发的"悠悠古筝",慈航路小学王莉、刘倩老师开发的"传统戏曲"等。

4.实践类学科的德育资源开发

综合实践活动是基于学生的直接经验,密切联系学生自身生活,对所学知识综合运用的课程形式。在新的教学改革中,德育只有以学科渗透为基础扩展和延伸,才能发挥学校教育的整体功效。因此,尽量让学生在活动中增进感情、获得友谊,使大家和谐相处、互相帮助、互相谅解,从而形成良好的道德品质。为此,郑州航空港区幼儿园、小学、中学老师在德育资源开发中特别重视实践类课程资源,共开发出70多种课程资源。例如,实验小学(南)周盼盼老师开发的"指尖创作",实验小学(北)袁雯艳老师开发的"黏土总动员",慈航路小学邵瑞娟老师开发的"美育——剪纸艺术",君赵小学张会梅、张鑫老师开发的"纸藤编织",郑州市第一二九中学吕勇超老师开发的"折纸、雕塑"等。

综上所述,通过幼小中全学段学科德育课程的开发与建设,初步构建了港区德育校本课程一体化体系,为各学科开展德育工作提供了有力的校本课程支撑。

三、探索区域德育课程实施新策略,提升德育学科配合的实效性

为了扎实搞好德育工作,认真学习和贯彻国家关于立德树人的各种刚性要求,郑州航空港区各级各类学校积极挖掘国家课程、地方课程、学校(校本)课程

在各学科教学中的德育元素,初步形成了三级课程中既传授知识又寓德育在其中的喜人局面,提升了实施德育学科横向配合的实效性。

(一)学科德育在三级课程中的实施

1.在国家课程中的实施

语文、历史、地理等课利用课程中语言文字、传统文化、历史地理常识等丰富的思想道德教育因素,潜移默化地对学生进行世界观、人生观和价值观的引导。数学、科学、物理、化学、生物等课对学生科学精神、科学方法、科学态度、科学探究能力和逻辑思维能力的培养,提升了学生勇于创新、求真求实的思想品质。音乐、体育、美术、艺术等课对学生审美情趣、健康体魄、意志品质、人文素养和生活方式进行培养。外语课对学生国际视野、国际理解和综合人文素养进行培养。综合实践活动课加强了对学生生活技能、劳动习惯、动手实践和合作交流能力的培养。

2.在地方课程中的实施

统筹安排开展了法治教育、廉洁教育、反邪教教育、文明礼仪教育、环境教育、心理健康教育、劳动教育、毒品预防教育、影视教育等专题教育。

3.在学校课程中的实施

充分利用开发的校本课程,通过实地研学、社团活动、读书分享、课后活动、心理辅导、科技创客、绘本阅读、文体展示、手工制作等活动,达到学科间互融德育元素,起到了寓教于乐、寓教于德的目的。

(二)具体实施层面的德育策略

1.课堂教学作为德育教育的主阵地

课堂教学是实施德育内容和实现德育目标的主要途径,在课堂教学中教师应当在系统讲解知识的同时,着力挖掘教材的德育因素,注重渗透思想品德教育,让学生在求知过程中接受教育,在明理过程中坚定立志,在导行过程中逐渐成长。通过多年的实践探索,港区在德育课堂教学方面总结形成了一些新方法,同时积累推出了一些精品课。例如,在音乐教学中传授民间乐器或民间舞蹈,进行传统戏曲欣赏;在美术教学中组织学生画民族风情画等;在语文教学中通过挖掘教材中蕴含的丰厚的人文因素,自始至终地对学生进行爱国主义教育;数学课中教师利用数学题目中蕴含的反映我国改革开放和社会主义现代化建设取得的伟大成就的数据和事例,抓住教材中介绍的数学家的故事,使学生受到爱国主义教育和形成实事求是、崇尚真知的科学态度及科学的思想方法。在学生形成人生价值观的过程中,让德育教育多元素地在孩子的身心发展中起到举足轻重的作用。

2.组织丰富多彩的学科德育活动

丰富多彩的德育活动不但能够培养学生良好的道德品质,而且能够锻炼学生坚强的意志,养成良好的行为习惯,提高学生抗挫折能力。然而,要使学生的思想品德得到良好的发展,做到言行一致,仅仅靠宣讲规章制度、靠课堂教学显然是不够的。因为思想品德是一个社会的问题,同时又是一个实践性的问题,学生的道德观念、道德行为和道德品质,只能在社会实践活动中才能表现出来,并且在实践活动中受到检验。因此,课堂教学只有同社会实践相结合,才能更好地发挥育人功能。

事实上,在丰富多彩的活动中对学生渗透思想道德教育,学生参与活动的积极性会更高,并且能在活动中进一步认识自己,在快乐的实践体验中明白道理,在自主的探究过程中学会做人。所以,丰富多彩的德育活动是提高学生思想觉悟、培养学生道德品质、锻炼学生坚强意志、养成学生行为习惯最好的主阵地,寓教于乐是实施德育最好的方法。为此,港区幼儿园、小学、中学都开展了丰富多彩的课外活动。例如,郑州一中国际航空实验学校开展的"奔跑吧,少年",郑州市第一二九中学的"英语话剧欣赏与表演",郑州航空港区沙张小学开展的"经典阅读""文明礼仪"等。

3.积极开展学科德育社会实践活动

引导学生积极参加多种社会实践活动,是培养学生社会责任意识的有效途径。为此,各级各类学校经常组织学生到厂矿、农村、街道、民营企业、社区开展社会调查,接触社会生活,参与社会劳动,丰富社会经验,经常开展"爱家乡、促环保"活动,组织环保义务宣传队向社会宣传环保知识,组织学生到街道打扫卫生。此外,还组织学生参加植树活动,让家乡美起来、亮起来。为弘扬尊老爱幼的传统美德,许多学校经常组织学生到福利院看望孤寡老人,为他们打扫卫生、洗衣、梳头，并进行文艺慰问演出，组织"礼赞航空港——做新时代好少年"等系列丰富多彩的研学活动，融学科教育、德育和实践为一体。这些形式多样的社会实践活动不但有助于净化学生心灵，还能够发挥潜移默化的学科德育作用。

（三）积极开展学科德育横向配合的研讨交流

为了在三级课程中有效实施学科德育教育，在凸显思政课强大功能的同时，港区学校通过各种教学、教研、实践等活动加强横向交流。一是开展同一学科德育研讨，二是不同学科研讨，三是不同学段同一学科研讨，四是同一区域不同学科研讨。此外，还组织开展区域互动研讨，着重观摩不同学科如何深入地挖掘德育内涵，如何合理地拓宽德育外延，如何借鉴和利用德育课例、视频、案例等。例如，2018 年春季开始，在郑州航空港实验区党工委、管委会领导下，以"总结、凝练、提升、走向卓越"为工作思路，开启了德育工作研讨活动；2019 年 5 月，在《中小学德育》和《德育报》等德育专业媒体的推动下，通过德育方面的专家引领，"上善共生"成为该区德育教育的新理念。在此基础上，郑州航空港区还举办了首届"上善共生"区域德育品牌建设论坛暨德育成果发布会，广泛探讨德育体系，总结德育成果，从而将全区德育工作向前推进了一大步。

为确保学科德育横向配合活动的广泛有效开展，郑州航空港区成立了"新文明家风"培育课题组，全区各学校均为课题实验校，围绕培育"新文明家风"的六大要素，从评比的背景、问题、内容、推进方式、社会价值等方面进行研究。例如，2019 年自主申报的"新时代区域德育一体化工作体系构建研究"顺利通过河南省基础教育重点课题立项，进一步提振了该区开展德育一体化工作的热情和信心。

通过广泛探讨德育工作如何在学科间横向配合的实践问题，破除了学校之间、学段之间、学科之间的界限。尤其是，通过共同研讨、提出问题、寻求策略和成果互享，促进了区域德育的一体化融合。显然，这样一系列的有力举措，不仅有效地提升了德育水平，更重要的是提高了郑州航空港区学生的综合素质。

四、搭建区域德育学科评价新机制，实现德育学科配合新常态

（一）评价原则

评价是学科教学的有机组成部分，同样对促进德育学科横向配合具有较强的导向作用。为进一步实现区域德育一体化目标，根据"上善共生"德育理念，航空港区统筹制定了具有"一体化"特征的学科德育工作绩效评价原则。

1.学科协同原则

学科德育应根据学科的教学内容，有机地进行德育渗透，同时还要注意学科之间在德育策略上的相互配合，形成具有学科协同特点的整体合力。学科德育因素既有显性的，也有隐性的；有采取灌输的方式，不少又是采取渗透的方式。教师要讲究德育策略，使学生在接受各科知识的同时，受到感染熏陶，达到潜移默化。这样，不但符合学生身心发展特点，也有利于学生在学习运用实践中逐步吸收。

思想品德和思想政治课是德育的显性课程，担负着全面系统地对学生进行思想品德教育的政治任务。这既是学科德育的组成部分，又是学校德育体系中的一条主线，在学校德育工作中具有特殊重要的作用，需要注重各学科的协同配合。其中，文科类包括语文、英语、历史、地理和作为史地综合课的"社会"，具有广泛的德育内容和很强的感染力，既有显性教育的特性，又有隐性教育的特性；理科类包括数学、科学、物理、化学、生物和理化生的综合型课程"理科"，结合自然科学知识进行辩证唯物主义观点的教育最具特色，说服力强，效果一般都比较好；技艺类包括体育与保健、唱游与音乐、美术、生活与劳动、劳动技术和计算机，这些学科的德育都同一定的知识和技能训练结合在一起，其德育内容除共同进行爱国主义、社会主义教育外，在思想、品德、行为等教育方面又各具特色。

因此，在每一所学校都要有计划地确定若干教育主题，组织各学科共同配合进行教育。例如，贯彻实施爱国主义教育纲要、近现代史和国情教育、中华传统美德教育、建党一百周年德育系列实践活动等，都要注意充分发挥各学科教学的协同作用，使独立分散的教育转化为整体有序的教育，切实促进学科德育

的横向配合。

2.学段联通原则

中小学生的思想品德发展,从品德行为的养成和基本观点的确立,到世界观、人生观和价值观的形成,是一个长期渐进的过程,不可能一蹴而就。在这个漫长的过程中,丰富的感性认识和知识经验的积累是根本基础,对教育内容的领会、接受、内化至关重要,需要经过"实践、认识、再实践、再认识"的不断反复,是由量变到质变的演变过程。因此,低学段各学科教学通常需要给学生积累大量的感性知识经验。例如,幼儿园、小学低学段的教学内容是生动具体的,只有到了高学段才可上升到理性认识。实践表明,就同一主题的德育活动不同的学段要有不同的内容,各学段之间必须互相配合,由浅入深地对学生进行系统的思想品德教育。

3.问题导向原则

学生在思想品德形成过程中,通常也有许多突出的问题需要解决。因此,区域德育学科横向配合中要聚焦一些核心问题。例如,社会热点问题,学生常见的问题,实施过程中出现的问题等。对这些问题,教师要结合学科特点制订解决问题的策略方案,使区域德育学科横向配合有计划有目标地落到实处。

4.多样激趣原则

中小学的德育工作不只是循循善诱地对学生进行思想品德的理论说教,还需要重视"激趣"这个重要环节。其中,所谓"激趣"就是指激发学生的兴趣,调动学生的学习积极性。显然,这也是搞好学科德育工作的重要方面。只有把学生的各种兴趣激发起来,加以因势利导,才能事半功倍地提高德育的教育效果。

5.过程体验原则

随着信息时代的到来,学生面临着多元价值取向的选择,在这种情况下传统简单的德育方式已经不再适应现代的学生。要使学生养成良好的品行,还要靠形式多样的实践体验,大力开展以过程体验为特征的"体验式"德育实践活动,组织和引导学生在亲身实践中,把做人做事的基本道理内化为健康的品格,通过学生的直接参与、亲身实践、深入探究与充分体验,促进学生自我领悟、自我教育与自我成长。对学生而言,这是一种自内而外的内心情感体验,是学生自己教育自己的过程;对教师而言,则更多的是策划与指导。

在体验式德育中,要注重做好以下几点:一是要创设实践环境和改变管理模式,力求转变教师是主宰者的角色,改变班主任宝塔式的班级管理模式,处理好师生间主导与主体的关系,把握好教师指导与学生自主的尺度;二是要注重环境氛围的建设,美化优化校园环境,在楼宇走廊悬挂名人德育故事、德育名言,展示体验德育成果,设置"我是文明小使者"等专栏,形成浓厚的育人氛围。

(二)评价方式

德育评价是学校德育管理工作的重要环节,对于督导检查学校德育工作的水平和质量,发挥着不可替代的监督保障作用。

1.过程性评价

过程性评价主要从学科德育渗透内容、渗透方法、渗透效果等方面考察,主要考察教师对德育功能是否有足够的认识,是否对本学科内容中德育因素进行了充分挖掘和把握,是否与教学内容有机地结合。为此,应当采取适当的方法,适时地进行德育渗透,并根据学生受到的影响及变化情况,在潜移默化中培养学生思想品德。过程性评价方法比较多,需要结合学科教学的具体实际进行选择。一是教师自我评价法。教师作为学科课堂德育渗透的主体,是影响德育渗透效果的重要因素,因此在评价中必须让教师以评价主体的地位参与其中,梳理在教学中进行德育渗透的得失,对自己的工作情况做出正确评价,不断提高学科德育渗透能力。二是学校对学科教师的德育评价。学校对教师学科德育教学的实施情况及育人质量进行考核评比,切实把学科德育工作实绩作为对教职工考核的重要内容。三是教育行政部门对德育的评价。在教师自我评价和学校对学科教师实施德育情况评价的基础上,各级教育行政部门结合港区教育的实际情况,制订科学的德育工作评价指标体系,定期对学校德育工作进行督导评估。把学校实施德育的情况作为考核校长和学校工作的重要依据。在评估工作中注意听取学生、家长、社会的意见。四是评价与创建相结合。教育行政部门要搭建创建文明学校、文明班级平台,通过评选优秀学科德育教师和优秀学生及班干部等活动,形成有效的竞争激励机制。对成绩突出的学校、班级和个人要及时给予表彰奖励。

2.整体性评价

为全面构建适合区域德育评价体系,需要对港区德育学科横向配合的实施效果进行总体评价。其中,包括教育行政部门对学校德育工作的评价、校长对班级德育工作和任课教师教书育人的评价、班主任及教师集体对学生个体的品德评价三部分内容。在构建德育评价体系时,重点从三个方面进行评价:一是体系是否健全;二是指标是否明确全面,评价项目是否科学简明;三是坚持遵循评价原则,正确掌握评价方法,关键是要把德育评价结果作为评价学校、教师、学生的重要依据。显然,通过上述评价原则、评价方式的综合运用,进一步明确了港区德育一体化融合的发展目标,深化融入了"上善共生"德育理念,总结提炼出"1146"德育模式,逐步形成了"三课并举"的德育课程,推动拓展了德育课题的研究,构建了学科横向配合新常态,提升了区域德育工作水平,促进了港区区域德育一体化融合。

总之,为贯彻落实立德树人的根本任务,港区各级各类学校秉持"上善共生"德育核心理念,从"理念共识层面、体系建设层面、实施策略层面、评价机制层面",通过长期的探索与实践,开拓了学科德育工作横向配合的协同创新局面,使区域德育工作发生了翻天覆地的变化。特别是,从今年秋季学期开始,通过全面实施"双减"政策,为学校和教师落实好德育工作提供了更为广阔的舞台。我们坚信,港区会以此为契机,在学科德育方面开发更多资源、搭建更多舞台、设计更多活动、出台更多激励机制,使所有学校的德育学科横向配合呈现更加积极的喜人局面。

第三节　区域德育学段纵向衔接

区域德育学段纵向衔接指区(县)域德育在幼儿园、小学、初中、高中同时推进的过程中各学段之间既同向发力又分工运作且协同接力的一种运行机制。

一、同向发力是区域德育运行的前提

同向发力就是区域各学段沿着落实"为党育人为国育才"的德育共同采取一致行动。其行动指向是:在德育方位上提高站位,努力把本区域的青少年儿童培养成为拥护中国共产党的领导、拥护社会主义制度、担当中华民族伟大复兴重任的社会主义建设者和接班人;在德育方式上走专业发展之路,以遵循人生发展规律和道德发展规律的专业态度,把中小学幼儿园教师专业标准、《中小学德育工作指南》《幼儿园教育指导纲要(试行)》等文件所制定的德育专业化发展的规定转化为区域德育行动准则,不断提升区域德育水平;在德育价值上追求实效,把实现青少年儿童道德水平提升和全面发展作为德育评价的根本标准,以真抓实干的精神认真践行习近平总书记关于教育"六个下功夫"的要求,齐心协力推动区域德育高质量发展。

二、分段运作是德育运行的基础

区域德育整体目标只有分解到各学段的德育教学和德育实践活动去细化操作才能得以实现。分段运作的出发点是尊重学段差异。各学段应依据人生发展阶段理论和道德发展阶段理论,通过调查研究等途径准确把握各学段的差异。分段运作的表现形式是确定差异性的德育目标、施行差异性德育方法、开展差异性德育评价。这些操作性措施在《中小学德育工作指南》的"学段目标"和《3—6岁儿童学习与发展指南》的"社会领域目标"中有政策指引,在《北京市大中小幼一体化德育体系建设指导纲要》和山东省的《中小学德育一体化原理》等研究成果中有可资借鉴的范例。分段运作的实质是全流程优化。区域德育是由多学段组成的一体化流程,把每个学段德育都进行优化,创出品牌,就叫德育全流程优化。金融领域的研究证明,全流程优化具有复利属性,只要在全流程的每个环节多付出一点努力,就会获得翻倍的效果。尽管德育无法用数学来进行计算,但全流程优化的工作方式仍然适用于区域德育的改进。区域德育的分段运作不在于简单分段,而在于通过各学段恪尽职守、不断创新和完善来高效实现德育整体目标,其基础性地位可见一斑。

三、协同接力是德育运行的纽带

青少年儿童发展的连续性和整体性决定了区域德育是各学段接力而行的事业。首先,增强传接棒意识。若相邻学段双方在德育传接棒时配合不默契,接力就可能中断;所以,学段低的一方在毕业年级要做好入学准备教育,学段高的一方在起始年级要做好入学适应教育,并相互进行沟通磨合,确保青少年儿童在学段间顺利过渡。其次,提高传接棒技能。相邻学段在德育传接棒的管理、教研、学段联动及家校共育等方面下足磨炼之功,形成协同共生能力。再次,督导相邻学段的德育传接棒不留盲点。不仅要完成德育的目标、内容、活动的传接棒,也要完成青少年儿童先进组织(少先队、共青团、高中学生党校)的传接棒,从而全面实现区域德育的无缝连接。

总之,区域德育通过学段维度的同向发力、分工运作和协同接力而紧密地衔接在一起,描绘出一幅动态的德育一体化画卷。

第四节　区域德育课堂内外融通

教育的根本任务是立德树人。在全国教育大会上,习近平总书记指出:"培养什么人,是教育的首要问题。"并强调:"我国是中国共产党领导的社会主义国家,这就决定了我们的教育必须把培养社会主义建设者和接班人作为根本任务,培养一代又一代拥护中国共产党领导和我国社会主义制度、立志为中国特色社会主义奋斗终身的有用人才。这是教育工作的根本任务,也是教育现代化的方向目标。"

课堂是德育的主阵地。《中小学德育工作指南》明确了育人的途径,即"充分发挥课堂教学的主渠道作用,将中小学德育内容细化落实到各学科课程的教学目标之中,融入渗透到教育教学全过程"。

"三全"是德育的主路径。在全国高校思想政治工作会议上,习近平总书记进一步指出,要坚持把立德树人作为中心环节,把思想政治工作贯穿教育教学全过程,努力开创我国高等教育事业发展新局面。党的十九大以后,教育部聚焦实现全员、全过程、全方位育人,启动"三全育人"综合改革,着力构建"三全育人"工作体系,不断提升人才培养的针对性和实效性,切实肩负起培养德智体美劳全面发展的社会主义建设者和接班人的神圣使命。

内化于心、外显于行是德育的终极目标。只有把课堂上所学的德育知识、技能忘记了,留下的就是融于血液里的东西,即情感、态度、价值观,也就是德。而将"德"潜移默化传递给学生并让学生在言行中自觉遵循的过程,便是德育。

所以,在整个德育体系中,社会主义核心价值观是德育的主要内容,培养德智体美劳全面发展的社会主义建设者和接班人是德育的根本任务,课堂是德育的主阵地,活动是德育的主载体,而课外的时间、空间则是课内德育的延伸,及时将课内所学的德育原理知识与技能在课外运用,最后成为一种知行合一的人生准则,所以,融通是课内外联系的主要思维或方式。

那么,为什么要在区域内进行德育课堂内外融通? 怎样开展区域德育课堂内外融通? 区域德育课堂内外融通的主要内容是什么? 区域德育课堂内外融通的效果该如何评价? 这一系列的问题,就是本节主要思考的内容。

一、整体推进,以区域为单位开展大德育课堂

(一)德育的"大""中""小"

从地域的角度来看,德育有大中小之分。在我们国家,德育是整个教育体系中非常重要的一环,有强大的组织力量作保障,"立德树人"是教育的根本任务,"德智体美劳"全面发展是根本要求,并建立起了完善的课程体系和考核评价体系。但中国地大物博,东西部之间、城乡之间、不同民族之间还存在较大的差距,从国家整体层面按照一个标准推动、一把尺子衡量本身就缺乏科学性,不符合教育发展的基本规律。

学校德育是整个德育体系中非常重要的环节,是课堂育人、课程育人、活动育人的关键。但学校德育却存在很多的制约因素,一是推动德育发展的行政力量有限,缺乏组织力;二是德育师资队伍的专业水平不够高,缺乏学术影响力;

三是德育的软硬件资源相对较少,缺乏资源整合力;四是德育的展示评比舞台不够丰富,缺乏号召力。

基于此,寻找一种更适合整体推进德育的载体,就成为摆在人们眼前的重要课题。

(二)区域整体推进德育的优势

我们以为,从区域的角度来整体推动德育发展,是破解当前德育困境的一个重要思路。

区域的地理与历史文化具有共通性。德育本身是一种道德的引领,需要通过文化的浸润入脑入心,最终外化为言行中的自觉遵循。而一个区域,特别是县级层面的区域,地理环境相对一致,长时间在这里生活的人具有相近的地域文化性格。而同一区域的历史文化通过各种方式的传承,使这个区域的人具有相近的文化特质。所以,区域地理与历史人文的共同性,是区域整体推进德育的基础,一旦寻找到适合区域历史文化的德育理念,就可以构建起具有区域特色的德育体系。如郑州航空港区,充分挖掘"航空"内涵,构建起了"向上向善"的区域德育特色体系,已经逐渐在全国享有一定知名度。

区域的行政组织推动力量具有同步性。在教育实践中,行政管理组织的推动力,是促进教育发展的重要甚至是核心力量。各区县都设有教育行政管理部门,主要负责制订区域的教育发展计划,调配教育资源。自然,区域层面推动德育体系建设就具有相当强的行政组织力,可以实现区域的整体发展、同步发展。

区域的德育专业团队可以提升德育的学术性。各区县都设置有专门的教研机构,配置有在区域有一定影响力的,既有一定德育理论水平又有比较丰富的德育实践经验的专业的德育教研人员,可以有效地将德育理论与德育实践结合,体现出德育的学术性。

区域的德育资源相对丰富,具有较高的实操性。一个区域有多所学校,从学段来说从幼儿园到高中,从办学水平来说有高中低三个档次,教师资源、课程资源与学生资源都相对丰富,由于距离近,彼此熟悉,可以通过资源整合形成合力。

总之,从区域的角度来推进德育的整体实施,既可以解决国家层面的差异性过大又可以解决学校层面的资源较少的问题,对于推进德育的整体进程,具有极大的研究意义。而郑州航空港区,就构建起了以"善"为核心的区域德育理念,纵向到校、班、生,横向到智、体、美、劳的纵横交错的立体网络,为全国的教育同行树立了一个标杆。

二、融通实践,以课堂为载体开展课内外融通

德育从来不是单纯的知识传授,也不是单一的技能习得,德国伟大哲学家康德就认为,道德和知识虽有联系,但道德问题不是在知识上得到了就具备的问题,知善者并不一定能行善。德育必须融于其他学科,以青少年学生最常态化的学习方式之课堂学习展开,才具有长久的生命力。

(一)课堂是德育的主阵地,是落实"立德树人"的基本路径

德育是学校教育中最基础、最根本的育人工程,课堂是学生学习知识、习得技能最普遍的场所,自然,课堂就成了德育最常见、最丰富的教育形式。因为课堂教学能在有限的空间和时间内,集中传递古今中外、不同国家、不同民族、多种多样的精神文明的内容,可以说,学生成长各个过程中所需要吸收的"精神复合营养",主要是通过课堂来提供的。以课堂为主阵地推动德育落地,是因为:

教学内容具有很强的教育性。中国采取的是分科教学,各个学科的教材在编写的时候,既考虑学科的知识与逻辑,又充分考虑到了"为谁育人""育什么样的人"等根本性问题,所以,只要教师心中有"全员育人""全科育人"的理念,就可以挖掘出每一个教学内容中蕴含的德育因素,通过适当的方式传递给学生。文科类学科本身就蕴含很明显的德育资源,自不待言,即便是理科类、艺体类也一样。那些数学家、科学家的家国情怀,在课堂讲述中可以传递给学生。即使是分数化简、方程配平乃至一题多解中,也蕴含着待人处事的道理。

教学设计具有很强的目的性。教师在进行教学设计的时候,既要考虑到学科知识和技能本身,还要考虑到学科背后的德育因素,在教学设计中落实知识与技能、过程与方法的同时,还要设计与情感态度价值观相应的内容,这种有目的性的设计,能在课堂教学中有效开展,对学生进行长时间的、高强度并且是潜移默化的影响。

教学过程具有很强的互动性。教育的本质是一种交往,德育也主要是在人与人交往中体现出来的素质和修养。在课堂教学中,师生之间、生生之间乃至师生与作者之间,都在交往。在交往中的互动,其本身就是对德育的实践。比如说,教师对学生的尊重与平等,学生对暂时落后的同学的包容与友善,对课堂规则的遵守,无一不是德育实践。

课堂评价具有很强的针对性。每一堂课中,评价无处不在,教师对学生、学生对学生、学生对教师的评价,都具有极强的针对性。比如,某某学生上课不遵守规则,教师可以及时做出评价,提出要求;还可以通过对其他学生的正向评价,引导学生向榜样看齐。可以说,这种评价,就是一种个性化的评价,有利于学生找到前进的方向。

单纯的德育课堂具有很强的时效性。虽然,德育应该融入其他学科的教学之中,潜移默化地影响学生,但在班级授课制的前提下,利用道德与法治、班队(团)课等德育专题(主题)课堂,却可以在较短的时间把更多的德育知识传授给学生,取得规模化的效应。

总之,德育不是无本之木,也不是孤独的花,而是融于各个学科、融于日常的每一堂课中的芬芳的味道,看不见摸不着,如"入芝兰之室,久而不闻其香,即与之化矣"(《孔子家语·六本》)。

(二)课外德育是德育的实践场所,是课堂德育转化为日常行为的关键

德育是生活本身的需要,来自生活又要回归生活。从学校教育的角度,德育知识与技能主要来自课堂,但必须要到生活中去固化,最终外显为举手投足的优雅与待人接物的得体,并熔铸为家国天下的情怀。朱小蔓就谈道:"道德教育从本质上来讲是人格的、生命的、完整生活质量的教育,不能把德育从活生生的完整生活中抽离出来,也不能把德育从其他诸育中抽离出来,否则就是形而上学。"[1]

对于青少年学生而言,课外的德育既是课堂德育的延伸,又是德育的实践检验场所;同时,课外的各种实践活动,还可以生成新的德育理念,丰富德育的

---

[1] 吴世彩:《真实化,生活化:当下德育的价值取向》,《中国教育报》2004年11月27日。

内涵。

从空间的角度而言,课外的德育包括课堂的课外德育、校外的德育,而校外的德育还包括家庭德育、社区德育以及更广泛的社会空间的德育。所谓的校内的课外德育,主要指的是在特定的校园空间内,学生之间、师生之间以及人与校园环境之间的德育。从德育融通的角度来看,学校需要根据学生的特点,在课堂德育的基础之上,设置必要的、适合的物理空间、建筑物体、自然和人文景观等,让学生在潜移默化之中得到德育的熏陶和感染。"让每一面墙壁,每一个角落都说话"就是校内的课外德育的具体要求。

校内的课外德育,还需要设置系列的主题活动,让学生在活动中实践德育知识,培养各种良好的习惯,提高与人与物相处的能力,并最终实现个体内在追求与外在需求的和谐共生。

家庭是最初的德育培养形式。家庭德育必须与学校德育有机融合,互为补充,具体而言,就是要"以立德树人为根本任务,培育和践行社会主义核心价值观,弘扬中华民族优秀传统文化、革命文化、社会主义先进文化,促进未成年人健康成长"(《中华人民共和国家庭教育促进法》)。事实上,我们的家庭教育随机性和随意性太强,缺乏整体的、系统的思考,这也是《中华人民共和国家庭教育促进法》立法的根本原因之一。

社会对学生的影响是长期、持久的,而社区是区域性的小社会,具有很强的共生性,甚至在一定程度上呈现出生活方式、行为规范和习惯的共同性和相似性。所以,社会对人的直接影响,往往是通过社区进行的。网络时代,虚拟社区是一种新型社区,对人的影响与实体社区具有共通性。

融通课内外的德育,就是要以学校、教师为主体,加强校内课堂内外的融通,使课堂德育生活化、活动化和实践化。同时,还需要以学生为纽带,加强家校之间的德育融通,让家庭成为校内德育的推动剂。家、校都是社会的有机组成部分,学校还需要整合社会特别是社区资源,家、校、社"三位一体",实现协同育人。

三、经纬交织，区域德育课堂内外融通的实践探索

德育不是闭门造车，也不是单纯的知识传授，而是一种开放型的集成活动，需要打破知识的界限，加强人与人、学校与社会的沟通，把知识、活动、实践统合成一个整体，在保证体系内部信息交流的基础之上，加强课堂内外特别是知识与生活世界的信息交流，从而培养学生具有适合时代需要的具有全新观念与视野的"德智体美劳"全面发展的人。而如何开展区域德育课堂的内外融通呢？

（一）经纬分明：理念为经一以贯之，单位为纬横向融通

由于区域具有地理与历史文化的共同性、行政组织推动力量的同步性、德育专业团队的学术性，资源相对丰富具有较高的实操性，所以，以区域为单位实现德育课堂内外融通就具有极强的现实性。

一是做好顶层设计。区域开展的德育融通，首先需要对区域的地理文化历史脉络进行全面的梳理，寻找"文脉"或最具有认知共通性的理念，并结合现代社会特别是新时代中国特色社会主义对人才的需要，提出一个区域德育理念。这一区域德育理念，必须成为区域内各班、各校、各家、各社区共同遵循的根本，环境打造、人员调配、课程开发、活动设计、评价引领等德育的全要素，都必须围绕这一理念展开。比如，郑州航空港区，就根据航空港的特质提出"上善共生"的区域德育理念：

"上"，有向上、前进、超越，乃至创新、创造之意；"善"，有向善、善良、美好，甚而至善、至境之意；"共"是途径，在人与人、人与事物、人与环境的共同作用中产生道德认知和道德体验；"生"是目的，在"上""善"的碰撞与融合中生发出人的关键能力和必备品格。因此，"上善共生"的理念在学生人生成长历程中，潜移默化地影响着学生与其他人、与社会乃至与自然共生，将达到个体生命的理想状态。

然后，对"上善共生"理念下区域中小幼德育一体化工作体系构建的内涵要素、实施路径、评价办法等进行整体架构，形成了一套很完善的区域德育融通实践路径。

二是运用行政力量。教育是一种情怀，但情怀只能感染、引领，虽然具有持

久性,却无法在较短时期内进行整体的推动。区域推进课堂内外融通完全可以借助区域的行政力量,在理念的讨论与概括、课程的开发与设计、路径的创设与探索、评价的规范与鉴定、成果的提炼与推广等各个方面发挥作用,甚至可以借助人、财、物等资源调配,促进区域德育理念与路径策略的全面落地。

三是整合学术资源。区域内有若干学校,德育的学术资源相对学校更为丰富,但由于缺少整合,这些资源是零散的,而区域德育理念就像一条串起珍珠的线条,使其共同构成一条精美的项链。比如,编撰符合不同年龄段学生特点的区域德育阅读、诵读材料,拍摄具有鲜明地域特色的微视频、微电影,组织能够全员参与的德育活动,等等。

四是利用或打造德育基地。在区域德育理念的引领下,还需要对区域的德育资源进行全面梳理,寻找与区域德育理念契合度高的人文资源,为德育实践活动找到载体。航空港区充分利用郑州深厚的、源远流长的中原文化优势和航空港的现代技术优势,结合"上善共生"理念,积极打造极具地域特色的郑州航空港德育实践基地,实现课内课外的无缝融通。

总之,在区域德育理念的统领下,在区域行政力量的强力推动下,一旦将区域德育的学术资源充分整合起来,区域德育就将绽放异彩,为全面落实"立德树人"根本任务创造出一条新的路径。

(二)经纬交织:理清实践路径,构建区域德育课堂内外融通的体系

区域德育课内外融通有了顶层的理念设计,有行政力量的强力推行,有对德育资源的有机整合,还需要贯彻落实区域德育课内外融通理念的各要素携手共进,勠力同心。前面已经阐述了区域层面需要重点关注的问题,下面,重点分析区域内其他各个要素的价值取向与行动路径。

1.学校要构建起具有沟通课内外意识的大德育课程体系

德育是通过德育课程起作用的。学校要在国家的德育核心理念和课程框架下实现德育课程的校本化。教师则是在校本化的基础之上实现德育课程的生本化。而以校本化、生本化课程为载体的德育课程,可以实现德育内容的固定化和系列化,有效避免德育的随机性。而所谓的大德育课程体系,既包括以课堂为主阵地的德育知识,还包括主题鲜明的各种类型的德育活动,包括德育

综合实践活动,以及与家庭、社会(主要是社区)资源的有机整合,实现德育内容的稳定性、德育活动的持续性以及德育评价的引领性,实现"全科德育""全程德育""全人德育"。

2.家庭要配合学校开展有针对性的德育与实践活动

家庭对学生的德育影响重大而深远,是德育最重要的主体之一。但事实上,近些年来,家庭的德育功能有所弱化,智育功能得到空前强化。《中华人民共和国家庭教育促进法》的出台会在一定程度上扭转这种风气。目前,要求家庭根据国家德育核心理念开展有计划的德育和熏陶,还有很大难度,但主动、有意识地对接学校德育,按照学校德育的规划开展家庭德育特别是道法实践活动,是比较现实的路径。

3.社区要真正担负起为家校德育保驾护航、资源整合的使命

综合治理是现代社区的必然方向,必须由原来的管物管环境走向关注人的体验特别是关注未成年人的健康发展上来。一是主动响应区域德育规划,筹措资源开展德育活动;二是积极对接学校,参与学校的德育体系建设;三是整合德育资源,引领家庭德育。

总之,在区域德育理念的统整下以课程为载体,学校、家庭、社区形成合力,就可以构建起一个点线面结合的立体的德育体系,为未成年人的德育教育,构筑起全面的"防护墙"。

(三)软硬件结合:借助现代技术,开展区域德育的"云端"新体验

1.利用5G技术,搭建共享共通平台

技术是教育产生的,必须尽快"反哺"教育,提高教育的针对性和有效性。区域德育的开展,应该充分利用现有的技术手段,如借助5G的高速率、低延迟、高容量,开展云端德育活动,开展"5G赋能德育"实践探索,实现德育资源的共享、德育体验的互通以及德育活动的共同参与,花小钱办大事。

2.利用VR技术,实现虚拟现实

VR技术是一种虚拟现实技术,可以让学生沉浸在真实感极强的虚拟环境中。比如,要让学生对革命先烈的精神有充分的体验,就可以利用VR技术,让学生进入真实的、残酷的战场中,体验爆炸、呐喊,先烈的形象就会更加鲜明,体

验感也就更强,所受到的德育教育效果就会更持久。

3.收集课程资源,组建区域德育资源库

单一的学校力量有限,外部的资源又缺乏地域性和针对性,所以,要充分利用区域内的德育课程资源,组建区域德育资源库,让教师可以随时取用,分享区域内教师的智慧,有效减少重复劳动。比如,成都武侯组建了"三顾云"资源平台,里面的德育资源库,通过资源收集、整理、评奖等多种方式,使资源库的优质资源数量呈快速增长趋势。

4.研讨交流:搭建交流平台,实现策略路径的无缝分享

区域开展德育课内外融通,应该借助各地的教研(教培)机构,成立区域德育课内外融通中心组或课题组,并根据区域地理位置或共同感兴趣的话题,成立不同的德育片区,每个片区在兼顾德育全要素的基础上,重点研究某一项德育内容,以小切口完成大德育的根本任务。然后,区域搭建交流分享的活动平台和及时沟通平台,每月一主题,片区学校轮流负责,可以实现德育策略的无缝分享。

四、评价引领,区域德育课内外融通的诊断与反馈

评价是最重要的管理手段,区域德育课堂内外的融通,有行政力量的强力推动,有学术的浸润引领,如果再加上评价的跟上,就可以形成比学赶超的氛围,在短期内实现区域德育课堂内外的有效融通。

但评价不是单纯的结果认定,而应该是诊断的一种手段,即通过评价,诊断区域德育课堂内外融通还存在的问题。那么,在评价指标的设计上,就要遵循三个原则:

一是引领性原则。即所有的评价指标,都应该基于实现区域德育课堂内外的有效融通,并最终外显为育人的客观效果。

二是适宜性原则。即评价指标的设定,要因时、因地(校)制宜,不同的时期,有不同的德育重点,有不同的德育课堂内外融通的要求,而不同的学校,由于生情不同产生的校情不同,需要指标设定上有所区分,避免"一刀切"的评价指标导致有的学校早已达到而有的学校不可能实现的尴尬。

　　三是可操作性原则。区域德育课堂内外融通的达成指标,需要本身具有可操作性,即具有可量化的评价指标,特别是可量化评价和可描述的定性评价。

　　目前,区域德育课堂内外融通的评价体系,尚处于探索阶段,研制一份具有引领性、适宜性、可操作性的评价指标,应该成为各地德育机构的一项重要工作任务。个人认为,各地在综合督导评估量表中,增加区域德育课堂内外融通的评价内容,就可以有效避免重复评估带来的学校和教师负担过重的问题。

　　评价本身不是目的,引导改变才是评价的主要价值,所以,评价之后,要用诊断报告的方式进行反馈。对于基层学校,诊断报告要有明确的观念引领和优化路径、策略的指导,即既要有缺什么,还需要有怎么做。所以,评价的主体,应该主要由一线的和在区域德育课堂内外融通方面有一定实践经验的德育工作者组成。

　　总之,道德是一种特殊的社会意识形态,德育是一种特殊的教育活动,区域德育是一种特殊的德育教育形式,区域德育课堂内外融通是经实践验证的有效的德育方式,作为教育者,我们应该不断反思道德教育的理念和方法,以期为道德教育取得更好的育人实效,落实"立德树人"根本任务,培养学生正确的人生观、价值观和世界观,让学生具有良好的道德品质和正确的思想政治观念,为社会培养德智体美劳全面发展的中国特色社会主义事业的建设者和接班人。

下篇

实践篇

第五章　统筹城乡区域德育一体化的理念探索

第一节　固本铸魂整体育人区域德育探索

重庆市沙坪坝区作为重庆市科教文化名区和红岩精神重要发祥地,坚持把立德树人作为教育的根本任务,围绕"固本铸魂·整体育人"(固价值准则之本,铸爱国主义之魂;以家庭为基础,学校为主导,社区为依托,时时处处事事人人皆育人)区域德育理念,始终把培育和践行社会主义核心价值观作为学校教育的灵魂,积极探索新时期学校德育的新内容、新途径、新方法,扎实推进区域教育事业创新发展。

一、区域整体社会主义核心价值观教育的历程回顾

（一）确立德育理念,明晰区域德育发展方向

2004 年《中共中央国务院关于进一步加强和改进未成年人思想道德建设的若干意见》文件下发以来,重庆市沙坪坝区坚持以统筹的思想加强工作,以创新的思想改进工作,以建设的思想抓实工作,以开放的思想推进工作,针对中小学校德育工作涉及面广、内容繁杂的客观现实,以及各学校德育观念参差不齐、发展水平极不平衡的严峻形势,借鉴国内教育发达地区先进经验,聚焦区域德育优势资源,结合区域中小学实际情况,于 2005 年提出了"固本铸魂·整体育人"的区域德育理念,明确将"爱国主义教育"和"基础道德教育"作为区域德育内容的两大主攻方向,引领和推动全区中小学校德育工作。各中小学围绕区域德育理念创造性开展工作,涌现了树人小学、烈士墓小学等一批全市德育工作先进典型学校。"固本铸魂·整体育人"区域德育理念也得到京津沪等教育发达地区教育同行的高度认同,连续五年作为"京津沪渝"四市德育工作研讨会主

题。沙坪坝区教委于 2012 年荣获"全国未成年人思想道德建设先进集体"称号。

（二）明确德育重点，构建区域德育目标体系

党的十八大报告明确提出"倡导富强、民主、文明、和谐，倡导自由、平等、公正、法治，倡导爱国、敬业、诚信、友善，积极培育和践行社会主义核心价值观"，为重建社会道德规范体系，凝聚社会共识，指导中小学校德育奠定了基础。沙坪坝区结合教育的时代使命，重新审视、调整了区域德育理念，按照"生活化、操作化、层次化"的基本思路，顶层设计区域德育系统，从社会主义核心价值观个人层面的"爱国、敬业、诚信、友善"入手，制订了《沙坪坝区中小学（幼儿园）价值准则培养分层目标》（以下简称《目标》）。该《目标》体系基于学生真实日常生活问题，体现了以生为本，"为了学生、直面学生、服务学生、发展学生"德育实践的信念与追求；将核心价值观落实于学生生活层面的一言一行，力图实现"知行合一"，引领学生过有意义的道德生活；尊重学生道德发展规律，从幼儿园到高中长程规划区域德育，体现区域核心价值观教育序列建构、整体推进的系统化德育实践思路。目前，《目标》已成为指导全区中小学德育实践的纲领性文件，确保区域核心价值观教育持续、规范、系统推进。

（三）深化德育内涵，全面提升区域德育实效

新出台的《中小学德育工作指南》将核心价值观教育列为中小学德育的五大内容之一，强调社会主义核心价值观教育要"内化于心、外化于行"，进一步明晰了中小学核心价值观教育的基本要求，为中小学开展核心价值观教育指明了根本方向。沙坪坝区以追求德育内涵化发展为方向，坚持"两线并举"思路，顶层设计，宏观布局，系统整体推进区域核心价值观教育。另一方面，扎根学校德育实践现实，贴近学生生活情境，遵从学生价值观形成规律，立足中小学德育工作常规、常态，以创设思辨型课程、体验型课程、欣赏型课程为实践突破点，采取以点带面稳步推进工作策略，不断推动区域价值观教育深度变革与发展。一是重新定位区域核心价值观教育方向，改变传统德育"专注做事、忽视育人"的工作误区，引导学校正确处理"工作"与"育人"的辩证关系，实现区域价值观教育从"重工作"向"重育人"的德育功能变革。二是重新审视区域核心价值观教育

思路，改变传统德育"因时应景、随机无序"的客观现状，将核心价值观教育纳入学校教育整体规划，探索完善区域价值观教育工作长效机制，实现区域德育从随机走向系统的德育思维变革。三是重新思考区域核心价值观教育路径，改变传统德育"注重加法、忽略减法，注重显性、忽略隐性"的实践误区，以提升学校德育常态品质为目标，引导学校立足校本德育常态工作，充分发掘教育常规性工作的育人内涵与价值，实现区域德育从专门走向常态的德育实践变革。

二、区域整体推进社会主义核心价值观教育的探索实践

（一）建构目标体系，推进社会主义核心价值观落地生根

2013 年，中共中央办公厅印发了《关于培育和践行社会主义核心价值观的意见》，明确要求核心价值观教育活动要从小抓起、从学校抓起，将其列入当前中小学校德育工作的根本任务之一。2014 年 4 月 1 日，《教育部关于培育和践行社会主义核心价值观进一步加强中小学德育工作的意见》强调，要增强中小学德育的时代性、规律性和实效性，为中小学实施核心价值观教育进一步指明了方向。2017 年 8 月，教育部颁布的《中小学德育工作指南》指出：始终坚持育人为本、德育为先，大力培育和践行社会主义核心价值观。要切实将党和国家关于中小学德育工作的要求落细落小落实，着力构建方向正确、内容完善、学段衔接、载体丰富、常态开展的德育工作体系，大力促进德育工作专业化、规范化、实效化，努力形成全面育人的德育工作格局。《中小学德育工作指南》进一步突出了社会主义核心价值观在中小学德育中的重要地位，立足顶层设计、系统规划、整体推进视角，从德育目标的分层递进、德育内容的循序渐进、德育途径的系统整合等维度，对建立科学化、系统化、规范化的新时期中小学德育工作体系格局提出了新的要求，为区域层面整体推进核心价值观教育提供了明晰的理论指导，奠定了坚实的实践基础。因此，按照"系统规划、整体推进"的思路顶层设计区域核心价值观教育实践路径，是落实立德树人根本任务、贯彻执行党和国家教育政策的必然选择。

社会主义核心价值观是涵盖国家、社会和个人 3 个层面、12 个范畴的一个有机整体目标体系，从国家层面的价值目标、社会层面的价值取向和公民层面

的价值准则三个维度勾绘出一个国家的价值内核、一个社会的共同理想和亿万国民的精神家园。其中,公民对个人层面价值准则的自我认同与自觉践履,是实现国家价值追求和社会价值取向的根本基础,应当成为中小学生价值观学习的重点。沙坪坝区结合区域特点,突出重点,以点带面,聚焦个人层面的价值准则教育,将"爱国、诚信、责任[①]、友善"等四项核心价值准则目标,具体细化为贴近学生现实生活、反映学生成长发展需求的 27 个具体价值准则教育要点,力图将核心价值观的要求通俗化、生活化、具体化,有利于学生准确理解和把握核心价值观的深刻内涵和实践要求,进一步增强了区域价值观教育的主动性、针对性和实效性。

同时,将社会主义核心价值观要点细化为贴近学生生活的基础性具体要求,转化为实实在在的行动指南,按照"时间为序、空间为纲、问题为基"的基本思路,探索构建了《沙坪坝区中小学(幼儿园)价值准则培养分层目标》,将"爱国、诚信、责任、友善"四大价值准则具体化为指导学生现实道德生活、具备较强操作性的行为规范培养目标,突出了以下特点:

以时间为序体现层次性。依据学生不同年龄阶段身心发展特点和品德发展规律,由浅入深、由低到高、由感性到理性、由具体到抽象,分层递进,螺旋式上升,建立纵向衔接幼儿园、小学、中学三大阶段,横向贯通"爱国、诚信、责任、友善"四大价值准则的教育目标体系。

以空间为纲体现整体性。根据"爱国、诚信、责任、友善"的内涵,依据学生道德关系"由己及人、由近及远"的情境发生规律,从"自我、亲密人、陌生人、社会(集体)、自然"五大板块,参照《中小学生守则》《中小学德育大纲》等文件精神,确立沙坪坝区中小幼价值准则教育的层次目标。

以问题为基体现针对性。价值准则虽只有 8 个字,但教育内涵丰富,外延宽广,涉及学生道德生活的各个方面。在编制价值准则教育目标时,势必条目众多,不可能一一列举。为此,借力全区中小学(幼儿园)教师,在全区中小学

---

① 党的十八大所提出的"爱国、敬业、诚信、友善"等个人层面的价值准则,主要是针对社会全体公民,就中小学生而言"敬业"更主要表现为"责任"。

(幼儿园)广泛调查,聚焦中小(幼儿园)学生价值教育中普遍性存在的、突出性、基础性的共性问题,有针对性地进行分层目标的编制,增强学生对社会主义核心价值观的认知力、感受力、判断力和行动力。(见表5-1)

表 5-1　学前教育阶段价值准则培养分层目标体系

年段	爱国	诚信	责任	友善
学前教育	1. 尊敬国旗。认识国旗、知道国歌,升国旗、奏国歌时,能站好 2. 热爱国家。知道自己是一名中国人,知道自己的民族 3. 热爱家乡。知道自己的家庭住址,能说出自己的籍贯所在地,知道当地2～3项知名物产和景观 4. 喜欢幼儿园。知道幼儿园的名称和功能、布局,会表述幼儿园园徽的含义 5. 关心国家。能知道国家近期发生的一些重大事件,了解国家取得的一些成就	1. 遵守规则。萌发规则意识,能遵守游戏规则,并能与同伴协商制订简单的规则 2. 遵守时间。坚持上幼儿园,有事能请长辈代为请假 3. 重诺守信。答应别人的事,尽力做到 4. 诚实待人。知道说谎不对,做了错事能承认 5. 遵守公德。萌发界限意识,知道不是自己的东西不要	1. 热爱学习。坚持上幼儿园,能主动参加群体生活;写、画时姿势正确 2. 讲究卫生。饭前便后主动洗手,方法正确;每天早晚主动刷牙 3. 生活节制。主动饮用白开水,不贪喝饮料 4. 生活自理。能将玩具、图书放回原处;能自己系鞋带;能根据冷热增减衣服 5. 勇于担当。喜欢承担父母或老师交办的小任务,知道接受任务后要认真完成	1. 热爱生命。未经大人允许不给陌生人开门;知道家长的姓名、电话号码 2. 自尊自信。与他人的看法不同时,能坚持自己的意见并说明理由 3. 文明有礼。能说"你好""谢谢"等文明用语;能根据情境使用不同语言 4. 友好相处。发生冲突时,能在成人的帮助下解决,不欺负别人,也不允许别人欺负自己 5. 关心他人。能注意到别人的情绪,并有关心、体贴的表现;知道父母的职业,能说出其职业主要内容;能采取轮流、共玩等方式分享玩具或图书,不争抢、不霸占物品

(二)建构三种课程,推进社会主义核心价值观入脑入心

《教育部关于培育和践行社会主义核心价值观进一步加强中小学德育工作的意见》中明确指出:"各级教育部门和中小学校要加强德育规律研究,从中小学生的身心特点和思想实际出发,注重循序渐进、注重因材施教,润物细无声,真正把德育工作做到学生心坎上。"中小学开展核心价值观教育不仅要"入眼入耳",更需"入脑入心",真正让社会主义核心价值观扎根于中小学生心底。因

此,推进价值观教育应把握以下三个要点:一是尊重学生价值观形成规律。要立足学生道德发展的整体性、建构性、发展性规律,以学生的道德认知力、判断力、选择力和行动力为重点,让学生在具体的生活实践中不断深化价值认知、体悟价值情感、付诸价值行动。二是价值观教育要落细落小落实。自觉克服"大而空、大而全"的说教方式,从细处着眼、从小处入手,立足学生现实生活点滴的"观中感、感中悟、悟中行",让社会主义核心价值观真正成为指导学生生活实践的价值判断和选择的依据与标准。三是价值观教育要回归学校德育常态。坚持"知行合一"原则,将核心价值观蕴含在学校德育的内容和过程之中,形成一以贯之、久久为功的价值观教育长效机制。为此,沙坪坝区立足学校德育实践常态,着眼于学生日常实际生活,按照"澄清—认同(体悟)—内化"的价值观生成规律,以创设"思辨课程""欣赏课程""体验课程"为实践着力点,不断深化区域核心价值观教育内涵。

1.创设思辨课程模式,指导学生价值认同

针对当前中小学价值教育普遍存在的"价值空洞灌输""道德说教表演",漠视学生价值生成规律等现象,沙坪坝区坚持学生道德发展的建构性、发展性规律,秉持"以学生道德学习为本、以学生道德发展为本"价值教育核心追求,紧紧抓住主题班(队)会课平台,创设思辨型价值教育课程模式,不断发展学生的道德认知力、判断力、选择力和行动力,努力实现班(队)会课"从重形式转向重内涵、从重预设转向重生成、从重说教转向重体悟"的颠覆性变革。

一是开发资源,提供支撑。什么是思辨课程?从传统灌输式的说教课堂向理性的思辨课堂转变的实践着力点在哪儿?针对基层一线学校的疑问,沙坪坝区开发课程资源,出版《系好人生第一粒扣子》等弘扬社会主义核心价值观的文集,编辑《沙坪坝区"道德两难"问题读本》《社会主义核心价值观教育主题实践班队会文集》,将学生真正面临的道德两难问题和容易出现价值模糊的生活问题引入课堂讨论,让学生在价值辨析中实现价值澄清。如:一个爱国的人能否移民国外?移民国外的华人又如何爱国?沙坪坝区创卫是否会白干?学生碰见老人倒地扶还是不扶?做家务该不该拿报酬?……引导学生对这些直面现实生活的典型性话题讨论,分析思考各种生活行为方式的合理性与局限性,不断培养学生的价值理性分析能力,从而强化学生对社会主流核心价值观念的价值认同和实践自觉。

二是教研示范,引导行为。如何提升价值教育课堂实效?一线教师面临许多困惑和难题,急需及时帮助和指导。首先,沙坪坝区发挥教研引领示范机制效应,按照"聚焦问题、重点攻关、持续研究、分别突破"的教研原则,坚持"大处着眼、小处入手"的教研思路,聚焦区域核心价值观教育主题班(队)课变革中的典型性核心问题,开展专题性的深度研讨,破解区域价值教育教学难点。其次,开展教研员价值教育主题班会"三课"(上课、说课、评课)展示活动,为一线教师"定标杆、树样板",主动回应基层学校需求、困惑,及时化解价值教育课堂教学变革阻力,唤醒基层学校教师课堂变革自觉,确实发挥研修机构"教学研究、专业引领、服务基层"的作用。

三是三级展评,人人过关。区域推进核心价值观教育的关键在人、难点在人。针对少数教师观念转变难、行动迟滞的问题,区教委建立了三年一个周期的"三级教学展评"制度,不断提升教师价值教育实践能力。所谓"三级展评",是指除区、校两级外,大体按"组间同质、组内异质"原则,将全区中学分成五个校际研修共同体,小学分成八个校际研修共同体,通过制订并落实工作职责、工作任务与评估办法,努力营造跨校研修、"抱团发展"的新型德育研修文化。从2013年起,每年9—12月集中开展一次以核心价值观教育为主题的思辨型班会课教学展评活动。"教学展评"以任务驱动激活了校本德育研修,促进教师育人理念与行为的更新:有的学校开展"名师引领课""同伴示范课"等系列校内研课活动;有的采取"1+2+N"(一个参赛教师、两个辅导教师、N个青年骨干教师共同参与备课全过程)的赛、培方式备战。三轮教学展评活动下来,全区所有班主任教师,无论是刚刚走上讲台的职初教师,还是即将退休的老教师,无一例外地参与到价值教育主题班会课的研究、学习、打磨之中,多途径、全方位提升区域班主任教师价值教育能力。

2.创设欣赏课程模式,引领学生内心价值认同

如何消除核心价值观等宏大政治、道德话语外在于学生自我的"异己性"和"疏离感",是中小学校实施社会主义核心价值观教育的重点问题。沙坪坝区以

增进价值观教育的亲和力为切入点,坚持"自由雅致、情感共鸣、心灵陶冶"的德育过程追求,"以境动人""以情感人""寓教于乐",通过营造美的环境、创设美的情境、陶冶美的心态,实现价值观教育"由理性灌输向理性自觉、由人格他律向主动自律"的转化,让学生在长期的、全方位的文化熏陶、艺术感染过程中,陶冶性情、净化心灵,培养高尚的道德情操自觉。

首创"童心德育剧大舞台",在全区持续多年开展德育剧创作与展演活动。各校围绕"爱国、诚信、责任、友善"4个主题,组织学生自编自导自演,将学生现实生活搬上舞台,将价值认知、价值认同融入小品戏剧,让学生在美的艺术欣赏中感悟道德价值、升华道德情感。德育剧创作始终坚持做到"三个关注":

一是关注学生全员参与。注重活动的参与面,全区90所中小学都以班级为单位开展创作,再进行班级展演、年级展演、校级展演、区级展演,每年参与的学生数万人次,广大学生都能踊跃参与德育剧的创作演出活动,真正体现出学生的主动参与性。

二是关注学生德性成长。德育剧突出反映学生热爱祖国、积极向上、团结友爱、文明礼貌的精神世界主流,使学生在活动中明辨是非、区别善恶、分清美丑,思想感情得到熏陶,精神生活得到充实,道德境界得到升华。

三是关注学生自主发展。让学生以自己身边的典型人和事为对象自编、自导、自演,力求形式多样,内容鲜活,贴近实际、贴近生活、贴近学生。经过多年的实践,德育剧展演已成为深受全区青少年喜爱,倍受全区各学校瞩目的一项盛事。

截至目前,参加市级演出节目达23个,学生达350余人,涌现出"窗外的红气球""光阴树下""铠甲勇士""包小丞断案""口哨声声"等精品节目,突出反映了广大中小学生热爱祖国、积极向上、团结友爱、文明礼貌的精神风貌。

3.创设实践课程模式,引导学生体验核心价值

"内化于心、外化于行",是价值观教育成功的根本标志。落实核心价值观的关键在于知行合一,不断引导学生在具体的现实生活中践履、体验、感悟价值规范,升华内在价值内涵。沙坪坝区坚持"正面价值引导与自主体验建构相统一"的核心理念,按照"搭建平台、自主体验、价值引导、反思升华"的思路,开展

各种价值体验活动，打造鲜活、生动的德育实践课堂。

一是创设情境体验，增进学生价值自觉。各学校结合自身实际，创造性开展价值教育实践体验活动，形成了自己的特色和精品。沙坪坝区莲光小学以"诚信储蓄箱活动"为抓手，在全校大力开展"诚信"教育，号召全校学生将捡拾的物品放入"诚信储蓄箱"，并填写"文明储蓄单"，记上自己的班级、姓名、物品、时间和地点；遗失物品的同学可随时到储蓄箱认领失物，取回物品，同样写上班级、姓名、认领时间、物品以及感谢留言，让学生在相互人际交往中感悟人性友善的道德美好。诚信储蓄箱从 2006 年设立至今，已成为学校开展诚信教育的一道亮丽风景，时刻涵养着学生拾金不昧、乐于助人、诚实守信的文明品行。沙坪坝区大学城三小开展了"诚信水吧"实践体验活动，让学生在无人监督的条件下自主投币买水，管理班级每天则对水吧的收支进行一次统计，计算每天和一周的诚信值（实收金额÷应收金额＝诚信值），并制成折线统计图进行统计和分析，再利用每周一的国旗下讲话进行公告和教育。通过直观、动态、过程化的情境体验活动，将德育过程客观、真实、具体地呈现，让学生在反思中践行道德行为，体悟道德价值的内涵，取得了较好的教育效果。

二是推动社会体验，促进学生道德成长。让孩子"在体验中学习、在体验中感悟、在体验中成长"。从 2013 年起，沙坪坝区有计划地组织全区 8 万多名中小学生利用寒暑假，深入到 100 多个社区开展各类有助于社会的实践活动。各中小学都把学生社会道德实践活动纳入学校的重要工作，制订工作方案，通过召开家长会、发放告家长书等方式赢得家长配合，通过假期作业的形式布置给学生，确保学生人人参与。2013 年开展"人人是形象——千万小市民文明礼仪行动"；2014 年开展"寻访身边名人"活动；2015 年开展"文明礼仪我行动——争做红岩好少年"活动；2016 年开展"大手牵小学——创卫我行动"活动；2017 年开展"文明城区——你我共行动"活动。为保障活动效果，弥补社区工作短板，区教委还坚持委派教师深入社区担任辅导员，共派出 1 000 多名教师，组织活动 4 000 多次，参加活动的学生达 20 多万人次。各学校和社区按照实践育人的要求，以体验教育为基本途径，区分不同层次学生的特点，精心设计和组织开展内容鲜活、形式新颖、吸引力强的道德实践活动，使学生在自觉参与中思想感情得到熏陶,精神生活得到充实,道德境界得到升华。

三是深化体验方式,引领学生多元发展。"教育就是学生从不成熟走向成熟的过程",针对当前普遍存在的"热热闹闹、走走看看"浅尝辄止式体验现象,沙坪坝区提出"重自主、重反思、重发展"新思路,以"前移后续"为基本策略,采取重点项目推进方式,建设一批精品体验项目,推动区域德育实践提档升级。以沙坪坝小学2017年"你好,寒暑假!"活动为例:学校只提出"美丽家乡我了解"活动大的主题——内隐爱国核心价值教育,放手让学生自主设计了解家乡体验活动方案——激发学生价值需求;放手让学生自主践行体验活动方案——增进学生价值经验;引导学生系统反思体验活动经验——固化学生价值观念。学生先后自主设计了"寻找重庆城门""山城桥都文化""相约钓鱼城""体验山城之峭""磁器口美食品尝"等系列生动、丰富、有趣的实践体验活动方案。以班级小队为单位,放手让学生大胆进行实践体验,也许学生不熟悉出行路线而迷路,也许学生因彼此时间冲突而难以成行,也许学生方案本身不合理而难以达成目标……但他们在彼此的合作互动中学会解决问题、在反思中达成自我成长。最后让学生以小组为单位进行活动经验分享展示,促进学生价值经验的反思与重建自觉,潜移默化中将家乡的文化精神深深地烙在学生心里,让家乡的底色永驻学生心间。

(三)实施三大工程,构建社会主义核心价值观教育长效机制

1.科研引领,课题推动

一是龙头课题推进。坚持"统一规划,科研引领,课题推动,整体构建,突出特色"的指导思想,沙坪坝区先后成功申报各级科研项目,比如重庆市教育科学规划"十三五"重点课题"区域推进中小学生价值准则教育实践研究",从价值准则教育的系统理念出发,调查审视区域价值准则教育现状,聚焦区域价值准则教育的目标、内容、途径、方法、管理、评价等核心问题,立足学生价值信念形成的整体性、建构性、发展性规律,探索具体化、特色化、可操作性的区域价值教育的实践模式。

二是德育微课题跟进。为调动中小学校和广大一线教师参与德育科研积极性,沙坪坝区坚持变问题为课题的思维策略,以龙头课题"区域推进中小学生

价值准则教育实践研究"为统领,设立德育专项课题和教师个人成长课题,鼓励基层学校、一线教师选择中小学价值教育过程中的实际问题进行针对性研究。目前,在全区中小学校申报德育专项课题 84 个,申报教师个人成长课题(德育类)324 个,纲举目张地协同破解区域价值准则教育中大大小小的问题,促进区域德育力量理念趋同、过程同步、方法互补、资源共享,努力建构全面育人德育工作格局。

2.队伍建设,提升能力

结合区域实际,设计了"多层级、多元化、多环节,以教师成长规律为支撑,以教师持续专业发展,以教师、学校学生成长并举为目标"的综合性、系统性教师价值教育能力培养工程。

一是以《沙坪坝区班主任"价值教育能力提升工程"五年实施计划》为基础,秉持"学员为本、按需施培"的理念,按照"合理分层,突出差异"的指导原则,建立"新任型班主任""胜任型班主任""成熟型班主任"三级培养体系。近年来,利用期末时间和寒暑假时间举办了数十个班主任专题培训班,培训班主任 1 600余人次,从全国各地著名高校、科研院所和德育先进学校请来上百人次的知名德育专家学者讲学,切实推进班主任专业水平提升。

二是创设"多环节"的培养模式。以"追求卓越、强化实效"为重心,坚持以"融合理论涵养与实践指导、集中学习与职场跟踪、理论与行动研究"相结合的全方位、立体式学习方式。立足当代价值教育理论前沿,精心挑选学校价值教育经典实践案例,邀请知名学者对学员进行培训,不断更新构建新的思想理念;采取"脱产研修与职场诊断指导相结合"的思路,多种形式拓宽班主任实践经验和知识视角,不断丰富和提升培养对象的实践智慧;坚持以"扎根学校教育实践,在实践问题的探究中发展"为主线,聚焦班主任价值教育实践中发生的热点、难点问题,引导教师从对问题的研究中上升到理论层面的认识,形成问题解决的理论成果。

三是成立德育中心组。建立健全"区、共同体、学校"三级德育研修网络,初步形成自下而上和自上而下相互衔接、协调运转的区域德育工作科学运行机制,为深入推进区域价值观教育提供坚实的制度保障。以区级德育教研机构为引领,在全区挑选德育工作经验丰富、具备一定理论基础的 28 名德育骨干教师组成区级德育中心组,为区域德育提供智力支持。以共同体建设为重点,采取"1+N"捆绑发展策略,成立校际德育研修共同体,整合校际德育优势资源,促进共同体内学校之间的互动、交流和深层次、高水平的德育研修活动开展。同时,发挥区级德育中心组成员的骨干核心示范作用,每两名区中心组成员共同负责一个校际共同体研修指导工作。以学校校本德育教研为基础,成立学校班主任共同体,定期组织开展专题性德育教研活动,针对性地解决一线班主任的现实困难。

3. 诊断评估,制度保障

一是强化组织领导。将德育纳入学校内涵发展质量评价指标体系。制订《沙坪坝区中小学校内涵发展质量管理改革试点方案》,将学校德育工作列入重点评价内容,从学校德育工作规划、德育工作管理机制、德育课程建设、校园文化建设、德育队伍建设、三结合教育、学校德育特色创建等方面考核学校德育工作水平。将德育纳入校长、书记年度考核。强化学校一把手德育职责意识,实行德育工作问责制,突出学校德育工作在考核校长、书记工作中的业绩权重,并将考核结果作为校长、书记晋职、晋级评价的重要参考依据。

二是培育先进典型,以推进核心价值观教育为契机,加大德育先进表彰力度。每年评选 10 个德育示范学校、100 个德育先进班级,每两年组织"三个十佳两个一百"优秀人才评选,每年评选 10 名红岩最美少年、200 名红岩美德少年和 200 名文明少年。

三是首创德育诊断制度。德育诊断制度彰显三大特点:专业引领——为基层学校改进德育工作提供专业性的服务指导;改进工作——为改进学校德育工作提供相关问题的具体对策建议;关注过程——深入学校德育实践环节,从中发现学校德育真实问题。制订下发《沙坪坝区中小学德育诊断制度实施意见》,针对学校德育文化、德育过程、德育要素、德育结果四方面内容,从问题描述、原因揭示、方案改进设计三大步骤,为学校开展价值准则教育提供支撑保障服务,确保沙坪坝区价值准则教育工程有序开展、可持续发展。

三、区域整体推进核心价值观教育的典型性成果

（一）媒体宣传报道：区域核心价值观教育成果物化的集中体现

自启动社会主义核心价值观教育以来，沙坪坝区先后取得了一系列成果：2017年2月，中央文明委以简报方式、教育部以网站形式发布《扎实深入推进价值准则教育 全面落实立德树人根本任务》一文，向全国推广介绍沙坪坝区社会主义核心价值观教育经验。2014年《中国德育》杂志社进行深度采访报道，刊发《清扫思想之霾——重庆市沙坪坝区整体推进价值准则教育》等13篇文章，从区域、学校两个视角，围绕区域整体规划、德育课程建设、校园育人文化建设、学校特色活动实践等方面内容，全方位、多角度展示沙坪坝区社会主义核心价值观教育所取得的丰硕成果。2017年，《重庆市沙坪坝区创新未成年人思想道德教育"合力网络"见成效》《文明一颗心 温暖一座城——沙坪坝区创建全国未成年人思想道德建设工作先进城区掠影》等系列文章先后发表在新华网、《重庆日报》等新闻媒体，以一个个鲜活、生动的学生典型生活个案事例，反映出沙坪坝区推进社会主义核心价值观教育以来学生的道德精神新风貌。

（二）学生成长发展：区域核心价值观教育的根本归宿

1.澄清价值，引领学生主动发展

"很多时候价值模糊是因为澄清不够，灰色地带多！"沙坪坝区红糟房小学学生家长马曼颇有感触地说。她家参照《沙坪坝区"道德两难"问题家庭读本》，和孩子就"做家务该不该拿报酬"进行了一场辩论。马曼说，辩论很激烈，但通过摆事实讲道理，加上父母的引导，孩子在坚持自己观点的同时，也逐渐明白了家庭成员的责任，能够自觉为家庭服务。原来，沙坪坝区教委通过开展"家庭议事会""家教巡回课堂"等活动，让众多家长和孩子共同参与核心价值观讨论学习过程，引领家长、学生共同进步，最大限度发挥家校教育协力作用。

"一个真正的爱国者是否可以移民海外？"这是沙坪坝区树人小学六年级某班一节常态主题班会课中学生们热烈讨论的话题。该校直面学生现实生活中的真实道德困惑，不回避、不掩饰社会热点、难点问题，及时主动回应，满足学生道德需求，利用主题班（队）会课时间，引导学生积极思考、相互启发、集思广益，

通过真实的价值问题讨论、价值观点交锋寻求合理可行的道德行为破解方式，培养学生主动的价值判断能力、选择能力和践行能力。最后，在学生充分自由辩论的基础上，教师进行及时总结、评价，把握正确价值导向，引领学生自觉接受社会主流价值观。

2. 价值认同，以优秀文化助成长

暑假来临，重庆市七十一中的学生王艳（化名）仍旧保持着学校的作息规律，进行川剧练习，偶尔还会应邀给周围邻居进行表演。"娃娃的川剧学得很正宗，我们听起来很带劲儿。"大家的夸赞让王艳心里甜滋滋的。七十一中作为川剧进校园的试点校，开办了川剧艺术班，学生师从市级非物质文化遗产代表性传承人李成一、王家麒等名家，先后排练了多个剧目。"能够传承非物质文化遗产，我们觉得非常自豪。"王艳说。

"没有想到重庆市还有这样高水平的中小学戏剧表演。现在全市有了大学生戏剧节，你们沙坪坝有中小学德育剧，我们的戏剧真正在学生中扎下了根。"国家一级编剧、重庆市剧协副主席夏祖生观看演出后动情地说道。

以红岩文化、抗战文化而著称的沙坪坝，又该如何针对这些深厚的文化积淀，挖掘历久弥新的精神世界？"文化是未成年人思想道德教育的温润土壤。"在沙坪坝区教委副主任袁宇看来，作为文化资源丰厚的大区，必须将红岩文化与传统文化、沙磁文化等进行有机融合，打造特色浓郁的人文城市，让文化滋润孩子成长。在校园里，烈士墓小学以"红色沃土，情润心灵"为办学理念，实践并总结了坚持革命传统教育与爱国主义教育相结合等"五结合"经验，使革命传统教育阵地化、序列化、制度化。走出校园，孩子们积极参与"清明祭英烈""童心向党"等红岩精神教育主题活动和"红岩魂"德育剧表演。在欣赏了部分优秀作品后，站东路社区的吴大姐感慨地说："孩子们的表演充分展示了文明、诚信、责任等内涵，很真实，很值得大人学习。"

3. 价值践行，用核心价值观铸灵魂

日前，沙坪坝区森林实验小学一年级（2）班学生吴睿博成了"网红"。原来，学校举行升旗仪式时他因为生病还没走进校园，但听到国歌响起，他立即停下脚步，在校门外立正敬礼，这一幕被市民拍下传到网上，引发热议。很多网友点赞说:"画面虽不清晰,但仍然可见小男孩笔直的站姿,仿佛看到了他因为奔跑而微微泛红的笑脸,依稀听出那噗噗跳动着的爱国心!"吴睿博成为"网红"背后,是森林实验小学注重立德树人的教育必然,也是沙坪坝区创新未成年人思想道德教育的典型缩影。

"昨天买水我忘记带钱了,今天去学校的第一件事就是把钱补回去。"早上出门时,大学城三小学生李志跟妈妈说。原来,该校建有"诚信水吧",让孩子自主投币买水,以诚信意识践行核心价值观。校长韩晓容表示,自我教育最难,全靠孩子的自觉性,起初有的孩子忘记给钱。为了提高育人效果,学校有针对性地实行班级管理,每天对水吧的收支进行统计,并计算出每天和一周的诚信值,利用每周一的国旗下讲话进行公告和教育。无形的手与有形的手巧妙结合,让水吧诚信值大幅提升,孩子们也得以成长。

第二节 上善共生理念统筹城乡区域德育

一、上善共生理念溯源

(一)"上善共生"理念简释

1."上善共生"德育理念

"上善共生"德育理念缘起:为认真贯彻落实 2017 年全国德育大会、2018年全国教育大会及习近平总书记关于教育的重要论述精神,为办好更加公平更有质量的郑州航空港区基础教育,结合航空港区实际及 2017 年开展的第三方教育评估项目成果,郑州航空港区经过科学论证,以"培育文明有爱学生、成就孩子幸福人生"为目标开发了"上善共生"的德育理念。"上善共生"德育理念开发研究过程如下:2018 年初在郑州航空港区管委会关心下,在郑州航空港区教育局直接领导下,具体由郑州航空港区基础教研室直接负责,引进中国教育技术协会教育测量与评价专业委员会理事单位、全国第三方教育评价机构联谊会创始副主席单位、全国第三方评估战略合作协议签署单位且在国内较有影响力的第三方教育智库单位重庆天正教育评估监测咨询服务中心，组织国内外相关教育基本理论、德育理论、基础教育改革与发展等教育及文化研究和实践领域的德育知名专家，组成德育品牌建设专题调研组。专家组成员涵盖北京师范大学、西南大学及重庆市教科院等科研院所、一线中小学校长、教育行政部门的领导及相关领域的专家，专家地域包括北京市、上海市、重庆市、浙江省、四川省、河南省、甘肃省等省市。同时郑州航空港区教育系统全体同仁共同参与，通过智库引领、专家指导，每所学校及区域学校协同联动、校园长德育论坛、学校实践等形式，汇聚航空港区全体教育人集体智慧，历时近一年时间反复论证研磨创建符合新时代教育方针、教育学理与航空港区实际的"上善共生"德育特色理念。

理念缘起：一个区域或者一所学校，甚至是一个班级都需要有相应的德育顶层设计理念。德育顶层理念从何而来？我们认为：作为一个行政地区的德育顶层理念定位，首先应该是基于区域的经济政治民生等发展定位，其次是教育发展的定位，最后是在相关教育实践或者德育实践中的积淀使然。当然也与教育行政主管部门或教研部门主要负责人的科学理念有关系。简而言之，不管区域德育理念基于何种前提，那就是好的区域德育顶层理念一定是基于实际的、科学的并尊重教育规律的理念。同时作为区域性的德育核心理念，其德育的顶层理念还应具有时代特性和学理特性。

德育位于五育之首，其目的在于通过育人和化人，促进学生良好品德的发展，提高学生追求幸福生活的能力。郑州航空港区作为国家级航空港经济综合实验区，具有独特的政治优势、地理优势和资源优势，立足于郑州航空港区政治、经济、文化、社会等方面的发展趋势和实际教育工作需要，将"上善共生"作为区域德育发展的重要理念，既符合郑州航空港区区域发展的功能地位，又可以促进全区教育各主体方的"内在价值认同"，即通过师生、生生、家校等群体性交互过程，引领学生实现对社会主流价值的内在认同，具有相应的科学合理性。《大学》所云："大学之道，在明明德，在亲民，在止于至善。"德育的根本使命在于引领学生对"真善美"价值的不懈追求。而德育的目标之一就是"尚善"。"尚善"就是崇尚善、信仰善、向往善、践行善，是以善为本，立德树人。"共生"即和谐并存、合作包容、相互促生、共同发展。"上善共生"实质上体现的是"真善美"的社会价值理念,引导学生"向上""向善",追求幸福生活。从宏观的人生意义上来讲,德育教育的本质是尊重生命。同时"上善共生"这一核心理念朗朗上口,适合推广传播与记忆,符合郑州航空港区德育品牌的宣传推介。我们认为这一概念富含德育的学理性与地域性,也符合郑州航空港区时代发展特征和国家新时代"立德树人"的要求。可以概括性地理解为郑州航空港区德育在"向上""向善"中实现共同发展、和谐发展。"上善共生"的核心指导思想是在向上向善中实现教育的共生。

2."上善共生"德育理念内涵简要释义

"上善共生"德育理念引导学生"向上""向善",不断提高追求幸福生活和实现美好梦想的能力。"上善共生"德育理念的核心是"尚善",主题是"上"与"善",途径是"共",目的是"生"。"上善共生"的覆盖范围比较广泛,涉及学生、教师、学校、家庭、社会以及地区等。"上善共生"包括学生内在和谐发展、生生共生、师师共生、师生共生和校校共生等。从本质上说,"上善共生"体现的是"真善美"的社会价值理念,能有效促进学生智力因素和非智力因素的协同发展,符合社会主义核心价值观及新时代"五育"并举全面发展的育人导向。

3.第一粒"扣子""善"的内涵

"如果第一粒扣子扣错了,剩余的扣子都会扣错,人生的扣子从一开始就要扣好。"习近平总书记朴素又生动的比喻,蕴含着丰富的人生哲理,深刻揭示了对孩子的德育教育要抓早、抓实、抓住重点、抓住关键、抓住核心的重要性。德育有自身的实现逻辑,从哲学角度及教育本质角度而言,追求"真善美"的教育真谛落脚点就是追求人的"达美""大美""大善""至善"。基于新时代全国课程改革及德育研究实践,郑州航空港区学生德育的"第一粒扣子"就是"善"。这是郑州航空港区学生在每个阶段德育内涵的"核心素养",是新课程改革中德育领域的"关键能力"与"必备品格"。作为"上善共生"德育理念的关键核心"善"与智育等完全不冲突,因为可以通过"善"追寻更好地保障孩子的"向上""尚善"五育并举全面发展。

（二）"上善"意义阐释

郑州航空港区地处中原腹地，系中华文明发源地之一。作为动词的"上"，蕴含德育实践的动态过程之意，寓意学生个体德性习得需要长期一点一滴的坚持不懈追求与践行。许慎在《说文解字》中提出，"上，高也"。"上"既是鼓励学生不断向上，也暗合郑州航空港区"航空"一词"不断发展、飞翔、向上"的物理生态含义。同时，"上"古语通假"尚"，德育的目标之一就是"尚善"。"尚善"就是崇尚善、信仰善、向往善、践行善，是以善为本，立德树人。美德、仁德和"善"是同义语，它们是人类文明的根本标志和永恒主题，是普世的价值追求和终极关怀。

古希腊哲学家苏格拉底说"美德就是知识"，这就等于说，真理就是善。苏格拉底及其后人有关"善"的思辨成为西方传统哲学的一个重要命题。众所周知，由世界几大文明孕育的最高信仰，其核心理念皆可归结为善。同时，"善"亦暗合中华传统德育的"至善"德育目标和内容（既包括"智慧港区"智力因素的发展，更包括德育对象学生非智力因素的培养）。中华传统优秀文化中历来强调"元者，善之长也"（《周易·乾·文言传》），找到德育的核心起源理念内核之"元"与"源"是我们的使命。《易经》六十四卦第一卦乾卦："元亨利贞；象曰：天行健，君子以自强不息"；坤卦："元亨利牝马之贞；象曰：地势坤，君子以厚德载物"；就是讲起源的主体是有原则性的并且非常符合地坤的柔顺。对于教育而言，培养的对象学生就是教育起源的主体。朱熹将"元亨利贞"四德解之为"理"，表现为万物从生长到成熟四个阶段，首先即是"物生为元"。找到学生生发德育之"元"与"源"是郑州航空港区教育人之使命。"元亨利贞"分别代表仁、礼、义、正。无独有偶，《国语·晋语》有云"善，德之建也"，其意义为"善，是建立德行的基础"。为此，"善者，仁也，源头也"。《大学》言："苟日新，日日新，又日新。""善"即善良、美好，培养学生的大爱之心和家国情怀。如果我们从"上善若水"角度解读也行。"上善若水"语出《老子》，"上善"一词出自《道德经》。"上善若水"，强调培养人的高尚品德、胸襟和气度，所以无论从字面上还是深层含义上都比较切合郑州航空港区德育教育的要求，只是形式上不同。"上善"教育字面上理解有柔弱之感，这是小智慧层面的理解，其实蕴含大智慧的人生道理在里面。《道德经》中的"上善"强调的是内化于身而泽被万物，而郑州航空港区的

"上善"要求向上、向善,强调有为。

　　中国社会传统文化中"善"的理念源于宇宙自然的根本法则,植根于天地之道,历史悠久,源远流长。华夏"善"根自文明伊始,就与天地相连,郑州航空港区的德育教育理当自此寻根。"善"根其本原意义有经典的表述:"文明以止,人文也。观乎天文,以察时变;观乎人文,以化成天下"(语出《易经·贲卦·彖》)。"文"即天地系统的纹理、理路,是成就万物的根本原理。人文来自天文,符合天地之根本法则,即为"善"。将"善"的道理揭示出来,照见于天下,天下就一片光明,人心就不再暗昧。人知道了善的道理,也就懂得约束行止,当行则行,当止则止。"大学之道,在明明德,在亲民,在止于至善。"一切学问,归根结底在于做人,做人就是做善良的人。"至善"是一种崇高的境界,是一种永恒的理念,没有人能达到善的终点,这实质就是说,对善的追求是没有止境的。在中华传统文化的价值理念中,最高的善是"与天地合其德,与日月合其明,与四时合其序"。"天地之大德曰生"(语出《易·系辞》),"生生之德"就是大善。天之德,"生而不有,为而不恃,长而不宰"(语出《道德经》)。这是说,生育万物而不占有它,促成万物而不挟制它,长养万物而不主宰它。这种善德是普惠于天地万物的,人及所处的生态世界的一切存在者,都因这种生命根本法则的存在而生生不息。由此可知,恶行涂炭生灵、毁坏生态;善举孕育生命、滋养万物。老子说:"上善若水,水善利万物而不争,处众人之所恶,故几于道。"这说的是,上乘的"善"就像水一样,处在人们所不屑的低下位置,不与他人争夺利益。"处下"实为"上善",因为它趋近道。老子指出为人之善道为:"既以为人,己愈有;既以与人,己愈多。"简单说,就是付出得越多,拥有得越多。道家风范——"被褐而怀玉"(语出《道德经》),展现了质朴、节俭、施与、付出的美德。

　　儒家倡导的善更是囊括了一切核心价值理念——仁、义、礼、智、信皆为善念,温、良、恭、俭、让皆为善举。儒家将善视为人生的本质意义所在,孔子说:"德行焉求福""仁义焉求吉",美德和善行自会带来善果,无须祈求鬼怪和神明,就可以把命运把握在自己手中,自有福祉来回报。这与老子所说同为一理:"天道无亲,常与善人。"孟子说:"穷则独善其身,达则兼善天下。"独善与兼善表达了修身与济世的道理。儒家食无求饱,居无求安,但内心世界丰富多彩,精神境界纯洁高尚。孔子赞扬颜回有良知，"有不善未尝不知，知之未尝复行也"。儒家笃信美德和善，并以"慎独"戒之，使之臻于完善。"正心、诚意、修身"，即是从自身做起。完善自身，要从童蒙开始，从小事做起，不以善小而不为，不以恶小而不防，防微杜渐，成性存存。立德树人，理在"长善"，"长善"第一，"救失"次之。《易传》曰："蒙以养正，圣功也。"这个蒙代表起初受教育，因为小孩刚出生还懵懵懂懂，要有养成的教育，要从小养成正确的思想观念，引导他的善心、善言、善行，扎好德行的根基，这是世间最伟大的功业。因为他成就了一个圣人，这样对家庭、社会、国家、民族的贡献就非常大。所谓"少成若天性，习惯成自然"。甚至有人认为"重视胎教可以出圣人，重视三岁以前的教育可以出贤人，重视三岁以后的教育能够出君子"。何谓"圣功"？即"不为而成"之功。正是基于这一原理，我们将"尚善"作为扣好人生第一粒扣子的逻辑起点。

（三）"共生"意义阐释

"共生"即和谐并存、合作包容、相互促生、共同发展。中华文化核心理念即为"和谐共生"。"共"则包含现代社会的公德之意，即当下学校德育应突出公德意识的培育，走出传统德育重私德轻公德的局限。与此同时，"共"还暗指学生德性的培育是生生、师生、家校等不同对象交往、互动的过程中所习得。"共"即共同，一起。"生"即生长，成长，生发。"生"既是指德育的目标对象"学生"，也是指德育的根本目的是促进学生的"生发"与"和谐发展"。《易·系辞》中讲，"天地之大德曰生"，《道德经》中老子明确提出"道生之，德蓄之，物形之，势成之""万物尊道而贵德"，即是强调道与德动态转化的深刻思想。从微观的教育意义上来讲，道德教育归根结底是德性教育，其目的是培养具有良好品性和品格的人。

早在两千多年前，先贤提出"大道之行也，天下为公，选贤与能，讲信修睦。故人不独亲其亲，不独子其子，使老有所终，壮有所用，幼有所长，矜寡孤独废疾者，皆有所养"。今日中国构建和谐社会，追求"大同""小康"，其实根本就是中国的文化传统。和谐是共生的基础，和合之道早在中华文明定型之初，就已成为先王治理天下的法宝。《尚书·舜典》记载，虞舜虽有聪明、睿智、神武之才能，却不恃强凌弱，以霸道一统天下，相反，却以和顺之德感召天下，故有"德昭天下""协和万邦"之美名永垂青史。另有《国语·郑语》记载史伯的话说:"夫和实生物,同则不继。以他平他谓之和,故能丰长而物归之;若以同裨同,尽乃弃矣。"这是讲"和而不同"的道理。习近平总书记在出访欧洲时的一次重要讲话中曾引用过《左传·昭公二十年》中晏子的一段话:"和如羹焉,水、火、醯、醢、盐、梅,以烹鱼肉,燀之以薪,宰夫和之,齐之以味,济其不及,以泄其过。君子食之,以平其心。"这些有关和合的道理,在当代尤具重要的现实意义和深远的历史意义。求同存异,理解包容,和谐并存,相互促进,共生共荣,这是当代中国提出构建人类命运共同体的思想基础。

人文社会建构需要共生理念,人与自然的关系更须以共生理念来维持。这也是中华文化传统的一个重要方面。《淮南子·主术训》有言曰:"不涸泽而渔,不焚林而猎。……獭未祭鱼,网罟不得入于水;鹰隼未挚,罗网不得张于溪谷;草木未落,斤斧不得入山林;昆虫未蛰,不得以火烧田。孕育不得杀,鷇卵不得探,鱼不长尺不得取,彘不期年不得食。"这是对《礼记·中庸》提出的"万物并育而不相害,道并行而不相悖"的具体化表述。生态失衡成为当今时代人类面临的严重危机,与急功近利求发展密切关联。破坏生态带来的残酷教训使人们再度认识到祖先遗训的终极价值和意义。建设绿水青山的美丽家园,要从共生理念的重构做起。为此,建立郑州航空港区教育领域或德育领域的和谐生态教育自当尊崇"共生"理念。

共生的思想基础是"仁爱"。孔子说:"人者仁也,亲亲为大。""亲亲"即是"亲"那亲近者。由近及远、由身体到世界、由家人到社会、由社会到自然、由爱人到爱一切生命。人与人关系的紧密性、连续性、互助性、合作性是维持社会良性秩序结构的根本基础。一个四分五裂的社会,必是从人与人之间最贴近的关系的分裂与崩溃开始的。而和谐关系的建立,正是从最亲近的人开始的。儒家所倡导的"仁爱"精神,是基于底层的社会建构,是和谐社会得以实现的根本途径。

总的来说,"上善共生"理念,源远流长,根深蒂固,不仅有着悠久的历史,还有其生长的深厚的社会文化土壤,经历了中华民族千百年实践的检验,形构了跨越遥远时空的文化存在,从而也是具有永恒价值意义的理想和信念。"善"的理念对人格完善和社会建构的意义,在任何时代都具有突出的重要性,然而也必须认识到,"善"的具体内涵随着社会文化背景和时代更迭而有差异和变化,也需要在不同时代赋予不同的正能量释义。当今时代,"善"的意义涵盖了核心价值观的全部内容,不仅可用以指宏观的、普遍的、抽象的、整体的价值理念,也指细小的、具体的、感性的、个体的实践性知识,这是在"善"即真理的意义上来认识的道理。譬如说,爱护校园和郑州航空港区的一草一木,孝敬父母,关爱弱者,等等。总之,"善"的理念渗透于教师学生等教育主体学习生活的各个细节,一言一行,一举一动,都要以"善"为准则。至于在具体情境中,当如何说话、如何做事,才符合"善"的要求,这不仅是一个认识问题,更是一个实践问题。如何做才是恰当的,在中原文化的语境里,是以"中"来表述的。每个生活于此语境的个体,都有深切的体会。其深刻的思想性和实践意义,早在《中庸》里就有透彻的阐释。理念树立起来,行为就有了规范,这就是"文明以止"这个经典名句的现代价值所在。"上善"与"共生"内在关联,互为表里。只有以"善"的理念引导言行举止,才有理解宽容、互利共生;也只有以和谐共生为终极目标,才会有对善的自觉追求和实践探索。人之为人,重在积德;育人之道,理在促生。

（四）"上善共生"理念的现实意义

立德树人,以善为本,是教育的根本宗旨;和谐共生,是构建人类命运共同体的终极关怀。上善若水,厚德载物;善,德之建也。为善不同,同归于美。各美其美,美美与共,此乃大美。由此来说,"上善共生"理念具有重要的现实意义和深远的历史意义。具体到郑州航空港区德育建设来说,其必要性、现实性和可行性可从以下方面来认识:一是促进个体全面发展,二是推动郑州航空港区精神文明建设,三是建设美丽家园。

从个体发展来说,教育不仅仅是让人学会从事专业化劳作的具体知识和能力,而是要培养完整的人。孔子的经典名句"君子不器""君子务本,本立而道生"告诉人们,安身立命之本,在于人内心世界丰富性的增长和人的本质的全面展开,在于人性的完善和人格的提升。人之为人所需要的一切,都要依循"善"的理念,在教育所营造的合适的生境中得以全面地健康发展。善的理念涵盖了人生在世的一切方面。读书做学问,要懂得"为学日益,为道日损"（老子《道德经》语）。为人处世，要做到"见善如不及，见不善如探汤"（孔子《论语》语）。总之，学习、生活、交往一切方面，言行举止、为人处世的一切细节，都要有"善"的追求，以"善"为准则，依"善"而行，向"善"而动。"善"的本质，内在地包含着完美、恰当、合适、优异、全面、丰富，具有促进个体全面发展的正向能。孟子所说的"独善其身"，就是自身的完善，完善意味着方方面面、里里外外、彻头彻尾地臻于完美。心中有善念，邪恶就难以滋长。

对郑州航空港区精神文明建设来说，"上善共生"理念具有引领社会、改造社会的现实功能。郑州航空港区发展如火如荼，日新月异。人们在物质上迅速富裕起来的同时，精神文明建设相对滞后。改造社会，构建文明和谐社会，不是一朝一夕之功，需要积极的、充满活力的正向能，更需要一代又一代人坚持不懈的努力，这是一个长期的文化工程。这个工程的基础文化建构，就在于善的教育。孔子曾以"内修七教，外行三至"的经典表述，来阐释古代明王治理天下的道理。何为七教？孔子说："上敬老则下益孝，上尊齿则下益悌，上乐施则下益宽，上亲贤则下择友，上好德则下不隐，上恶贪则下耻争，上廉让则下耻节，此之谓七教。七教者，治民之本也。政教定，则本正也。凡上者，民之表也，表正则何物不正？是故人君先立仁于己，然后大夫忠而士信，民敦俗璞，男悫而女贞。六者，教之致也，布诸天下四方而不窕，纳诸寻常之室而不塞，等之以礼，立之以义，行之以顺，则民之弃恶，如汤之灌雪焉。"当教化之功弥漫渗透于天下四方，纳之于寻常百姓之家，就如拿开水浇灌冰雪一样即刻冰消雪融。这是比喻"教化"之功，不言自明，不为而成。郑州航空港区人文社会一切方面的建树，都向善而立，会产生人所意想不到的集成效应，精神文明之风一旦兴起，歪风邪气就没有存身的余地。对刚向现代社会急速转型的郑州航空港区来说，改造社会最积极、最活跃、最富有生长力的因素，来自新生的一代人，他们正处在一个新的起始点上。学校教育不是文化孤岛，学校与社会有着千丝万缕的复杂联系。占领精神文明的高地，引领郑州航空港区精神文明建设，学校教育义不容辞。其必要性、现实性、可能性和有效途径，皆体现在"上善共生"理念的确立和践行上。

建设美丽家园是当代中国社会发展的主旋律和时代强音。美丽家园可从两个维度来认识。一指精神家园。精神的家园就是内心世界,是人不断回归的地方。"此心安处是吾乡"。安心之处,必得美丽,才能使人难以忘怀,才有不断的回归。龌龊的心灵无以安顿灵魂。二指外部空间。《诗》曰:"缗蛮黄鸟,止于丘隅""邦畿千里,惟民所止。"这是说,安身之处即是生境。明朗的天空,清流的河水,纯净的空气,鸟语花香的田园,是安身的理想居处。可以想象,缺失了善念,没有了善行,无论内心还是外部世界,都只能是恶浊的地狱。美的本质特征是和谐,而和谐就是善。与人为善者,心灵是美丽的;人人相爱的社会,是美好的社会;关爱生命,才能维持美丽的生态。个体身心和谐统一,才能与人和谐相处,人与人之间和谐,才有和谐社会,社会和谐,才有民族国家的和谐,进而才有世界的和平,人类和谐相处,才能停止对有限自然资源的掠夺和对生态环境的破坏,从而才有人与自然的和谐。所以说,美丽家园是由美的心灵和美的行为构建起来的。郑州航空港区是通向世界的窗口,不仅要在城市建设和生态环境上营造美丽家园的形象,更要以人心之美、语言之美、行为之美与之交相辉映。这是唯有"上善共生"理念的践行方能实现的愿景。没有善的信念就没有追求善的自觉行为。《易·坤·文言》曰:"积善之家必有余庆,积不善之家必有余殃。"善言善行,必有善果报应;美丽家园,必是积善之功。

二、"上善共生"理念框架

(一)指导思想

以习近平新时代中国特色社会主义思想为指导,坚持社会主义核心价值体系为根本,将"上善共生"作为郑州航空港区德育理念,把"善"作为学生人生成长的第一粒扣子,通过开发德育校本课、活动实施、评价激励等策略,扣好"善"这人生第一粒扣子,夯实青少年爱党、爱国、爱人民的思想感情,培育敢作敢为的创新意识和责任担当意识,树立正确的世界观、人生观和价值观,养成良好的道德修养和健全的人格,培育学生具有世界视野的"中国心"。做有大爱大德大情怀的港区人,为社会主义建设服务。

(二)德育目标

1.总体目标

落实"立德树人"的根本任务,以"上善共生"核心理念为德育工作的基本原则,将扣好人生第一粒"善"的扣子作为航空港区学校德育工作总体目标,通过德育课程开发、德育活动实施、德育工作评价等方面发挥学校内生动力,让"上善共生"德育理念真正落实并指导航空港区学校德育工作,引领学生形成积极健康的人格和良好心理品质,促进学生核心素养提升和全面发展,为学生今后成长奠定坚实的思想基础。

2.学段体系目标

在德育目标内涵的引领下,制订不同学段的德育工作目标。具体见表5-2。

幼儿园阶段目标。幼儿园德育应以情感教育和培养良好行为习惯为主,注重潜移默化的影响,并贯穿于幼儿生活以及各项活动中。以善待自我为核心,以基本的生活技能为目标。爱心:爱父母长辈、老师和同伴,知善行善,爱集体、爱家乡、爱祖国;交往:培养群体生活基本语言规则,具有文明用语的基本习惯,乐意与人交往,能与同伴协商解决冲突,能与同伴友好相处、合作和分享,有同情心;自我意识:保持有规律的个人生活,养成良好的作息、饮食、卫生习惯,掌握初步的自我安全常识,具备基本的自我保护能力,能根据自己的兴趣、想法游戏或活动,理解并遵守日常生活中基本的社会行为规则;自主自信:掌握生活自理的基本方法,具备基本的生活自理能力,能主动地参加各项活动,有自信心,能努力做好力所能及的事,不怕困难,有初步的责任感;探索:自己的事情自己做,不会的愿意学;创新:爱劳动、爱科学、爱动手动脑,喜欢探究,好学好问。

小学阶段目标。小学自低段到高段,以善待自我、善待他人为分段实施目标,通过课程设计与实施,让学生在集体学习、游戏活动、社会实践活动等日常的教育教学活动中,懂得为人做事的基本规则和规范,养成良好的生活习惯和文明行为习惯。在自我教育中,学会学习,学会独立,能创新,有担当,引导学生向善行善。从我与他人的关系视角认识良好文明行为背后所蕴含的道德规范的内在意义,使学生在"善"的引领下,形成道德自觉。

初中阶段目标。以善待社会为核心,以形成社会规范意识为重点,让学生通过道德对话活动,内化一系列习惯背后的道德价值,培养良好的公民意识。初中学生的行为习惯培养仍然是重点,但应侧重引导学生内化道德价值,理解外在行为背后所蕴含的社会道德价值理念。要引导学生在正确处理与自我、与他人的关系基础上,学会处理个人与家庭的关系、个人与集体的关系、个人与国家的关系、个人与社会的关系,懂得如何尚善行善。主动参与社会活动,适应社会发展变化,成为良好的社会公民。本阶段的重心是让学生养成社会规范意识等。

高中阶段目标。以善待自然为核心,以形成正确世界观、人生观、价值观为重点。高中学生道德思维能力渐趋达到成熟水平,抽象概括能力、辩证思维能力得到良好发展,思想活动具有独立性、选择性、可塑性等特点。学校德育的重要任务是引导学生形成道德行为的观念体系和规则,逐渐形成自己的世界观、人生观和价值观。培养高中生尚善行善,从善待个人、家庭、同学、老师、他人到善待社区再到善待国家,最后到善待人类社会、善待自然(宇宙),并让学生萌发人与自然和谐共处、和谐共生理念等。

表 5-2　郑州航空港区德育核心概念"善"内涵外延目标表

学段	德育核心概念"善"内涵	实施外延	实作参考
幼儿园阶段	知善行善:以善待自我为核心,以基本的生活技能为重点	保持有规律的个人生活,养成良好的作息、饮食、卫生习惯;掌握生活自理的基本方法,具备基本的生活自理能力;掌握初步的自我安全常识,具备基本的自我保护能力;呵护孩子,知善行善,掌握群体生活基本语言规则,具有文明用语的基本习惯;能与同伴协商解决冲突,能与同伴友好相处等	
小学低段	知善行善:以善待自我为核心,以基本行为习惯为重点	学生从熟悉的家庭生活走向正规的校园生活。因此,德育的任务是帮助学生知善行善,建立适应学校生活的规则系统。如在集体学习、游戏活动等日常生活中学会遵守规则,懂得基本规范,养成基本的文明行为习惯,初步了解基本的为人做事的道理等	

（续表）

学段	德育核心概念"善"内涵	实施外延	实作参考
小学高段	尚善行善：以善待他人为核心，以养成良好行为习惯为重点	以学生行为习惯培养为主，引导学生养成良好的生活和行为习惯。与低年级区别在于，高年级在加强学生习惯养成的同时，重点在于培养学生的规范意识。中高年级学生开始有自己独立想法，故要培养学生的独立性、自控能力，引导学生尚善行善，从我与他人的关系视角认识良好文明行为习惯背后所蕴含的道德规范的内在意义，使学生形成在道德规范引领下的道德自觉	
初中阶段	尚善行善：以善待社会为核心，以形成社会规范意识为重点	初中学生处于心理发展及品德发展动荡期，体现出成熟性与幼稚性、独立性与依赖性、自觉性与盲目性并存的状态，且道德思维能力、抽象概括能力和辩证思维能力得到较好发展。因此，重点是将学生的道德习惯与道德理解能力相结合，让学生通过道德对话内化一系列习惯背后的道德价值。因此，初中学生的行为习惯培养仍然是重点，但应侧重引导学生内化道德价值，理解外在行为背后所内含的社会道德价值理念。要引导学生在学会正确处理与自我、与他人的关系基础上，学会处理个人与国家、与社会的关系，懂得如何尚善行善。主动参与社会活动、适应社会发展变化，成为良好社会公民。因此，本阶段的重心是让学生养成社会规范意识等	
高中	尚善行善：以善待自然为核心，以形成正确世界观、人生观、价值观为重点	高中学生道德思维能力逐渐达到成熟水平，抽象概括能力、辩证思维能力得到良好发展，思想活动具有独立性、选择性、可塑性等特点。学校德育的重要任务是引导学生形成道德行为的观念体系和规则，逐渐形成自己的世界观、人生观和价值观。培养高中生尚善行善，从善待个人、家庭、同学、老师、他人到善待社区再到善待国家，最后到善待人类社会、善待自然（宇宙），并让学生萌发人与自然的和谐共处、和谐共生理念等	

表 5-3　郑州航空港区中小学(幼儿园)"上善共生"德育理念培养目标体系

价值准则	总目标	二级目标	三级目标	分层目标体系 (各学校幼儿园自主开发完善相关目标体系内容)				
				幼儿园	小学低段	小学高段	初中	高中
友善	培育新时代知善尚善行善全面发展的学生,成就孩子幸福人生	善待自我	身体					
			自尊					
			创新					
		善待他人	家人					
			朋友					
			弱者					
		善待社会	集体					
			学校					
			国家					
		善待自然	生命					
			环境					
			世界					

（三）工作措施

1.建立德育理念目标体系,回归青少年、幼儿真实生活

根据青少年、幼儿特点,要以"上善共生"理念为引领,体现"目标制定分层次,由近及远,由低到高;目标表述不求全面,要可感知;根据儿童心理需求,回归真实生活"的德育目标的可实现性,根据本校区域特点,选路径,定重点,回归青少年、幼儿话语体系和真实生活,创新活动序列,形成学校德育体系。每个阶段内容只是有所侧重,各版块内容有机统一,不可分离。

2."三课"并举,建设德育理念教育课程

围绕国家德育目标及郑州航空港区"上善共生"德育理念,"三课"并举,建设德育理念教育课程。一是开发直接的德育理念教育课程。要在品德与政治课、班团队活动课等思想教育课程,升旗仪式、重大节日纪念日等主题教育课,在清洁卫生、文明用餐、排队集合、安静入寝等学生日常生活中直接进行德育理念规范宣讲。二是在学科教学中充分落实学科思想的德育功能。要挖掘社会学科、自然学科和体育艺术课程中固有的爱国主义、科学精神、唯物主义教育内涵,潜移默化地进行价值观教育。每位教师都要树立"人人都是德育工作者"理

念,熟悉、记住每种价值准则教育的阶段要求,在每堂课中渗透;要发挥教师示范与榜样作用,带动学生践行"上善共生"德育理念价值准则。三是重视学校文化建设中的隐性价值教育课程,增强每位教师的责任与认知,通过师生交往的形式、学校制度、主题教育活动、教学组织形式、校园文化建设等途径,对教育对象发挥实际的"上善共生"理念影响。

3.逐步构建三级德育研修网络

为更好推进并保障航空港区德育工作,将"上善共生"德育理念研究及实践引向深入,区教研室成立具体的德育工作领导小组,并逐步探索构建完善三级德育研修网络。区级层面:成立德育研究中心,由区教研室负责管理。局直学校(中心校):成立德育教研中心组,由分管德育副校长(德育主任)任组长,组成2—4人的德育教研团队,开展德育教研工作。通过构建航空港区三级德育研修网络,盘活、改变以前学校德育建设的行政管理套路,着重德育工作的实效性研究,进一步促进航空港区德育研究实践水平上台阶。

4.逐步推进"上善共生""九个一"德育工程

各中心校及每所学校(幼儿园)围绕社会主义核心价值观与"上善共生"德育理念完成"一生评比、一剧展示、一师选拔、一课比赛、一例征集、一文评选、一专项课题立项、一把手(书记校长)抓德育、一特色或亮点学校奖励"九项德育专项工作。即一生(道德实践风尚人物暨美德少年)评比,一剧(德育舞台剧,即学生"课本剧"、班级"舞台剧"才艺表演)展示,一师(德育名师并授牌德育名师工作室)选拔;一课(学科德育精品课程或精品班队会)比赛,一例(德育经典小故事或典型案例)征集,一文(德育研究论文)评选,一专项课题(鼓励亦要求每个学校向中心校、局直学校、区教研室及市级以上层次至少申报一项德育专项课题)立项,一把手(推行校长德育工作述职制度)抓德育工作述职等,一特色或亮点学校(结合学校德育工作实际创建某个专项奖:家庭教育示范校、心理健康教育示范校、行为规范示范校、研学旅行示范校、生涯规划教育示范校、社团活动示范校及德育综合工作示范校等)奖励。

5.重在实践,建设德育理念教育模式

要立足当前学校德育工作、德育理念价值准则教育开展的难题,从德育内容、德育目标、德育方式、德育效果等方面进行破题,建立适合学生特点、体现学校特色的"上善共生"德育理论理念、实施策略及价值观教育模式。针对德育目标太空泛的问题,要力争把德育目标要求具体化与可感知,突出真实性;针对德育内容太广泛的问题,要突出重点,坚持"上善共生",切实抓好基础道德教育、价值准则教育;要口语化,重理解,针对德育方式重灌输不太适合学生的问题,要力争德育路径多样化,方式要重体验,重实践;让学生走进真实的德育教育情境,针对德育效果难以评价、学生知行不统一的问题,要尽力做到看效果、多角度、多样化,确保学生行为表现能够得到切实的、可观察、可评价的道德学习成果,各学校(幼儿园)逐步构建易于观测、富有操作性的科学评价机制和评价模式。

6.培育典型学校

各学校(幼儿园)要坚持以点带面,抓示范、树典型,推动社会主义核心价值观及"上善共生"德育理念在学校的广泛持续开展,充分发挥典型学校的主力军作用,引领、推动、示范、带动全区中小学掀起开展社会主义核心价值观及"上善共生"德育理念教育的高潮。区教研室根据学校德育工作绩效择机培育并重点支持德育工作优质学校的发展。各个学校及幼儿园都要精心制订年度工作计划,明确德育内容和组织方式。通过学校内生发展、精心指导和重点培育,由点到面,推动航空港区德育教育广泛深入持久开展。

(四)保障机制

(1)加强组织领导。在郑州航空港区德育工作领导小组统筹领导下,充分发挥航空港区三级德育研修网络功能。各学校幼儿园一把手负责统筹协调工作,牵头制订所在单位开展社会主义核心价值观及"上善共生"德育理念教育的工作方案,分层要求,分类指导。要建立起"书记校长(园长)总抓、分管领导具体抓、各学科组联动、全体师生参与"的工作格局,有目的、有组织、有计划地开展德育工作。

(2)加强条件保障。各学校幼儿园要进一步改善学校德育工作条件,将"上善共生"理念落实工作有机融入学校各项工作,将德育工作经费纳入年度经费预算,完善优化教育手段,提供德育工作必需的场所、设施,购置必备的参考书、报纸杂志,配齐相应的教学设备。

(3)加强队伍建设。各学校幼儿园要重视德育队伍人员培养选拔,优化德育队伍结构,建立激励和保障机制,调动工作积极性和创造性。要有计划地选拔培训在落实"上善共生"德育理念具体工作中涌现出来的优秀德育干部、班主任、各科教师和少先队辅导员、中学团干部、少先队大队干部。

(4)广泛发动力量。学校(幼儿园)党政、工会、德育处(学生处)、共青团、少先队、家委会等群众组织要发挥各自优势,积极、主动、创造性地开展工作,尤其是德育处(学生处)等要立足本职,积极宣传、广泛发动,搭建舞台,使广大师生乐于参与、便与参与、积极参与到学习实践社会主义核心价值观及"上善共生"德育理念活动中来,在活动中受到教育,得到成长。

(5)强化考核督评。区教研室要把活动开展成效纳入对各中小学(幼儿园)目标督导考核的内容,并作为领导班子工作评价的标准之一。在各学校幼儿园落实发展"上善共生"德育理念工作基础上择机聘请第三方评价机构建立郑州航空港区德育工作评价体系并开展专项督导评价。同时各学校要认真开展学生的品德评价,纳入综合素质评价体系,建立学生综合素质档案,做好学生成长记录,反映学生成长实际状况。区教研室将聘请第三方教育智库单位专家经常深入基层、深入学校指导工作,检查工作开展情况,对开展情况不好的学校要加强督导。

(6)加强德育研究。航空港区三级德育研修网络及各学校幼儿园要结合所在单位实际及实践成果,组织开展"上善共生"德育工作及相关理念的深入研究,探索新时期航空港区德育工作特点和规律,学习借鉴区内外先进经验和做法,增强德育工作的科学性、系统性和实效性,探究建立更好的德育工作体制机制。

(7)坚持统筹兼顾。在制度安排上,要建立"上善共生"德育理念教育与"我的中国梦"教育、理想信念培育、思想政治教育、教育教学中心工作、网络文化建设有机融合的长效机制。在工作布局上,要统筹协调德育活动安排,加强上下互动、家校联动。在活动设计上,要运用打"组合拳""总体仗"的方式,精心策划富有教育意义、学生喜闻乐见的德育教育活动。

（8）加强成果宣传。各学校（幼儿园）要积极创新德育工作的途径和方法，定期总结交流宣传实践及研究成果，通过"上善共生"理念宣讲、各层面的德育专题论坛及每年一次全区的"上善共生"德育理念引领下的"相关德育主题"工作全区大会，表彰德育工作先进单位及个人，助推德育工作整体"提成效、上台阶、亮形象、出品牌"。各学校要加强对德育教育工作开展情况相关信息的收集和报送，并确定专人负责，每月将开展情况以电子邮件方式报教研室。同时要加强与新闻媒体的沟通，及时将德育教育取得的进展进行宣传报道，发挥街道社区及村委会等社会力量合力，扩大影响力。

（五）实施建议

基层学校德育工作千姿百态，德育工作是系统的育人工程，需要全区上下不断总结、凝练与提升。郑州航空港区德育理念"上善共生"及德育理念核心"扣好人生第一粒'善'的扣子"的内涵不是要束缚各自学校的特色，而是希望各学校按照教育规律及德育理念在遵照党与国家教育方针基础上，在常规德育基础上各美其美、美美与共。教育即德育，德育即教育。每个教育工作者，应该紧扣"上善共生"理念建构"大德育观"与"实践德育观"，"立德树人，做有道德的教育"，"做有温度的德育"，"做有未来的教育"，"幸福的教育人成就实验区教育的幸福教育"，为建构郑州航空港区良好的德育教育生态而努力。求美之人必友善，友善之人必有德。德育无小事。大家应该在具体工作中做到人人德育、事事德育、时时德育、处处德育。让教育的陪伴之路有赏识的芬芳，同时也让赏识芳香伴随师生和学校的成长。

各个学校及相关单位可以在社会主义核心价值观的引领下，联系实验区及学校实际，发挥学校主观能动性，进一步将"上善共生"德育理念及"第一粒扣子"——"善"的解读丰富完善并实践。践行"上善共生"理念，将"善"作为一种习惯，善中见爱，善中见情，善中见成长，让学生在"善"的习惯路径中不断向上生长。各学校应该结合自己实际完善自己的校园文化、开发自己的校本德育课程和开展相关德育活动。学生价值观的最终形成，这颗"善"的价值内核及教育目标的实现绝非一日之功，需要全体教育人共同扣好"善"这粒扣子，需要各学校及广大师生家长和社会等教育主体在日常点滴中内化于心，才能外化于行，其间不仅需要反复的实践,还需要家庭、学校、社会的共同监督和教育引导。

　　各学校及幼儿园要做到课程育人重"融入",文化育人重"熏陶",活动育人重"导向",实践育人重"体验",管理育人重"规范",协同育人重"联动"。要加强组织领导,进一步结合"上善共生"德育理念完善中小学幼儿园德育工作长效机制。始终将中小学幼儿园德育工作摆在落实立德树人任务的首要位置,对标《中国教育现代化 2035》明确强调的"更加注重以德为先"的首要理念,抓好德育实效、制度建设、队伍提升、条件保障以及督导考评等系列德育工作。

第六章　统筹城乡区域德育一体化的模式探索

第一节　区域德育框架设计

以河南省郑州航空港区为例,该区在"上善共生"理念引领下,努力探索区域德育一体化,具体工作框架模式如下。

一、找准切入点,树根立魂,重构德育新模式

在郑州航空港区党工委、管委会领导下,为了打开实验区教育快速发展的新通道,落实立德树人的根本任务,进一步提升郑州航空港区德育工作水平,从2018年春季开始,我们以"总结、凝练、提升、走向卓越"为工作思路,开启了实验区德育工作研讨活动。

2019年5月,在《中小学德育》《德育报》等德育专业媒体的推动下,在教育专家的引领下,"上善共生"成为郑州航空港区德育的新理念。同年,郑州航空港区举办了首届"上善共生"区域德育品牌建设论坛暨德育成果发布会,共同探讨德育体系模式构建,总结德育成果,将全区德育工作向前推进了一大步。

二、建好支撑点,培根固本,丰富德育新内涵

按照"上善共生"的德育理念,郑州航空港区以"三课"并举为抓手,让"1146"德育模式成为德育工作培根固本的关键支撑点。

首先,深挖"上善共生"德育理念。通过不断研究讨论和实施推进,郑州航空港区"上善共生"德育理念越发清晰:"上"为向上、前进、超越,乃至创新、创造之意;"善"为向善、善良、美好,甚而至善、至境之意;"共"是途径,在人与人、人与事物、人与环境的共同作用中产生道德认知和道德体验;"生"是目的,在"上"

"善"的碰撞与融合中生发出人的关键能力和必备品格。

其次,提炼"1146"德育模式。"1146"德育模式是指一个核心理念、一个目标、四个维度、六大途径。具体来说,以"上善共生"为德育理念,以"扣好人生第一粒'善'的扣子"为育人目标,从善待自我、善待他人、善待自然、善待社会四个维度建构课程,通过课程育人、文化育人、活动育人、实践育人、管理育人和协同育人六大途径整体推进德育实践。

根据"1146"德育模式,郑州航空港区出台了全区德育工作指导意见,要求各学校(幼儿园)都要完成"九个一"德育措施。随着工作的逐步深入,学校教育教学质量、师生精神面貌都发生了令人欣喜的变化,德育在学校教育中的动力、保障和导向作用越来越明显。

再次,聚焦"三课并举"德育课程。通过在全区实行"学科融合德育课程、学校德育校本课程、校外文化德育课程"三课并举,全区各校结合发展实际,充分挖掘各类资源,构建出具有本校特色的德育课程体系,航南幼儿园"悦请品格"德育课程、实验小学"润心"系列课程、遵大路小学"遇见正德好少年"德育课程、铁李小学"水韵教育"课程等让人眼前一亮的校本课程纷纷涌现。为了更好地挖掘区域文化隐形价值课程,我们将德育资源整合起来,组织了"礼赞航空港——做新时代好少年"等系列丰富多彩的研学活动,融学科教育、德育和实践教育为一体,得到了学生和家长的一致好评。

最后,通过"德育课题"引领发展。为确保活动开展扎实有效,郑州航空港区成立了"新文明家风"培育课题组,全区各学校均为课题实验校,教师围绕培育"新文明家风"的六大要素,从评比的背景、问题、内容、推进方式、社会价值等方面进行研究。2019年,郑州航空港区自主申报的"新时代区域德育一体化工作体系构建研究"顺利通过河南省基础教育重点课题立项,进一步提振了郑州航空港区开展德育一体化工作的热情和信心。

三、狠抓着力点,以点带面,取得阶段新成效

习近平总书记曾经讲过:"家庭是社会的基本细胞,是人生的第一所学校。不论时代发生多大变化,不论生活格局发生多大变化,我们都要重视家庭建设,

注重家庭、注重家教、注重家风。"习近平总书记的讲话使我们深刻地认识到,家庭作为激发区域文明"最细小的毛细血管",更是打通合力育人的"最后一公里",家庭教育是学校德育的起点和基础,是一个孩子成长的背景和底色。

经过反复研究和讨论,郑州航空港区以"培育新文明家风、建设新文明家庭"为着力点,开展了"新文明家庭"创建活动,通过"三步走"的推进方式,让目标同向、施教同心、成果同享。

第一步,充分调研,确立实施起点。为做好家校共育,郑州航空港区开展了大量的调研,编制了幼儿园、小学和中学家长家庭教育调研问卷,分别从家庭情况、环境建设、家风建构、家庭会议、书香家庭等 11 个维度,对全区家长开展了问卷调查,回收有效问卷 35 000 余份,覆盖了全区 98.6% 的家庭。根据调查问卷中发现的问题,明确了重点方向,确定了实施起点,为郑州航空港区更好地开展下一步工作打下了坚实基础。

第二步,试点先行,形成示范效应。2019 年,郑州航空港区召开了以"涵养优良家风,培育文明家庭"为主题的德育工作动员会,选择了区内五所学校作为试点,通过广泛的宣传动员,营造了良好的社会风气和育人环境,试点学校的家校共育工作成效明显。在此基础上,通过经验总结,从行动中提炼关键因素,形成了可复制推广的工作经验。

第三步,全区行动,取得阶段新成效。2019 年 12 月,郑州航空港区印发了《郑州航空港经济综合实验区培育"新文明家风"及建设"新文明家庭"实施方案》,在全区范围内开展了一系列"新文明家风"培育、"新文明家庭"创建评比活动,逐步构建出"学校、家庭、社会"三位一体化的协同育人德育工作体系。

"新文明家风"培育活动以"为党育人、为国育才"的价值追求为导向,以"六项内容一项评价"为抓手,以"大手牵小手、文明一起走"为行动策略,以"我思故我在"为活动的内生动力,让学生站在活动的中央,积极营造向上向善的新文明家风,涵养家庭教育的"肥水沃土"。

四、壮大增长点,梳理成果,共创教育新生态

社会在发展,时代在进步,家庭教育也要与时俱进。我们必须结合时代发

展,实现创造性转化和创新性发展。2021年寒假期间,郑州航空港区邀请了国内家庭教育专家给全区家长带来了为期七天的"新文明家庭专题课堂",共有八万多人次参与培训,家长和社会反响热烈。

通过七个角度的梳理,郑州航空港区明晰了新文明家庭的"七大要素":

一是优良的家庭环境。一个干净整洁、和谐有序的家庭环境,可以让孩子有稳定、健康的情绪,有利于其身心健康成长。

二是共同的家务劳动。劳动是成长的第一课,孩子和家长共同参加家务劳动,有利于亲子互动,有利于孩子养成热爱劳动的好习惯。

三是求知的家庭氛围。如果想让孩子认真学习,家长理应热爱学习,创造一个爱学习、求上进的家庭气氛。

四是良好的家风家训。在家风建设中,父母要构建和谐亲密的家庭关系,帮助孩子加强自身修养等,从而为青少年正确价值观的树立营造良好氛围。

五是固定的家庭会议。家庭会议是促进家庭成员之间相互沟通、增进了解、加深亲情的重要载体,也是家庭正能量的发源地。

六是科学的教育方式。父母要不断加强自身思想道德修养,掌握和运用科学的方法和艺术,将言传和身教有机地结合起来,为孩子树立正面榜样。

七是良好的社区评价。做到邻里和睦,热心公益的家庭在社区里自然会赢得良好的口碑。

郑州航空港区德育面貌改变主要有如下几点:

一是家长得到新改变。原来对孩子教育放任的家庭正在越来越多、越来越主动地参与到孩子的成长中,用陪伴代替监督,使共同成长成为共识。更多家长愿意配合老师和学校的工作,承担起了教育主体责任。注重自身文化修养,也成为家长的自我意识,从小家到大家,全区公民素养得到显著提升。

二是学生得到新成长。孩子们潜移默化中发生了改变。越来越多的孩子在活动过程中学会了体谅父母,更懂得感恩、敢于承担责任。很多家长反映,自从参加了"新文明家风"培育活动之后,孩子明显变得懂事多了,在生活中敢于担当,乐于探索,逐步成长为有勇气、敢开拓、有家国情怀的上善少年。

三是家庭教育进入新阶段。传统的学校家委会、家长课堂、课堂开放日、家访等形式,是片面的、单一的、少数家长参与的活动,更多的是停留在解决问题的层面上。此次专题课堂,我们利用互联网,让"新文明家风培育"的七个要素落地生根,师生、家长全员参与,全区家庭教育进入了新阶段。

四是德育工作形成新格局。在"上善共生"理念的影响下,通过专项定制课程和系列活动,"新文明家风"走进家庭,走向社会。在家、校、社的通力协作下,航空港区已逐步构建出方向正确、内容完善、学段衔接、载体丰富,具有区域特色的德育一体化工作体系,有力地促进德育工作专业化、规范化、实效化,形成了全面育人的德育工作格局。

德育工作一体化是一个新课题。在项目实施过程中,郑州航空港区也发现了很多问题和不足。在后续的工作推进中,我们会牢记"为党育人、为国育才"的初心,把"社会联动、协同育人"继续作为工作的重点,动员更多的社会力量投入到行动中来,让郑州航空港区在协同育人教育中渠道更丰富、平台更宽广。同时,我们也会加强和高校之间的联系,以课题研究的形式,进一步凝练"培育新文明家风,建设新文明家庭"的理念、目标、方法、机制,从经验中凝练范式,逐步形成可以更大面积复制和推广的德育工作新成果。

第二节　区域德育探索案例

习近平总书记说,每个时代都有每个时代的精神和价值观念。国无德不兴,人无德不立。社会主义核心价值观需要每一个人内化于心,外化于行。

然而当下看到的一些社会热点新闻,让我们教育人不得不思考:为什么?该如何做?如何立德?如何树人?如何践行社会主义核心价值观?

缘起:

下面,我们一起先来看 3 个案例。

2018 年 7 月,33 岁的常某在路上遇到自己初二时的班主任张老师,想起张老师曾经对自己严厉体罚的情景,心生恼怒,随即上前殴打自己的老师;

2019 年 1 月,高三学生王某因班主任没有答应给其调换宿舍,从教学楼 5 楼跳楼身亡。事前,该生的学习成绩是全班第 2 名、全年级第 24 名;

"石家庄栾城五中校园霸凌暴力事件"的视频在网络上传播。视频中 3 个女生对一个女生拳打脚踢,甚至胁迫受害者下跪。

从这些痛心的真实案例中,我们看到了人性的扭曲和道德教育的缺失。这是一个深刻的社会教育问题,教训深刻,令人反思。

改革开放 40 多年来,中国取得的显著成就让世界刮目,学校教育从未像现在在国家的层面提出"立德树人"是教育的根本任务。习近平总书记在多个场合提出帮助青少年系好人生"第一粒扣子",召开全国思政课教师座谈会。这不能不让我们教育工作者去思考:一个大国的领导人关注到教育的具体问题,说明学校教育中德育的虚化和社会对教育的功利性倾向严重偏离新时代社会主义的办学方向,警醒我们,"立德树人"必须认真抓,抓实抓细抓小。作为一个区域,怎样落实"立德树人"的根本任务?

下面从四个方面呈现"立德树人,上善共生"理念下的"1146"德育工作模式的郑州航空港区班级德育实践与探索微案例。

一、为何聚焦"第一粒扣子"

高定位:2013 年,郑州航空港经济综合实验区由国务院批准为航空经济先行区,为郑州—卢森堡"空中丝绸之路"国家中心城市,承担着引领区域发展的时代使命,计划用 3 到 5 年,在创新能力提升、产业转型升级、提升国际化水平等方面,一举成为国际航空物流中心、以航空经济为引领的现代产业基地、内陆地区对外开放重要门户、现代航空都市、中原经济区核心增长极。所有这些定位与目标,都离不开人才的聚集和引领,离不开教育的投入与产出。

但是现实呢?

村民一下子难以转变成市民。

在国家航空港经济综合实验区建设政策的支持下,政府投入成百亿元的资金,对村庄房屋进行拆迁、建设道路、绿化美化环境。一夜之间,旧屋已去,人还安在,拆掉的是落后的村庄院落,拆不走的是这里的村民。他们依然是小农经济,文化素养偏低,"新屋住旧人",城市现代化与市民文明素养形成严重落差。拆迁补偿的小富即安让村民对子女的教育更多的是随性而为。

村小学一下子难以转变成优质学校。

区域学校教育的落后。在 415 平方千米的区域上,有近 70 所小学、10 所中学和 50 多所幼儿园,但是只有 9 所小学、4 所中学、8 所幼儿园是拆迁后新建的高标准校园,其余都是农村学校,一多半在未来 3 至 5 年内还将存在。这些学校无论是办学理念或新课程改革,都相对落后,与核心区学校间差异较大。郑州航空港区成立 3 年,陆续有 1 800 多名招聘的青年教师激情融入,焕发了前所未有的教育生机,但经验与经历缺乏,让教师在摸索中成长。

在教育发展与城市发展落差较大的情况下,2014 年我们就提出:"校园美丽、特色洋溢、学生快乐、教师幸福、社会满意"是港区教育发展的愿景,推进"幼儿园教育上等级、小学教育创特色、中学教育办优质"学校发展目标。五年来,航空港区教育实现"脱下旧衣换新装""内涵发展促成长"的良好势头。

在这样的发展形势下,要认真总结五年来的教育工作,特别是学校德育工作思想、方法、成效,用相同的理念提升航空港区的德育工作水平,让立德树人落到实处。好的思想、好的方法在学校,从学校中来,能否找到我们的德育共同的东西?

"总结、梳理、凝练、提升"成为航空港区学校德育工作的重要任务,通过第三方教育智库专家团队的帮助,历时近一年提炼出了"上善共生"的德育理念,并召开港区交流会,确立其内涵意义。

二、叩问:何为人生"第一粒扣子"

通过专家指导,郑州航空港区全体教职工通过"实践—理论—实践"的反复论证,我们一致认为:"善"就是决定学生价值取向的"第一粒扣子"。因为善是人之本、爱之根、德之基、行之规,具有非常宝贵的精神价值。循着"善"的路径不断向上,善中见情怀,善中见品质,善中见智慧,从而实现"上善共生"的美好境界。

何为"上善共生"?

"上",有向上、前进、超越,乃至创新、创造之意;

"善",有向善、善良、美好,甚而至善、至境之意;

"共"是途径,在人与人、人与事物、人与环境的共同作用中产生道德认知和道德体验;

"生"是目的,在"上""善"的碰撞与融合中生发出人的关键能力和必备品格。

因此,"上善共生"具有一种精神力量,引导学生向上、向前不断突破自我;具有一种方向,引领学生向善、向美不断追求至高境界;具有一种生命力,在学生人生成长历程中,潜移默化地影响学生与他人、与社会乃至与自然共生,进而达到个体生命的理想状态。

基于以上思考,我们找到了德育工作着力点,明确了"立德树人,上善共生"的德育理念,并着手在区域层面构建"146"德育工作体系。

"上善共生"德育理念的基本内涵:"一个核心""四个维度""六大途径"。即以"上善共生"为核心,从"善待自我""善待他人""善待自然""善待社会"四个维度建构课程,通过"课程育人、文化育人、活动育人、实践育人、管理育人和协同育人"六大途径具体推进德育策略,从而培养大批有大爱、大德、大情怀的人,落实立德树人的根本任务,实现人与自然、人与社会的和谐共存。

三、践行:如何系好"第一粒扣子"

如何让"上善共生"的德育理念落地生根,是真正体现教育智慧的关键所在。郑州航空港区各学校立足于实际校情,在区域"上善共生"德育理念统领下,围绕四个维度、六大途径,在学校、年级和班级等层面积极探索"上善"德育方法,达成"共生"目的,构建出了适合学校发展、学生成长需求的特色德育工作体系。

下面从课程育人、协同育人和活动育人三个途径展示郑州航空港区实践的部分成果。

【课程育人】

在区"上善共生"德育理念的引领下,各个学校充分挖掘资源,结合学校发展实际,构建起富有本校特色的德育课程体系。

郑州航空港区航南幼儿园的三情课程:基于真实实践的"情境"课程,基于体验感知的"情感"课程,基于家园共育的"情理"课程。

德育目标:健全人格、美化心灵、丰富情感、上善共生,实现上善儿童、上善教师、上善家长的同生共长。

上善儿童:健康快乐、好奇好学、独立自信、乐群合作。

上善教师:厚积淀、宽视野、重细节、好心态。

上善家长:宽容悦纳孩子、慈爱理性施教。

郑州航空港区实验小学:

润心德育课程:以"润"为核心文化,以"润心启智"为办学理念,以"润娃"为吉祥物。

育人目标:培育有爱的创造者。

德育课程:由创造自我、理解同伴、亲子融合、师生相长、学校参与、文学艺术、社会实践、家国情怀八项子课程构成,帮助实验小学学生处理好与自己、与同伴、与家人、与老师、与学校、与艺术、与自然、与国家之间的关系,使他们成长为一个健康、全面的人,拥有更能感知幸福的心灵。

郑州航空港区君赵小学:

荷美课程:这是一所偏远的农村小学,2018 年被评为郑州市美育学校。30多所学校参加评选,它是唯一一所农村学校。

这是一所怎样的学校呢?学校的荷美课程体系,以美的课程培育美的品德,培养荷美学子。

郑州航空港区吕槐小学:这也是一所农村即将拆迁的小学。他们以"臻善臻美"的校训为统领,深挖传统文化的道德化指向,遵照"蒙以养正"的教育思想,从校长层面做好了顶层设计,开发了"善美撷华"德育校本课程,德育处又根据社会主义核心价值观导向确立 22 个主题教育单元,以"培养具有 22 种品质的善美学子"为育人目标。

每个班主任在课程实施中,按照"兴于诗,立于礼,成于乐"三个部分分步实施,将传统文化的吟唱内化于心,达到读诗书而知礼,诵经典以明德之目的;再通过讨论、辩论、调查、体验、参与等形式,为现实生活确立修身养性的道德准线;最后通过切合主题的教育实践活动,将每个单元的主题教育外化于行。

他们仅是郑州航空港区教育人的缩影。每一个学校都会用丰富多彩、富有校本特色的德育课程将"上善共生"这一区域德育理念落实到区里的每一所学校、每一个班级,甚至是每一个家庭,用上善之心成就了大善之事,切实帮助孩子们"扣好了人生第一粒扣子"。

【协同育人】

课程育人是在学校这个活动场所实施的,而协同育人将使学校德育课程实施效果最大化、外延化,更具生长力。

实验小学利用家委会,使家长积极参与到学校管理、班级管理中来,和老师一起组织班级活动、处理班级琐碎事务,自发成立了学校"护苗志愿者"团队,每天早上风雨无阻护送学生上学。家长毕竟不是专业的教育者,为了使家长能与学校发展更好地融合,实验小学还开展了班级共读活动。以阅读《一百条裙子》为例,我们选择该书的初衷是因为三年级的孩子开始慢慢有自己的思想,易出现友谊的不稳定,而这本书是一部写友情的书。为了使阅读更有效,我们将阅读课程分为阅读导读课、阅读推进课、阅读分享课、活动设计课。

郑州一中国际航空港实验学校坚持推进家校共生共长。他们利用喜马拉雅平台进行读书分享,并在班级群内分享励志文章、时事热点、教育方法等,让家长在自我成长基础上共生共学。

众所周知,了解孩子的一切,是每个家长的夙愿。为了解决家长工作忙、老师不能逐个反馈的难题,他们的班级每周五晚八点,班主任和家长、孩子们会准时相约召开班级电话会议。会上,班委会结合班级本周情况分别进行总结发言、提问、点评,在此过程中家长既了解了孩子的一周在校情况,又在此过程中能够相互地去理解,问题的症结也随即得到了解决。孩子们组织、总结能力在此过程中也再次得到了历练。

处在农村,而且在安置区的赵郭李小学,坚持举办以"知识启迪人生 读书伴我成长"为主题的社区读书活动。每周三15:00—16:00为固定阅读时间,每一次班主任老师会明确读书会的主题,给带领阅读的家长及一起读书的家长充足的准备时间。每一次领读人分享后，家长都踊跃分享读书心得，就这样在一次又一次的分享中，人数从十几个发展到几十个，家长们每每散去都带着笑容，从以前爱谈论的东家长西家短到现在开始交流如何更好地与孩子共成长，满满的正能量，满满的智慧。家长读书会的举办，让家长领略到读书的魅力，开始明白了读书的重要性，学校的各项工作也得到了长足的发展。

努力构建家庭、学校、社会"三位一体"协同育人机制，这样才更顺畅，更好地落实"上善共生"的育人理念，推动形成全员全方位育人格局。

【活动育人】

各学校围绕育人目标，开展了系列丰富多彩的活动。学生在喜闻乐见的活动中学知识、懂道理、塑品格、练能力，潜移默化地得到了向上向善的熏陶和浸润。

太湖路小学以"善待自然"为切入点，全面推进尊重自然、顺应自然和保护自然的生态文明教育，引导学生自律明理，促进身心健康，丰富学生的生态科学知识，养成生态美德，增强善待环境、善待生命和善待世界的生态文明意识，从而实现人与自然的和谐共生。在此基础上，启迪学生学会善待自我、善待他人和善待社会，努力打造"向上向善"的学风、"上善若水"的教风、"止于至善"的校风。

围绕一至六年级"善待自然"德育课程的具体目标，学校各中队开展了"养护绿植""体验生命""节约用水""垃圾分类"等丰富多彩的实践活动。例如在垃圾分类活动中，学生们通过专题微课堂和书画展，了解垃圾的种类和分类的方法；学校添置了分类垃圾箱，要求全体师生自觉做到垃圾分类；老师带领学生走进社区和公园，宣传垃圾分类的重要性和相关知识，调查社会环保现状，提出合理化建议。"善待自然"的实践活动，为儿童的精神成长种下了生态文明的种子，创造了美好的自然和人文环境。

外国语小学的自主教育从带着希望出发，做到了常规活动有特色。例如开学典礼上的"责任传承仪式"，家长把象征着教育孩子责任的鲜花献给校长，对校长说："我们把孩子送到了学校，孩子的明天就拜托您啦！"校长把鲜花交给老师，并拜托他们不要辜负家长的重托。老师齐声表示，一定会像爱自己的孩子一样爱学生。"心愿启航仪式"也深受孩子们喜欢:校长、老师、孩子、家长把自己的心愿放在心愿宝盒里封存起来;毕业典礼上,大家开启"希望信箱",交流六年来的故事,分享喜悦,传递正能量。

另外,外国语小学的"心愿教育",让孩子带着期待成长。每个班级都有一棵"心愿树"。孩子每天到校时,把自己的心愿郑重地写在纸上,挂在心愿树上。下午放学时看看是否完成,如果完成了,就给自己一个奖励;如果没有完成,就查找问题出在哪里,第二天继续努力实现这个心愿,直到完成为止。如果一周都没有完成这个心愿,老师将鼓励孩子把"心愿"挂在学校的"心愿树"上,由大队辅导员协助他完成。这样,孩子每天都带着期待来学校,在不断完成"心愿"中慢慢成长,走向卓越。

四、展望:如何升华"第一粒扣子"

一花独放不是春,百花齐放春满园。郑州航空港区各中小学紧紧围绕"上善共生"的德育理念,开展了丰富多彩且独具特色的德育研究,为培养更多"有大爱、大德、大情怀的人",为办好更加公平、更有质量的郑州航空港区教育,潜心问道,孜孜以求,取得了突出的育人效果和卓越的办学成绩,形成了"百花齐放、和谐共生"的教育景象!从此,郑州航空港区"上善共生"的德育理念落地生根,吐芳纳蕊,显示出了强大的生命力。

2019年5月29日至30日,郑州航空港区举办了首届"上善共生"区域德育品牌建设论坛暨德育成果发布会。来自北京、重庆、广东、四川、甘肃、山西等省市的专家、学者、嘉宾及河南省内的教育同人,与郑州航空港区的全体校长、德育主任及班主任1200余人汇聚一堂,围绕"立德树人、上善共生"的德育主题,通过主旨讲座、平行论坛、微论坛及自由讨论等形式,探讨航空港区德育的内涵与形式、难题与突破,生发更深层次的"化蛹为蝶"的教育力量。在各级专家领导的专业指导下,在航空港区全体教育人的共同努力下,郑州航空港区德育品牌建设研究工作稳步启程,"上善共生"成为全体教育人的共识。

十年树木,百年树人!"立德树人、上善共生"的德育研究工作,是一项长期的系统工程,需要我们几代人的不懈努力。面对新时代的机遇和挑战,各中小学德育工作还需要探寻科学的理论支撑,需要论证实践研究的科学性和有效性。因此,展望未来,我们将以课题研究的方式,进一步细化德育方案,从组织管理、课程规划、课堂教学、家长教育等不同维度,积极推进德育研究,以更加有温度的教育情怀、更加强烈的教育责任,坚定地走下去,为一方百姓培养有大爱、大德、大情怀的上善学子,为区域城市建设和社会文明做出贡献,迎来人与自然、他人、社会以及与整个世界"上善共生"的美好境界!

第七章　统筹城乡区域德育一体化的家校共育探索

第一节　郑州航空港区新文明家风家庭共育策略

一、新文明家风培育新文明家庭建设的背景

当前,在国家层面上,对家庭教育的重视上升到了从未有过的高度,家庭教育进入了一个新阶段。家长是孩子"三观"的培养者,直接影响着孩子的思想观念,决定着他们未来成长的高度。家庭是社会最基本的细胞,是人成长的原始场所。随着郑州航空港区建设一日千里的变化,从农村转化为城市,居民从村民转化成市民,国家投入成百亿元建设港区新城,可谓"一夜之间旧屋去,新房依然住旧人"。城市现代化与市民文明素养存在严重落差,存在拆迁补偿的小富使得居民对子女教育随性而为等现象。因此,注重新文明家风培育,建设新文明家庭,对加强家校合作、增强家庭教育、弘扬中华民族优秀传统文化、培育和践行社会主义核心价值观显得尤为重要。

家是最小国,国是千万家。为深入贯彻落实"立德树人"根本任务,弘扬中华民族传统家庭美德,落实中央文明委《关于深化家庭文明建设的意见》精神和教育部《关于加强家庭教育工作的指导意见》《中小学德育工作指南》精神,需要用切实可行的措施推进家庭教育,家校社协同共育新时代社会主义事业的接班人。为进一步提升郑州航空港经济综合实验区德育工作水平,营造向上向善的家庭教育氛围,提升家长文明素养,树立为党育人、为国育才的人才观,创新家长陪伴孩子成长的科学方式,创设家庭教育的美好情境,通过新时代家风家庭共育课题研究"新文明家风"培育"新文明家庭"建设评比等活动的实施,把郑州

航空港区"上善共生"的德育理念、系好人生第一粒"善"的扣子德育目标落到实处。郑州航空港区以"培育新文明家风,建设新文明家庭"为平台,构建"学校、家庭、社会"三位一体化协同育人的工作体系,营造文明向上的良好民风,涵养生机勃勃的社会教育生态,共育上善好少年。全区从2018年春季开始,按照郑州航空港区教文卫体局的要求,以"总结、凝练、提升、走向卓越"为工作思路,开启了航空港区的德育工作研讨活动:"教育是爱的文化""润心、启智""做人要向上向善"……这些都是学校的德育表达。培养有民族精神的"中国娃",呈现在大家的眼前,萦绕在人们的心中。在专家们的帮助下,"上善共生"成了港区教育人的德育密码,成为航空港区学校教育的德育理念。在"上善共生"理念的引领下,构建了"一个理念——'上善共生',一个目标——系好人生第一粒扣子(善),四个维度——'善待自己、善待他人、善待社会、善待自然',六大途径——'课程育人、文化育人、活动育人、实践育人、管理育人、协同育人'"的"1146"德育工作模式,让立德树人的根本任务在港区教育的沃土上生根、开花。

根据港区教育工作面临的实际,我们先确定了新文明家风培育协同育人的实践研究,下发了《郑州航空港经济综合实验区培育"新文明家风"、建设"新文明家庭"实施方案(试行)》。以"立家训、行家风、创优美家庭环境、建书香家庭、做家务劳动、开家庭会议、优家庭教育方式"等内容以及社区评价为抓手,开启了"协同育人"家校实践行动。

"新文明家风培育"以"为党育人、为国育才"为家庭教育的价值追求,以"六项内容"为抓手,以"大手牵小手、文明一起走"为行动策略,以"我思故我在"为活动的内生动力,让学生站在活动的中央,营造向上向善的新文明家风,涵养家庭教育的"肥水沃土",落实习近平总书记提出的"家庭是人生第一所学校"的指示精神。家校协同共育中华儿女,以此实现"教育一个学生,带动一个家庭,影响一个社区,文明一个区域"的美好愿景,为郑州航空港区的国际化、现代化城市铸魂。

新文明家风培育及新文明家庭建设是以学生发展为逻辑起点,以学校引导和学生家庭成员共同参与为组织形式,以建设美好和谐社会为共同愿景,营造和谐、向上、向善、向美的文明家风,推进新文明家庭建设,实现全社会共同参与的育人目标,并以"星火燎原"之势,形成区域社会文明新风尚。活动开展以来,学校积极引导家长参与,学生热情融入,形成了家校社协同育人的积极良好氛围,成效显著。

二、新文明家风培育、新文明家庭建设的重要意义

家庭不仅是我们个人的,同时也是社会的,是社会最基本的组成单位。每个家庭的家教、家风,影响的不仅仅是这个家庭、家族的兴衰,同样对整个社会的文明程度都有着不容忽视的影响力,家庭家教家风建设对个人、对家庭、对社会具有重要的意义。

(一)新文明家风培育是青少年形成良好"三观"的基础

随着航空港区国际化、现代化、大都市化建设的快速发展,人民群众思想观念明显滞后所带来的教育落差,使得学校教育与家庭教育的不同步,在弱化教育的效果,淡化学生的价值观念。

"少年强,则国强。"青少年是国家的未来,他们的人生第一堂课来自家庭,对事物的正确认知,来自他们父母的谆谆教诲。父母的一言一行,都影响着孩子的观念和价值判断,关乎着家族的延续。所以父母精心的陪伴,家庭良好的教育,家族风尚的传承,是帮助他们树立正确的人生观、养成良好的道德行为品质、拥有高尚理想信念的不竭原动力。

由此可见,人在青少年时期,对很多人、很多事处于懵懂状态,需要有人来给他们指引、把关。这个引领者就是父母,就是家庭。父母的表率作用,家族良好家风的教诲和传承,会促使青少年走好人生的开局,并引导他们准确把握自己未来的人生定位,同时担负起社会给予他的责任。家庭、家教、家风建设在这个过程中发挥着不容小觑的作用。

(二)新文明家庭建设是促进国家发展、民族进步、社会和谐的基础

党的十八大以来,我们党更加注重精神文明建设,特别提出了"注重家庭、注重家教、注重家风",习近平总书记还多次强调"家庭的前途命运同国家和民族的前途命运紧密相连"。党的十九大以后,更是把文化和精神文明建设提到了更高的位置。而这一切的基础来源于家庭、家教、家风,它就如同是深厚的土

壤,滋养和孕育着全社会人们共同的价值观,影响着青少年的未来。发扬光大中华民族传统家庭美德,树立良好的社会风气。

新文明家庭建设是郑州航空港区精神文明建设的起跑线,是大力提倡和宣传社会主义核心价值观的切入点。而精神文明建设的核心就是社会主义核心价值观教育。航空港区有几十万人口,要让每个人都能知道、熟悉、理解并践行社会主义核心价值观,就必须从家庭入手,以家教为切入点,以家风为传承,以点带面,将社会主义核心价值观融入家族中每个人的心里,并不断传承,发扬光大。

国家发展、民族进步、社会和谐靠的是我们每一个人,每一个家庭,每一个家族,而这一切的基础就是良好的家庭、家教、家风建设,这是我们的责任,更是使命。

三、新文明家风家庭共育策略

(一)建设主题

立德树人,协同共生——培育新文明家风、建设新文明家庭

(二)具体路径

1."新文明家风家庭"培育课题研究

围绕培育"新文明家风家庭"的六项措施,对推动新文明家庭评比的背景、问题、内容、推进方式、社会价值等方面进行研究,为"新文明家风家庭"的评比提供理论依据和实施的有效途径,形成研究论文。

要求:每所学校都要围绕"新文明家风培育"开展课题研究。可以从"新文明家庭"所具备的措施上找准其中一个点,也可以从整体的"新文明家庭"建设上来研究。

2.建设"新文明家风家庭"

"新文明家风家庭"创建的六项措施、一个评价:

(1)形成良好的家风家训。

家风是一个家庭教育理念、生活氛围的深刻体现。家风教育是对青少年教育的重要组成部分。优秀的家风教育对每个家庭的前进发展起到积极的促进

作用,它还影响着社会整体风气的形成与发展。家风是我国传统的优秀文化,影响了一代又一代人。时至今日,重拾家风建设,就是传承中华优秀传统文化。新文明家庭创建,首先从家风做起。我们要在社会主义核心价值观的引领下,来弘扬农村良好家风,摒弃农村不良家风对青少年的影响。在良好家风建设中,父母要构建和谐家庭关系,为青少年自身道德修养营造氛围,从而为青少年正确价值观的树立,营造良好的社会氛围和家庭环境。

(2)培育优良的家庭环境。

家是一个人的港湾,每个人回到家,都希望过得舒适惬意。为孩子创造干净整洁的家庭环境则至关重要。孩子对环境干净整洁的要求往往比成年人更高,这是因为孩子的情绪非常敏感。一个干净整洁的家庭环境,可以让孩子有一个健康的心态、良好的情绪,同时对孩子的审美等非智力因素的发展具有重要作用。

(3)建设书香家庭。

作为孩子的第一任教师兼孩子效仿的榜样,父母起着全方位、立体化的示范作用。如果父母是积极上进、热爱阅读的,对孩子也有耳濡目染、潜移默化的影响。如果家长想让孩子认真学习,应率先热爱学习,创造一个爱学习、求上进的家庭氛围,并和孩子一起共读。

(4)倡导家务劳动新风尚。

劳动是孩子一辈子的基本生存状态,对孩子的成长具有重要意义。父母可以和孩子一起做家务。要求孩子一起打扫厨房、餐厅、卫生间等地方,在和孩子一起搞卫生的过程中,还可以教孩子做家务,也有利于亲子间的互动,转变家务劳动观念。劳动是成长的第一课,让孩子和家长共同参加家务劳动,养成热爱劳动的好习惯。父母和孩子一起劳动,会让亲情更浓,劳动成果的呈现,会更进一步激发其热爱劳动的情感。

(5)召开家庭会议。

文明民主的家庭会议,既可以锻炼孩子自立自强的能力,也可以加强亲子间的沟通,增进家庭成员的感情。但许多家长却以"孩子小、不懂事"为借口,忽略孩子的意见,要求孩子言听计从,若有不从,轻则训斥,重则打骂体罚。这些做法伤害了孩子的自尊心,削弱了孩子的自主精神。这是家长把孩子视为自己附属物的表现。积极民主的家庭会议是促进家庭成员之间相互沟通、营造民主气氛、实现家庭成员和谐的重要载体。因此,家庭会议是家庭优秀文化的酿造池、正能量的发声地。

(6)良好的家庭教育方式。

家长要经常学习,了解科学的家庭教育方法,从理论上武装头脑,更新教育观念,提高科学教育子女的能力,不仅要转变观念、提高认识,还必须掌握和运用科学的方法和家教的艺术。父母要不断地加强自身的思想道德修养,将言传和身教有机地结合起来,言谈举止都要为孩子树立榜样。

(7)社区对家庭的评价。

邻里和睦,热心公益,社区评价反响良好。由社区居委会代表、党员代表、群众代表参加的评议小组进行评议。

四、新文明家风家庭之"新"的解读

家庭教育进入了"新时代"。以往的家庭教育是学校家委会、家长课堂、课堂开放日、家访等形式,是单一的、片面的、少数家长参与的,更多的是在做事、是在解决问题的层面上进行的,没有用文化的上位理念来建构家庭教育文化,因此,没能形成向上向善的社会教育氛围。通过新文明家风培育的七个要素和学生全员参与的新文明家庭评比营造港区的社会文明文化是系统的、整体推进的事。

"新"在评选要素:新在"家风家训、家庭会议、家务劳动新风尚"等三个要素上的"新"。

"新"在家风建设、家庭文化的培育上:以家风家训为核心,树立家庭教育新理念,实现以家长的引领和示范为有效陪伴的家庭教育新方式。通过家庭成员的生日仪式、节日仪式、文化旅游等教育活动,形成家庭文化的发展足迹。

"新"在参与对象多:"小手拉大手,文明一起走,大手牵小手,领着孩子向上走",千家万户都要走进新文明家庭建设中来,是整个家庭参与的全区全员活动,以此提升全区群众的公民素养。

"新"在评选的方式新：学生是"新文明家庭"评选的考官。在活动的评比中，学生既是"新文明家庭"评选的积极参与者、观察员，又是评比的考官。让孩子以纯洁的童心和认真的态度，来考评文明家庭创建这项工作，减少社会上的功利成分，实现评比结果的真实有效。学生全员参与，是实现全家、全区、全员活动的重要保障。

"新"在让学生的社会实践落地：学生参与"新文明家庭"的评比，在评比活动中，学生把"新文明家庭"的七个要素作为标准来对"新文明家庭"进行评价，提升了学生的价值判断能力和水平，用正确的价值观去做出正确的判断；同时，让社会的发展与自己的命运息息相关，以此给学生种下"善待社会"的种子，担当起未来的社会责任。

家风作为家庭文化，具有启蒙性教化、整合性协调、亲密性示范及优化性创造等机理与优势，能够涵养时代新人。以新时代家风助力新文明家庭建设，既能培养担当民族复兴大任的时代新人，又能带动家长，影响整个社区，形成区域社会文明新风尚。

第二节　郑州航空港区新文明家风家庭共育案例

一、郑州航空港区实验小学"新文明家风家庭"建设共育案例

在《习近平谈治国理政》中，习近平指出：不论时代发生多大变化，不论生活格局发生多大变化，我们都要重视家庭建设，注重家庭、注重家教、注重家风，发扬光大中华民族传统家庭美德，促进家庭和睦，促进亲人相亲相爱，促进下一代健康成长，促进老年人老有所养，使千千万万个家庭成为国家发展、民族进步、社会和谐的重要基点。

郑州航空港区实验小学在"上善共生"区域德育课程理念和"1146"德育工作模式的指引下，结合学校"润心启智"的办学理念、"培育有爱的创造者"的育人目标、"学校因我而更美"的校训、"润心"德育课程之亲子融合课程，持续开展

"树立新文明家风 培育新文明家庭"这一协同育人活动。

（一）引导确定和传承家风

家风是我们每个家庭的精神支柱。随着时代的发展，我们需要追根溯源，传承中华民族的传统美德。为了带动学生培育家风的积极性，郑州航空港区实验小学先以教师家庭树立良好家风为切入点，每天上课前任课老师先给学生讲讲自己的家风内容、自己的家风故事，以此调动学生的积极性。郑州航空港区实验小学从"知家风、定家风、写家风、挂家风、亮家风、传家风"六个方面引导全校师生开展家风传承活动。

（1）知家风即是了解家风的重要性，如何确定家风，航空港区实验小学以班会课的形式先带领学生了解名人家风，观看中央广播电视总台中文国际频道的《谢谢了，我的家》栏目，看一些名人大家的家风故事，还原中国人的家庭风貌，走进中国人的精神殿堂，仰望中国人的道德高地，深挖中国人的情感交流。

（2）定家风即是全家人通过家庭会议的形式，商议讨论出自己家的家风，共同理解家风对家庭的影响，自己家缺失什么，想要努力的方向是什么，需要什么样的精神鼓舞，最后一家人确定家风的内容并赋予家风寓意。比如一年级（1）班马林原的家风是"厚德载物"，家风寓意是希望我们每一个人心胸开阔，能够关心爱护别人，严于律己，宽以待人，多做对社会有意义的事，奉献社会，不断完善自我，做一个正直的人，做一个道德高尚的人。

（3）写家风是比较讲究的一个环节，我们需要找书法相对好一些的人帮忙写在宣纸上，然后再装裱一下。有的学生是自己用毛笔书写，有的学生是在书法老师的指导下书写，还有的学生以绘画的形式完成，无论哪种形式，都起到了参与并有更深层次的理解。

（4）挂家风即是在家里合适的位置将装裱好的家风内容悬挂上去，这需要挂在家里比较显眼的位置，既起到了装饰的作用，又具有警示家人的意味。

（5）亮家风即是和自己的家风一起合影或者一家人和家风合影，航空港区实验小学在班级通过宣传每个同学的家风，在学生的相互督促下将传承家风活动开展得更加丰富一些。

（6）传家风是告诉我们每一个人，家风并不是制订好了就可以束之高阁了，我们需要用自己的实际行动去践行家风、传承家风。我们开展了"我的家风故事"演讲比赛,将孩子的家风故事讲给班里的每一个学生听,那些优秀的家风故事我们通过学校的红领巾广播站讲给全校的学生听,一起将美好的家风传承。

(二)支持建设民主型家庭

1.家庭会议人人参与

每周一在学校举行升旗仪式和班会课以后,针对同一主题引导各个实验小学润娃家庭召开家庭会议,郑州航空港区实验小学将这一活动定位为家国情怀,定期召开的家庭会议引导人人参与,最好是三代同堂,带孩子的老人更应该参与。家庭会议讲求人人分工,民主召开,有主持人、记录人员、会议后勤准备(茶水、水果等),会议最后还可以有共同的游戏环节、共同的节目表演环节。一开始有些家庭对于家庭会议拘束、没有方向感,到现在已经游刃有余,并把家庭会议列为家庭的重大活动。

为了将优秀的家庭会议在学校推广,我们将优秀的家庭会议拍成视频,供全校学习效仿。将社会主义核心价值观之"民主"落在实处,将家庭和谐放在第一位。

2.教养方式滋养一生

父母好好学习,孩子天天向上。不断成长的孩子需要家长不断学习、不断更新教育理念,跟上孩子成长的步伐。新文明家庭培育首先要培养新时代的父母、有教育智慧的父母。实验小学提倡这样的教养方式:

(1)给孩子自由,孩子有自主选择的权利,有自由支配的时间。

(2)给孩子积极正面的影响,无论何时不把坏情绪发泄到孩子身上,无论何时不说挖苦讽刺的话语,无论何种情况下站在孩子的角度思考问题。

(3)家长希望孩子做到的家长要先做到,家长希望孩子每天坚持阅读,家长也要坚持阅读,家长希望孩子远离电子产品,控制时间,那么家长就不要在家里玩手机打游戏。希望孩子热爱运动,家长也要能够陪伴坚持运动。

(4)爸爸积极参与孩子成长,妈妈保持良好情绪。

(三)帮助打造宜居高雅家庭

1.学会技能创美家

郑州航空港区实验小学依据河南省中小学《劳动与技术》教材整理出"郑州航空港区实验小学劳动技能表",与学校"三维劳育"课程相结合,开展学校劳育、家庭劳育、社会劳育,这个劳动技能表(见表 7-1)依据低年级到高年级能力层层递进,中间开展"劳动技能大比拼"活动,最后辅以小组评价和家长评价,以此督促学生劳动能力的形成。

表 7-1　郑州航空港区实验小学各年级劳动技能表

					六年级
				五年级	钉纽扣烘焙 能自主待客
			四年级	整理家务 学会收纳	整理家务 学会收纳
		三年级	蒸米饭 煮稀饭 会做拿手菜	蒸米饭 煮稀饭 会做拿手菜	蒸米饭 煮稀饭 会做拿手菜
	二年级	扫地 拖地 倒垃圾	扫地 拖地 倒垃圾	扫地 拖地 倒垃圾	扫地 拖地 倒垃圾
一年级	洗内衣 叠衣服	洗内衣 叠衣服	洗内衣 叠衣服	洗内衣 叠衣服	洗内衣 叠衣服
洗袜子 系鞋带 整理书包	洗袜子 系鞋带 整理书包	洗袜子 系鞋带 整理书包	洗袜子 系鞋带 整理书包	洗袜子 系鞋带 整理书包	洗袜子 系鞋带 整理书包

2.书香浸润幸福家

最是书香能致远。爱阅读的孩子才是最有前途的孩子,爱阅读的家庭才是最幸福的家庭。培养爱阅读的孩子,带动每一个实验小学家庭爱上阅读,使学校教育与家庭教育深度融合,这才是真正的协同育人。

(1)引导学生阅读。每天阅读半小时是实验小学自建校以来一直坚持的优良传统。依据各年级教材同步的必读书目和推荐书目,每个学生每天坚持阅读。

(2)引导家长阅读,我们倡导每个家长每年阅读五本书。这五本书不是随便读哪本都行,不是什么时候都行,我们会带着家长一起读。《陪孩子走过小学六年》《发现母亲》《正面管教》《爱和自由》《培养乐观的孩子》都是各班的首选。在家委会和班主任的共同引导下,将家长分成小组,推选小组长,采用线上打卡线下分享的形式,带领家长走在成长与突破的道路上,培育书香家庭,给孩子的童年铺就阅读的底色。

(3)引导亲子共读。在实验小学一、二年级每周五下午都会举行亲子读写绘,老师讲绘本,孩子画绘本,家长根据孩子的描述写上文字,从一、二年级开始引导家长养成亲子共读的习惯。

3.干净有序温馨家

都说家长是孩子最好的老师,那么家庭就是孩子的第一间教室。协同育人的关键期就是小学阶段的六年,养成好习惯的关键期就在小学,郑州航空港区实验小学通过引导学生带动家长美化家庭环境,不要求家庭多么奢华,力求干净、有序、温馨。

(1)干净要求做到家里地板、窗台、厨房、卫生间、卧室均是干干净净,每天起床把被子叠整齐。

(2)有序是我们每个人都应该养成的好习惯。我们把家里打扫干净容易,一直保持有序却很难。我们小组评价时要求做到六个有序:打开书包书本摆放有序、拉开抽屉物品收纳有序、拉开衣柜衣服叠放有序、打开鞋柜鞋子摆放有序、打开厨房碗筷归置有序、打开冰箱食物储存有序,将有序渗透到生活学习的点点滴滴。

(3)温馨的家庭环境是我们每个人的追求,我们引导家庭布置照片墙,将孩子的成长、每一次旅行、仪式感的时刻等美好回忆以照片的形式留在家里的照片墙上。引导每个家庭建立家庭计划墙、留言墙,将家庭的阅读计划、家务劳动分工、家庭出行计划都显示在家庭的公共区域,相互督促相互提醒,共同养成良好的家庭习惯。

(四)助力评选新文明家庭

1.小组评价相互学习

班主任将同一个小区的学生分配成立评价小组,学生小组有组长、记录员、联络员、纪检员，他们各自行使着自己的职责，在责任与担当中成长。他们相互学习，当他们走进不同的家庭看到不同的教育方式、不同的家庭环境，家长与家长之间相互沟通交流，在交流中相互影响。他们相互监督。二年级（3）班有一个小组去相互评价后，纪检员回来跟老师反馈说："老师，我们觉得她家根本不符合要求，都没有做到，她的家长还说这也有那也有，我们觉得他们这一项不能给分。"听二年级的学生这样的口吻，完全不用担心学生的执行力度，相信他们也会严格要求自己。

2.润娃徽章积极争创

为了充分调动学生的积极性，我们将新文明家庭评比的六个方面与我们学校的润娃徽章相结合，设计了学校的六枚徽章：良好家风徽章、家庭会议徽章、家教方式徽章、家务劳动徽章、家庭环境徽章、书香家庭徽章。小组阶段评价过程中如果哪个学生在哪方面做得特别好就可以直接颁发相应的徽章，这种成就感带给学生和家庭的改变会越来越大。

树立新文明家风，培育新文明家庭在我们学校开展了两年，我们看到越来越多的家庭参与进来，看到越来越多的家庭在参与中改变。我们会持续将这一主题活动开展下去，将协同育人落到实处。

二、郑州航空港区"新文明家风家庭"建设教师案例

家风"韵"育师生德

郑州航空港区思存路小学　张静

"炎黄颂传统，璞真遗家风，身立涵闸中，天润地泽空。"家风从五千年的文明深处走来，带着历史的芬芳。家风又称门风，是一个家庭树立的价值准则。家风是朱家文化中的修身、齐家、治国、平天下；家风是颜氏家训中的清、正、节；家风是钱氏家训中的不拘小利，不谋一家；家风是老百姓门板上镌刻的忠厚传家久，诗书继世长。古代人将家风分为五常八德，五常是仁、义、礼、智、信，八德是忠、孝、仁、爱、信、义、和、平。曾子杀猪教子、岳母刺字、孟母三迁、孔融让梨都是我们耳熟能详有关家风的故事。

习近平总书记曾指出，"家风正，则民风淳；家风正，则政风清；家风正，则党

风端"。可以说,看似小小的家风,却关系着民风正气、政风清廉、社会和谐。家风与国风紧密相连,是中华民族优秀传统文化的迭代传承。所以,我们都应该将良好的家风发扬光大。

很多时候,作为教师,我们还会发现家风与师风密不可分,与学校的学风息息相关,更影响着我们师生的德行。我校以"水韵文化"育人,借用水的特性追溯教育本质,滋润师生心田,"韵"泽师生德行,让教育富含韵味。

家风"韵"育师德

作为新时代的教师,我们需要时刻规范自己的教育行为,以德立身、以德立学、以德施教,以"家风"的素养净化"校风",以"校风"的正气规范"班风",树立良好的师德形象。

2011年毕业的我,懵懵懂懂地进入了教育行业,对教育教学一切都很茫然,更不知自己的教育方向和教育梦想,有的只是满腔赤诚的热情和青春无畏无悔的果敢。我不知道怎样才能成为一名好老师——知识渊博?学生成绩好?我也深知许多做人做事的道理,但很多还需要自己在生活阅历中慢慢地实践探索出来。

对我影响最大的还是我的母亲。我的母亲是一名普普通通的工人,没有什么渊博的知识,对我的工作也不会给出什么指导性建议,可每当我在工作上遇到困难,她常会对我说,"每天去学校早一点,到办公室了要勤快,要多虚心向老教师请教""年轻人就要多学习多吃苦不怕累""教育小孩子要有耐心,一遍讲不会就多讲几遍""对人家孩子要用心,做到问心无愧就行了"……这种精神食粮就是我最大的动力。母亲很早就退休了,但为了能让家里更宽裕些,她还在外当清洁工。她的那种吃苦耐劳、坚持不懈的精神深深影响着我。她虽然平凡普通,却给了我最宝贵的精神财富。

或许是上天眷顾,我2014年很幸运地遇到了现在的爱人,他们一家人特别好,很有爱心。我是个粗心大意的人,但爱人的心却很细。我有时手机忘充电了,第二天一早醒来,会发现爱人已经帮我充好了;当我工作到很晚的时候,爱人虽然帮不上什么忙,但他都会主动倒好温水,主动辅导孩子功课,主动承担起家务。我们虽偶有争吵,但也都能从对方角度换位思考理解沟通。公公婆婆帮忙带孩子也从无怨言,从不让两个孩子成为我们工作上的羁绊。很多时候,我们加班至深夜,他们从来没有不理解不支持;相反,教育孩子要懂事听话,"爸爸妈妈很辛苦,给爸爸妈妈倒杯茶吧""妈妈这么晚还在工作,要听话,乖乖跟爷爷奶奶睡觉去"。当然,我跟爱人对双方父母也是很尊重和孝顺的,对孩子虽有训斥,但我们也都是在努力做学习型、成长型的父母。

说不上我们的家风是什么,但肯定的是"爱、责任、包容、理解和支持"。不能说我的师德有多高尚,但由于我的家庭和睦,家风正气,有爱有温度,让我始终有一种力量积极向上向善,不怕苦不怕累。

家风"韵"育生德

"生德"是指学生的品德修养,包含自尊自爱、注重仪表、诚实守信、礼貌待人、遵纪守法、勤奋学习、勤劳俭朴、孝敬父母、严于律己、遵守公德等方面的内容。

家庭美德是每个公民在家庭生活中应该遵循的行为准则,与社会的文明进步相关,家长还担负着培养教育下一代的责任,家风直接影响着儿童和青少年的健康成长,影响着孩子们的德行。

学生的问题不仅仅是学校的,更多的还跟家庭有关。我们都知道教育是多方面的协作配合。教师要具备高尚的师德,但是家长是否具有"家德"呢?家长是孩子的第一任老师。这个第一任的角色扮演得怎么样?如果当孩子小的时候就能让孩子在优良家风中成长,那再通过师德润泽,他一定会成为一个有"生德"的好孩子、好学生、好公民,将来一定会是一个具有优秀品质、优良习惯的人。如果一个做家长的没有"家德",孩子从小接触的就是负能量,没有良好的家风,没有父母的好榜样,那他的起步就已经走歪了。

我在多年的教学中发现,在良好家风、家训熏陶下的孩子,他们不仅学习成绩优异、热爱班集体、尊敬师长、团结同学、乐于助人,还能起到模范带头作用,为集体争光。我校近年由于搬迁,从农村小学变为城市小学,很多学生的家长也由原先的村民转变为市民,家长的教育观念也渐渐地改变了许多。之前,不重视孩子学习的家长慢慢地也给孩子购置了书桌,能为孩子创造一个安静舒适的学习环境。学校借助新文明家风建设活动,开展了"晒晒我的新家""我爱我的新家"等系列实践活动。很多学生家庭通过参与晒新家家务劳动、晒新家阅读天地、晒新家家庭会议、晒新家家风家训等活动,重新审视了家风并制订了属于自己的家规家训。此次活动也拉近了父母与孩子之间的亲子关系,孩子们愿意和父母敞开心扉说说心里话了,很多父母不再是一言堂,多了对孩子的民主和尊重;也促进了家庭邻里间的和谐,夫妻之间懂得相互理解和谦让,注重沟通,让文明之花在每个家庭中盛开。

我们也渐渐发现:学生的脸干净了,手干净了,衣服干净了……随手乱扔垃圾的学生少了,见到老师主动问好的学生多了,学生变得更有礼貌了,变得更加文明向善了。

家风,一种潜在无形的力量,在日常的生活中潜移默化地影响着师生的心灵,"韵"育着师生德行,是一种无言的教育,它对我们的影响是全方位的。只有家风正气,"师德""家德""生德"才会相辅相成,应运而生!只有"师德"与"家德"共同具备,协同育人,才可以培养出"生德"高尚的学生。

三、家庭案例

(一)扬家风,传家训——郑州航空港区慈航路小学孙英哲之家纪实

我和先生有两个孩子,大儿子孙英哲今年 7 岁,就读于慈航路小学,二儿子孙浩哲 4 岁,就读于绿苑幼儿园,我们一直很重视对孩子的教育,也很享受孩子们带给我们的快乐和喜悦。在孩子从出生到低龄儿童阶段,是孩子品格发展和大脑发育的重要阶段,所以家庭教育显得尤为重要,家庭教育是人生的第一课堂,父母是人生的第一任教师,下面我从以下几个方面介绍下我们在新文明家庭中都做了什么。

注重孩子的品格发展

我们的家风家训治家格言是这样的:尊长爱幼,礼貌待人;积极向上,乐观开朗;热爱阅读,喜欢运动;志存高远,精忠报国。

要想做事先学会做人,所以我首先非常注重对孩子品格方面的培养,尊敬长辈是我们中华民族的传统美德。不谦虚地说,我和先生在孝敬老人方面一向做得还算不错,也许是父母给孩子做了很好的表率,起到了以身作则的效果,所

以我很骄傲两个孩子在尊敬长辈方面做得非常棒。前一段时间婆婆腿疼的毛病又犯了，两个孩子只要看到奶奶下楼梯就赶紧迎上去搀扶。后来婆婆住院，大儿子也跟我一样每天用他的电话手表给奶奶打个电话慰问一下。其间有一次两个儿子聊时光穿梭机，大儿子说，如果真的有时光穿梭机，奶奶就可以回到年轻的时候了。二儿子说，如果那样的话，奶奶就可以回到腿不疼的时候了。简单的话语已经让正在拖地的我感动得热泪盈眶。

礼仪方面孩子们做得超赞，特别是大儿子，每次家里来了客人他都会很热情地打招呼，客人走了会很礼貌地送到门外。每每进出小区都会对门卫叔叔说：叔叔好，叔叔再见！

另外，他还是个乐观积极的孩子。我一直比较欣赏塞翁失马这个故事。所以，当小孩子有受伤或者失败的时候，我总会告诉他们还好，没有更严重。慢慢地他们也会这样说，"还好还好"……

餐桌上的家庭会议

关于家庭会议这件事情，你可千万不要把它想象成我们的工作会议一样。譬如我家二宝才4岁，他是很难正式地坐到那里听家长的长篇报告的，所以我们的家庭会议都会放到饭桌上来进行，一家人围坐在一起，一边吃饭一边聊一聊类似"你今天文明了吗"这样的话题，在其乐融融的氛围当中把家庭会议这件事情完成了。

比如，为了让孩子们能更有责任心地去做家务，我给他们封了俩小官。老大是"房间整理监督员"，每个卧室都由卧室的主人负责整理，客厅是大家一起轮流整理，厨房是奶奶的领地，但是这些地方都归老大管，哪个房间收拾得不合格，他都有权利提出整治。晚饭时可以向大家提出表扬和批评的名单。他非常乐意做这件事情，每每去房间检查的时候俨然一副大人的模样，饭桌上总会学着老师的样子很严肃地宣布我们谁受到了表扬，谁进步了，谁又受到了批评。在做这件事情之前他一定会先将自己的房间整理好，才好去监督别人。我暗暗地想这个"房间整理监督员"非你莫属。再说说老二，我给老二封的"官儿"是"玩具俱乐部部长"，这些玩具都归他管，也许是男孩子年龄小一些，也或者对"当官儿"还没有太大的意识，老二的执行力明显不如老大，至今主动收拾玩具这件事情还是需要提醒，但是他很乐意我们喊他"部长"，每每这时候他都很开心地把玩具放在一起。

培养孩子热爱读书、热爱运动的好习惯

我们一直比较重视阅读，从孩子不到一岁我就开始给他讲书，上幼儿园的时候我们第一时间办了幼儿园图书馆的借书卡。2 000 多册绘本，我们每周借6 本，一直到他幼儿园毕业，借遍了他感兴趣的书。另外我们还在图书馆办了借书卡，周末，我和孩子都可以借到自己喜欢的图书。等他大一些了我帮他办了一个"KaDa 故事"App 的会员，他目前已经在那上面阅读了 1 000 多本书。上小学后他已经能很顺利地自主阅读了，家里卧室的书柜太小，不足以放下所有的书，我特意买了一个书架放在客厅，给孩子们做了一个读书角，每天晚上八点以后就是我们的阅读时间，也是我们一天最幸福的时光。

新东方的俞敏洪说"爱读书的孩子，再差也差不到哪里去"，所以我说坚持这个爱好的孩子，相信未来学习也一定差不到哪里去。

另外，我非常重视孩子的运动，我希望孩子们以后是热爱运动的阳光男孩，所以家里篮球、足球、羽毛球都有。我们经常带孩子们一起进行户外运动，或骑自行车，或打会儿球，或者带孩子们一起爬爬山。

古人说读万卷书不如行万里路，我和先生比较喜欢游玩，在大儿子过了百天就开始到全国各地旅游了。每次旅游之前都会带他一起做攻略，提前了解那里的景色和风俗文化。如果说阅读能使他的知识得到储备，那么旅游更让他开阔了眼界，了解到祖国的大好河山。

家务劳动人人有责

大家一起做一件事情往往比一个人做一件事情要开心得多。每每开饭时，一家人把手洗干净，有的拿餐具，有的端饭食，而后一起开开心心地用餐，再没有比这更让人舒心的时刻了。

当然，美好的前提都有辛苦的磨炼。之前每次吃饭总要苦口婆心地说："要吃饭了，看谁先洗好手。""表扬先洗好手的宝贝！""今天谁负责拿筷子？谁负责拿碗？你们安排好了吗？"我是不是像极了幼儿园的老师？哈哈！好习惯的养成总有一个苦口婆心的老妈。但就是这样一位"幼儿园老师"带领着大家养成

了饭前洗手,摆放餐具,饭间不打闹,不看电子产品的好习惯!

生活上,我坚持让他们自己能做的事情自己做,自己铺床、自己穿脱衣服、自己收拾房间,等等,而且通过让他们当"房间整理监督员"和"玩具俱乐部部长",让他们督促自己把家务做好,然后才好监督他人。

任何一个好的习惯都是从不会到会,从不好到好,但只要坚持,小孩子的脚步总能跟得上大人的步伐。

好的家庭环境总会事半功倍

三年前准备搬到郑州航空港区居住,最大的原因莫过于有一个好的生活和学习环境。我们居住在港区的蓝山公馆,欧美风的小区,有园林般的绿化设计,常年绿树丛生,鸟语花香。晨曦微露,虫鸣鸟唱便叫醒了孩子。孩子们美好的一天开始了。

家里动静分离,居住和学习是在二楼,二楼是美式的设计风格,公婆、我们还有孩子都有自己的独立卧室,大儿子的卧室有他每天都会收拾得很干净的学习桌,学习桌里是他自己摆放的需要经常使用到的文具和书籍。每天放学后,他会先吃点东西,然后自行来到学习桌前巩固当天学习的内容。另外每个房间都必须收拾得整齐、干净,要不然就很有可能被大儿子提出批评哦。

楼下是茶室、影音室和一间客房,主要是供大家娱乐、喝茶的地方,一楼的院子有我和婆婆带孩子们一起种植的花卉和蔬菜。孩子们可以体验到劳动的快乐,可以近距离观察植物的生长,感受生命的伟大。春秋夏日,和孩子们坐在院子里吃饭、看书,感受生活的美好,体验四季的轮回。

去年过年我和先生带着孩子在院子里挂满了红灯笼,贴上了对联,夜幕降临,彩色的串灯和大红的灯笼亮起来,让孩子们真真切切地感受到了过年的喜庆和热闹!为了留住这个美好的时刻,我们全家还在院子前拍起了全家福。

志存高远,精忠报国

我们家风家训治家格言有一句——志存高远,精忠报国。这一句家训在疫情期间让我感触最深。一场疫情,让全国上下众志成城、共克时艰,其间有太多的志愿者医护人员英勇献身,奋战在一线的"战场",又有太多太多的幕后工作人员,为国人、为孩子,默默地奉献着!这些英雄都是孩子们学习的榜样,我对孩子们说你们长大以后也要像钟南山爷爷一样，做一个有温度的人、一个有责任心的人、一个能担当重任的人、一个能成为国家栋梁的人！

我鼓励孩子志存高远，因为我始终相信一个敢于逐梦的孩子日后一定懂得努力付出，一个愿意为其远大志向去拼搏、付出的孩子一定是愿意担当重任的人！

我告诉他们要精忠报国，因为"有了强的国，才有富的家，国的家住在心里，家的国以和蛊立"，中国好男儿都有一个报效祖国的梦！

勇敢说出你的爱

这一点源于我的婆家。结婚前我跟先生说，我们来自两个不同的家庭，以后的生活难免会有不适应，既然我们选择了彼此，结婚以后我们都要称呼彼此的父母为"咱爸咱妈"，切忌说出"你爸你妈"这种不利于婚姻的称呼。源于这声称呼，我们对彼此的父母如同对自己父母一样地爱戴，所以公婆每逢外人都会当着我的面对我夸奖一番，而我也更乐意做好公婆口中的"好儿媳"。我也特别感激我有这么好的公婆。可见在外人面前的一个夸奖会更有利于家庭的和谐！

所以，我鼓励孩子要做一个乐于赞美他人的人，当看到别人美好的一面的时候要勇敢地说出来，不管是家人还是朋友，哪怕你看到一个打扫卫生的环卫工爷爷，在冬日里，一句"辛苦了"，一句"我爱你"，都能让他人感受到你的爱。

当我看到孩子做得非常好的一面的时候也会及时夸奖，特别是有客人的时候，我更爱赞美我的孩子，我的孩子也因此表现得更为突出。

大儿子进入小学学习以后，更鲜明地体现了家校合作共促成长的重要性！我是学校家委会的一名成员，感谢学校领导和老师一直以来对我的信任，感谢老师们对孩子的辛苦付出，感谢孩子们带给我们丰富多彩的生活。未来的路还很长，育儿的路上还有很多问题需要改正。在以后的日子里我会更好地配合学校的工作，遵从家校合作、共促成长的教育理念，做好孩子的榜样，时刻严格要求自己，不可松懈，与孩子共成长！

最后，祝愿我们所有的孩子早日实现梦想！祝愿我们的祖国繁荣昌盛！祝愿疫情早日结束！祝愿人类再无疾苦！

（二）创文明家庭，我们在行动——郑州市第一二六中学石玉滢之家纪实

我叫石玉滢，是郑州市第一二六中学八年级的一名学生。文明是一阵清风，愉悦了人们的心情；文明是一盏灯，照亮了前程的光明；文明是一场雨，滋润了干涸的心灵。新文明家庭创建的过程，给我带来许多意想不到的惊喜，让我受益颇多。

父之爱子，教以义方

新家风、新家训是什么，就是做人的理念、生活理念。一个词、一句话、一个家里的故事、一段家里的记忆，都是家风的载体。在我们家有许多的规矩，家中培养出来的每一个人都受到了管束，每一个人展现出来的模样就是家风的体现。

去年过年的时候，家里来了一次大扫除，我把自己的房间打扫得干干净净，全家都沉浸在过年欢庆的气氛中。我用抹布把书桌书柜抹干净，用完就往洗手池一扔，恰巧爸爸看见了这一幕，大吼一声，吓得我魂飞魄散。我以为发生了什么大事，颤颤巍巍地走到爸爸面前。爸爸说："你扔抹布干什么！用完后就扔了是吗？你洗干净了没？"爸爸便不再多说，叫我重新把抹布洗净，规规矩矩地叠成四方块，摆在那儿。我恭恭敬敬地把抹布叠好，放好，真像遵从圣旨！以后，我就不再毛手毛脚了，做事就认真地去做。无规矩不成方圆。从小就受到束缚的我，也觉得一个人的修养是培养出来的。虽然有许多条条框框，但按照它去做，人会有很大的改变，给别人的印象，那种气质就与众不同。我们家的家训、家风就是做人本分，待人忠诚和蔼，学习工作努力认真。在生活起居方面注意洁净卫生，注意小节，一丝不苟。优秀的品质我们需要发扬，这些生活中的细节将使我受益终身。

别裁伪体亲风雅，转益多师是汝师

然而学习上的一些小事常常困扰着我。千里之堤，毁于蚁穴。小小的细节确实给生活和学习带来了困扰，于是父母召开了一次家庭会议。

会议就我"如何改进学习方法"和"应不应该帮助别的同学讲习题"展开。

我首先发言："我从小成绩好，成绩一直名列前茅，但由于初中阶段学习科目增多了，学习压力大，有点力不从心，感觉时间不够用时，有的同学还来找我讲题，不知道该怎么办。"

妈妈说："有准备地去听,也就是说听课前要先预习,找出不懂的知识,发现问题,带着知识点和问题去听课,解决困惑后自身也会有成就感,也更听得进去,容易掌握。"

爸爸说："参与交流和互动,不要只是把自己当作'听'的旁观者,而要成为'听'的参与者,积极思考老师讲的……"

妈妈说："其实给别人讲题,你可以加深一下印象,下次做题更熟练。尺有所短,寸有所长,互相取长补短,有个学友,共同进步。"

……

家庭会议圆满结束,我的问题得到解决,并将在实际生活中得到应用。

博观而约取,厚积而薄发

人非生而知之,必须经过学习才能获取必要的知识,况且如今知识更新速度快,日新月异,只有"活到老,学到老",才能跟上时代。家庭中当然也是如此,家长是孩子的标尺,家长只有不断学习、不断成长,才能给孩子丈量出更多向上成长的空间。

小学的时候父母开始有针对性地引导我阅读,培养我阅读的兴趣。除了我感兴趣的书以外,每学期都会给我购买青少年读物,也会把购书作为奖励进行激励。同时专门购置了小书架,为我设置了书房和书柜。

寒、暑假来临,对于我,对于我们家庭,真可谓是书香飘溢的美好时光。为了让我能更准确地了解书中的资料,父母也竭尽所能开始陪着我一块儿阅读。有时让我读,他们听;有时他们读,让我听。阅读的书籍有《西游记》《红楼梦》等。读过之后,我们都要就书中的故事谈谈隐藏于其中的道理和自我的认识。他们希望通过这种方式,让我明白什么是对的,什么是错的,什么是应当做的,什么是坚决不能做的。以书为镜子,能够照出自我的不足;以书为标尺,能够找到改善的方向。

读书给我们这个家庭增添了无限的乐趣,我们在学习中共同成长、提高。我相信,我们的家庭书香味会越来越浓。

羊有跪乳之恩,鸦有反哺之义

家务,两个对于大家来说并不陌生的字眼,再平凡不过了,大家都做过多少家务了呢？父母亲，不单单只是山或者是水，他们都是山和水！山山水水一直保护和养育着我们，现在的我虽然只能做做家务来帮父母减轻生活的一点点负担，但总比什么都不做的好。

星期六，我早早地醒了。躺在床上回忆母亲为我做的每一件事，都是那么辛苦。

我想了想，妈妈上完夜班，回来还要做家务，多么辛苦啊。我一定要帮她做一件事，让妈妈周末好好休息一下。

我想，我还是先把卫生打扫干净吧。我高高兴兴来到洗手间，拿拖把在水里打湿，等拖把上的水少点儿了，再拿着拖把，来到哥哥房间看见哥哥在玩儿电脑，心里十分想玩，可又一想，一定要让妈妈周末休息一下，就努力不让自己玩电脑，只在一旁拖地，可又禁不住去看。我急急忙忙拖好，逃命般地出来了。

接下来我来到妈妈的房间，为了让妈妈的房间更加干净，我特地在拖把上放了洗衣粉，在妈妈的房间里疯狂地拖来拖去，出了一身大汗，终于拖完了。我一看地板是花的，兴奋劲儿一下子就消失得无影无踪。时间一分一秒地过去了，我想了许久又开始拖了。这次我聪明点儿了，顺着地板的纹路细细地慢慢拖，拖了没多久，豆大的汗珠从脑门上流下，可我一点也没觉得累，反而觉得开心。我休息片刻后又开始拖了，过了没多久我把妈妈的房间拖完了。

妈妈下班回来，进屋一看，本来一脸的疲惫，却全没了，脸上露出欣喜的笑容。原来妈妈的心也容易被女儿一小点儿的"成就"满足的。哎，我这才发现帮妈妈做事的感觉真好！

在做家务的时候，最应注意的是：自觉与真实。尽孝，不是别人让你做，而是自己主动去做。真实，就是发自内心的感受，没有任何虚假的东西。我打算以后尽量在爸爸妈妈上班的时候，打扫卫生，叠好被子，有条理地安排时间。总的来说，我还要继续做下去，继续帮助爸爸妈妈做些家务，减轻一些他们平日工作的劳苦。

父母之爱子，为之计深远

家庭是人生接触的第一个环境，是我们青少年成长的摇篮。我们正处于成长期，家庭环境对我们成长影响深远。

家庭,是一个人成长的摇篮,家庭环境对一个人的成长影响是巨大的。特别是青少年时期,我们对周围的一切都充满好奇,热情洋溢、兴趣广泛,却缺乏毅力;渴望了解社会、了解人生,渴望独立自主,却又缺乏足够的能力摆脱幼稚、分清好坏。青春期的我们出现这些不稳定的个性与含糊的观念如得不到及时的引导和教育,就很容易被一些不良的事物所引诱。因此,我们需要学校、家庭、社会给予全方位的关爱、引导和教育。

我的父母能意识到这一点,并努力创造一个温馨、和谐、健康、文明的家庭环境,适时对我进行科学的人生观、世界观、价值观的教育,以便我健康快乐成长。

少成若天性,习惯之为常

上八年级后,我在一次小测验时出现较多错误,作业本被涂改得乱七八糟,没有一丝干净整洁的痕迹。周五回到家后,妈妈拿着作业本狠狠地批评了我。我说了一句"不就是错了一点吗,有什么大不了的"。当时我没有顾忌太多,只顾大声地发泄不满。这句话一下子激怒了妈妈,她说:"你非但没有认识到错误,还敢顶撞家长,这是最大的教育失败。"此后几天,我对学习有点抵触,埋怨父母没有事事满足自己、时时关心自己,而且也从来不去体会父母的心情。最终爸爸妈妈让步了。

后来,妈妈和言细语地告诉我说没有取得好分数时,不该训斥我,而应当帮助我找出问题,想办法克服困难。当我学习成绩不理想时,父母总是鼓励我要输得起,要经得起考验。每一个家庭都会遇到孩子的学习问题,父母都希望孩子门门功课好,得高分。我的父母也是如此。然而,事情也不是那么轻而易举的,父母常常会因我成绩而困惑、迷茫。成绩对学生来说又是至关重要的。成长的路上,父母不是在帮我解决困惑,就是在鼓励我解决困惑。

读书的过程是培养一个人的奋斗精神、进取精神,事事如意,实属不易。学习上取得理想的成绩,当然是一件令人高兴的事,我在这条路上将继续奋斗并永不停息。

至乐无如读书,至安无如教子

我们全家共同承诺"争做文明人,争创文明家庭",签订了"文明家庭协议书"。其中我要做到的有：

第一，从我做起，从现在做起，从小事做起，不随地吐痰，不抠鼻孔，不当众擤鼻涕，从小养成文明习惯。

第二，积极向家庭成员宣传文明健康知识和社会公德常识，与长辈和兄弟姐妹签订"文明在我家"协议，彻底根除日常生活中的陋习，担当家庭文明的宣传员和监督员。

自从我家定了"文明家庭协议书"后，我家和种种陋习之间似乎产生了一扇铁门，把陋习都隔离了。在我看来，家里的陋习已经寥寥无几了。

一天晚上，我做完作业，准备看书休息会儿。书，就像许多人说的一样，是知识的源泉，是进步的阶梯，所以我对书也是爱不释手的，很快便进入了书的世界。看着看着，我感到鼻子有点痒，于是不由自主地去用手抠鼻孔。不巧被妈妈看到了，她走进来提醒我"文明家庭协议书"中的内容：不抠鼻孔。我原以为只要不当众抠就可以了。经过妈妈解释，我知道了：抠鼻孔不仅是不文明行为，而且还关系到健康。

我明白了文明行为不是当作任务做给别人看的。文明的行为是别人评价自己的一个标准。

让文明之风蔓延世界的每一个角落，让文明之花激情绚丽地绽放每一天。创建一个文明的家庭，做一个文明的人，首先要从自身做起，从身边做起，让我们携手共同创建美好的家园！

（三）书香家庭：让孩子爱阅读——郑州航空港区土墙小学张浩芸之家纪实

我是一名90后，学历不高，初中毕业，地地道道的农民，"半全职妈妈"，一边上班一边照顾着孩子们的生活。虽因种种原因，我没能走进大学校门，但十几年的学生生涯使我爱上读书，为我平平淡淡的生活增添了很多乐趣。

由于处在农村，身边没有城市那种开放书店，我就在网上买些自己喜欢的书籍，空闲时就拿出来翻看。在耳濡目染下，我的两个女儿也都喜欢看书，从小时候的有声识字到现在的童话故事，她们慢慢认识了美丽善良的白雪公主、聪明的阿凡提、为人类盗来火种的普罗米修斯、开天辟地的盘古；了解到为什么会有闪电,海水为什么是蓝色……她们两个非常喜欢阅读,也很爱惜图书,看过的书,就连幼儿时期的识字卡片、认字积木,也都收拾得整整齐齐,保存得完好无损。

为了让我们的独处时光过得更加充实,我让孩子们自己选书,这极大地调动了孩子们的积极性。买到孩子喜欢的书,孩子就会爱不释手。家里的书越来越多,我就买了书架,把书从箱子里移到架子上,孩子看书更方便了。不知不觉中,我家的书架便放满了书,书的类别也越来越多,有关于自然的、科学的、文学的……

在孩子的阅读过程中,我偶尔发现孩子只是爱看"热闹",沉迷于里边的小故事,显然对知识能力的培养没起到多大作用。于是我抽空和孩子一起比赛读书,看谁看得快,谁看完一部分都要给对方讲讲看了哪些内容。

在阅读过程中,我和孩子互相讨论、交流,提高了孩子的语言表达能力。有时,我会给孩子读一段书里的内容,让孩子享受倾听的快乐,然后共同讨论书中的故事、人物、语言,让孩子养成了读书、讨论、思考的习惯。以前孩子读书,懒得做笔记,我和孩子共同读书以来,我们一起边读书边把看到的好词好句勾起来。我注重引导孩子记录好词好句,让孩子逐步养成了用心读书的好习惯,而不是光看故事情节。一段时间坚持下来,孩子读书也用心多了,基本能做到边读边找好词好句,并把它们积累下来,这特别有利于孩子写作水平的提升。

与孩子一起共读不仅是分享快乐,同时也要分享困惑。孩子不懂的地方我会谈谈自己的理解,或和孩子一起查资料。这样家长和孩子都在阅读中增长了知识,训练了思维能力。

如今,我们的亲子共读是从被动读书慢慢转变为主动读书,亲子共读正在成为我们的良好习惯。我们会不断改进方式方法,进一步培养读书、思考的习惯,使孩子与书为友,与书为伴,在读书中健康快乐地成长。

(四)家风家训:传承优秀家训,倡导文明之风——郑州航空港区实验小学南校区马梁源之家纪实

家和万事兴,和谐的家庭是和谐社会的一部分,而形成和谐家庭的重要条

件之一,就是有良好的、与时俱进的家风。"不学礼无以立,人无礼则不生,事无礼则不成,国无礼则不宁。"文明礼仪是国之根,是家之本。新时期,我的家庭在传承过去优良家风的同时,制订了一些与新文明相适应的家训,家庭成员都自觉遵守、践行,让传统美德得以传承,让德育建设更好地落到实处。

1.以孝为先,言传身教

百善孝为先。在刚和丈夫组建家庭时,家里住的还是瓦房,生活比较贫困,再加上父母年迈体弱,我们白手起家,最困难时一人打三份工。但是再苦再累,我们都毫无怨言,患难与共,从没断过双方父母的吃穿用度及零花钱,也从无争吵。在公婆搬进小区安置房时,我一声不吭给他们买来全自动洗衣机,二老洗衣服时就省时省劲;老人记性差,害怕他们出现忘关燃气的情况,又买了新的电磁炉;还装上热水器,让他们无论春夏秋冬,随时可以舒服地洗热水澡……虽然他们嘴上说我乱花钱,但从脸上露出的笑容可以看出他们是高兴的。

都说父母的一言一行、一举一动,对孩子都有着极大的影响,这话一点不假。在我妈住院期间,刚刚八岁的儿子去看她时,拿着面包撕碎一点一点地喂到他姥姥嘴里,还细心地用吸管让他姥姥喝牛奶,说那样就不会呛着了。那温馨的画面令我们十分感动。每天下午放学之后,孩子还总去爷爷家陪伴两位老人,给他们讲自己在学校的趣事,逗老人开心,让他们少一些暮年的伤感。周末我会多做几个菜,孩子就叫上爷爷奶奶一起吃团圆饭,温暖热闹。因家庭和睦,婆媳亲如母女,邻里关系融洽,2019年我被光荣地评为"模范好媳妇",我的家庭也获得了银河办事处"道德模范五好家庭"的称号。

2.以书为师,勤学善思

都说父母是孩子的第一任老师,这个观点我十分赞同,而且一以贯之。我喜欢读书,有时得到一本好书,为了看书我可以不吃饭,少睡觉,到了如饥似渴的程度。《特别关注》《半月选读》《意林》我年年必订,两个孩子学会识字后,我也毫不吝惜钱财,从网上书城订购各种优秀儿童读物。同时还坚持睡前给孩子讲一段故事或读本里的精彩章节,到孩子上二年级以后,再反过来让他们给我读,角色互换让他们爱上了文学。从小儿子两岁开始,我每天晚上都会抽时间带着他去街道等地方,教他路上看到的店铺名称。日积月累,孩子该上一年级时,他的识字量已经达到了四年级的水平。在我的影响下,丈夫也能看看书,两个孩子也很少玩电子游戏,而是把课余时间都用在了学习、阅读上,整个家庭的氛围都充满了书香。

为了增加趣味性,我们家还会定期召开"读书分享会",大家像朋友一样相互交流自己最近读到的好书,朗读其中的片段,发表自己的感想。有时还穿插着家庭版的成语接龙和诗词大会,这些学习活动不仅让我们的思维更灵活,还增进了家庭成员间的感情,一举多得。正是在这样的家庭中,每个成员才都有了长足的发展。我和爱人辛勤工作,认真负责,他是村优秀党小组组长,我则年年被单位评为先进工作者、模范标兵。2018年女儿也以优异的成绩考入河南大学中文系。小儿子虽然才上小学四年级,就已经读过中国的四大名著(简明版)、《钢铁是怎样炼成的》和《毛泽东诗词》等文学名著。从入学到现在,他还经常参加区里的古诗词朗诵和各种征文比赛,且年年都被评为三好学生。相信学习和思考能带给我们的会有更多,我们也不会止步于此。

3. 以善为则,乐于奉献

范仲淹曾写道:"先天下之忧而忧,后天下之乐而乐。"爱国是每个国人最原始的情怀,奉献则是我们帮助他人最好的途径。从小我和丈夫都教儿女们要把善良作为做人的基本准则,真善美是互通的,保持善良和纯真会让人变得更加美好,他们也是这样践行的。女儿在2019年暑假期间,主动随所在大学的志愿者组织到南阳市方城县柳河镇,为村中小学的留守儿童讲课、辅导,给孩子送去了欢乐、知识与梦想。她所在的七彩支教团还获得中国青年志愿者协会颁发的示范团队证书,这让全家人都非常自豪。

2020年伊始,新冠肺炎疫情突然暴发,大批医护人员勇敢奔赴前线。基层也是用人之际,我的丈夫作为党小组组长,主动负责,和其他志愿者一起早出晚归,默默无闻地坚守在小区门口,对往来的每一辆车、每一个人认真登记、测温,做全面检查。我在家里照看老人和孩子,严格遵守国家的防疫规定,不为国家添负担。同时密切关注新闻报道,为不了解疫情的邻里做科普,让他们心安。大年初六,我和爱人还买了口罩、方便面、火腿肠等近5 000元的物资,捐赠给了文苑社区和裕丰社区的一线抗疫人员以及港区人民医院的医护人员。用我们奉献的心,去温暖家庭和社会。

"天下之本在国,国之本在家"。家风正民风才能正,家风好才能有良好的社会风气。中国素以"文明古国,礼仪之邦"著称于世,为将博大精深的文明之风继续发扬光大,让它符合新时代发展的要求,我们都应该从现在做起,从自己做起,以文明之行,兴文明之风,用新文明家庭筑建新文明社会。

(五)新文明家风培育案例:家和才能万事兴——郑州航空港区第十六小学李奕莹之家纪实

当听说我家被提名为"新文明家庭"的时候,我的眼泪情不自禁地流了下来。这泪水包含了我对母亲的感恩,也汇集了我对这个家的热爱和家人对我的关爱。

一个相亲相爱的家

人们常说:"幸福的家庭都是一样的。"我也有一个和睦而温馨的家。我们是一个四口之家,老母亲、丈夫、女儿和我。我是独生子女,母亲一直和我们生活在一起,今年已83岁高龄了。我的婆婆和公公虽然不和我们生活在一起,但我们一样都要照顾到,平时常回家看看,谁家有什么事,都跑前跑后地尽孝心。双方父母过生日,都要在一起庆贺一下。农历大年三十,几家人都聚到我家,既有娘家人又有婆家人,别提多热闹了。虽说在物质生活上不算富裕,但我们全家相亲、相敬、相爱,真诚相处,建立起一个和谐美满的大家庭。

一个尊老爱幼的家

孝敬老人是中华民族的传统美德,这种美德在我们家中同样表现得细致入微。虽然我不是母亲亲生的,但她含辛茹苦地把我抚养大,供我读书,还让我上了卫校,接受了很好的专业教育,我很感激她。服侍孝顺老母亲是我们一家人应该做的。2019年我的老母亲患脑出血,治疗后好转,因患病后行动不便摔断左股骨颈,经治疗后可以撑板凳跛行。2019年又摔断了右腿,医生考虑到她年龄太大建议保守治疗,效果不佳,瘫痪在床已经4年了。

母亲生活完全不能自理,靠别人辅助。好在我是一名护士,护理病人是护士的基本功。老母亲的一日三餐都得喂,每次喂饭后都要清理口腔,小便用婴儿尿不湿铺垫,白天不用说了,晚上至少要起床三四次更换尿片。换尿片后用温水清洗皮肤。大便约三到四天戴手套清理一次,保持床褥清洁干燥。一天翻身多次,擦身、洗脚、剪指甲,保持皮肤干净以防长褥疮。天晴的时候,经常抱老母亲出屋晒太阳,与她谈心。目前老母亲各主要脏器功能正常,只是略有点老年痴呆。每次聊天似乎说的都是几十年前的事情,但我们都很用心地去听。

一个有坚强后盾的家

我和丈夫都上班,丈夫在饭店工作。幸好丈夫的工作时间能和我错开,我们轮流在家照看老母亲。他还主动承担起家务不让我分心。女儿从小懂事,也不推脱,不怕脏和累,尽心地照顾服侍外婆。

一个热爱工作和学习的家

认认真真地工作,踏踏实实地做人。这是我们全家人做人的准则。从事护理工作近30年了,虽然没有特别的成绩,但从未发生过一次工作差错,也没有和病人发生过一次纠纷。我很爱我的护理工作。身为一名白衣天使,我很自豪。同时也教育我的孩子要敬业爱岗,要不断学习才能干好本职工作。爱人也是和我一样,是个默默无闻地为社会奉献自己一辈子的普通人。

一个与邻里和睦相处的家

在单位团结同事。同事友情是时间磨炼出来的。如今都快到了退休年龄,我们都非常珍惜为数不多的工作时光。我家邻居都是通情达理的人,我们十几家相处非常融洽,年纪大的乐意帮助别人,而年轻人也非常尊重老年人,大家和睦相处。半生的经历让我明白人生相聚是"缘"。

总之,还是那句话,"幸福的家庭都是一样的"。一个美满的家庭之所以让每个成员都感到幸福,是因为家庭成员之间有一个能相互理解、和睦相处的生活氛围,是因为有一个积极健康的生活态度,是因为有一个热爱生活、珍惜所有的心态……对幸福的家庭我归结为一句话,那就是:家和才能万事兴。

(六)文明家庭促和谐,平安进取致幸福——郑州市第一三〇中学陶冉之家纪实

我是陶冉妈妈,自从和丈夫陶宏涛组建家庭以来,我们一家人一直秉承着

"勤俭和乐、平安进取"的家风，共同谱写了一个健康、文明的家庭乐章。

1. 勤俭和乐促和谐

听婆婆讲，那时家里孩子多，她在八岁就开始拾柴、做饭、压碾、喂猪什么的了。那时候最大的愿望就是每天都能吃上白面馒头。婆婆是过过苦日子的人，所以很节俭。婆婆的经历也始终感染着我。丈夫是开大车的，脑子里有很多生活箴言。他经常跟我说"贫莫愁兮富莫夸，哪见贫长富久家""一粥一饭当思来处不易，半丝半缕恒念物力维艰"。细细品味，这些确实很有道理。于是家里废旧的纸盒、饮料瓶什么的，我们都整齐地放在地下室里，或废物利用或待积攒数月后一起交到废品回收站。平时的生活支出我们也是思虑再三，从来不大手大脚，更别提什么名牌、奢侈品。但是在学校、单位号召捐款捐物时，我们却从不吝啬，女儿总是班级捐款最多的，总是想着要尽自己的绵薄之力帮助他人。

近期，时常听见楼下的孩子啼哭，婆婆问其缘由，是因为给孩子断奶。孩子突然上火，什么也吃不下，大人也跟着着急，更不知道这么小的孩子能吃什么。婆婆听后赶紧回到家精心地调好肉馅，叫着我一起包好小馄饨，并送给了楼下邻居……

生活中难免有磕磕碰碰，我和丈夫有个约定——"矛盾不过夜"。遇到事情我们总是勤沟通，讲道理。这时候公公婆婆又是我们的裁判，以他们的人生阅历评判着我们的斗争。谁有错，谁道歉。我们也是一样，当长辈闹矛盾时，我俩插科打诨调节气氛"和稀泥"，全家其乐融融。工作上遇到困难，或是有想不通的矛盾点时，我们也是全家齐上阵。俗话说"三个臭皮匠，顶个诸葛亮"，很快难题就能迎刃而解了……

收拾家务我们更是争先恐后。公公婆婆担心我们小两口上班压力大、工作累，总是抢着收拾屋子。而我们夫妻又担心公公婆婆年岁已高，禁不住生活的琐碎和闺女的调皮，总是看见哪里需要收拾就抢着干。慢慢地，我们发现，有时候公公婆婆利用我们休息的时间把家里收拾得干干净净、整整齐齐，那我们小两口就只能做一些零碎的小家务了，这么争着抢着反倒感觉干活很轻松，很快乐。

婆婆正处在更年期的折磨中,这个阶段的人变得非常敏感。她有时心烦得对一些小事都能理解扭曲,有时候又爱抓住过去的痛苦不放,每每这时我总是耐心地聆听,细心地开导。朋友都说:"你婆婆可是找了个贴心人啊!"而我就会说:"我是小棉袄!"婆婆有时候又承受着病痛的折磨,肩周炎,腰腿疼,心脏病,高血压……但是不管我们怎么劝说,她就是不肯去医院。丈夫就会上网查经验,药店问药效,买回来一大堆的药,有时候婆婆会开玩笑地说:"这药都可以吃饱啦,不用吃饭啦。"

女儿在这和谐的氛围中渐渐长大,在长辈的言传身教下,女儿也出落得乖巧懂事、健康活泼,小小年纪就能替他人着想,帮小伙伴分忧,而且从不乱要东西,乱花钱。朋友们都会摸着女儿头说:"舟舟真棒!"

2.平安奋进致幸福

我的丈夫是一名司机,长期跑长途,安全系数低。每一次丈夫跑长途时,一家人的心都是悬着的。同事总说,虽然儿子已成家,可是每天只有收到儿子短信后才能安心睡觉。是啊,每一个卡车人背负的都是一家的使命,只有他们安全,家人才安全,家才安全,才能幸福。丈夫时刻谨记自己的使命,更把安全隐患挂在嘴边。因为受丈夫的影响,我们一家人都时刻将安全挂在心上,出门随手关闭电源,在外遵守交通规则,时常检查家里可能出现的安全隐患,不在楼道堆放物品等,已经成为我们每个家庭成员的日常行为习惯。

在坚守安全的同时,我们还是互相勉励着努力工作。丈夫还是一名焊工,正所谓"师傅领进门,修行在个人",师傅讲了讲注意事项,就让他自己练气焊、电焊。我们这代80后哪里接触过这些东西,可是他硬是凭着不服输的劲,自己买书,向别人请教,凭着这股子钻劲现在终于得到了他们单位上下一致好评。而我也在工作中不断地总结经验,开拓新思路。我们凭借着自己的努力都光荣地成为入党积极分子。女儿也因为受到我们的感染,学习勤奋刻苦,一直名列前茅。

家是最小国,国是千万家。家的和谐便是国的和谐,愿我们每个家庭都能秉承良好家风,助力家国繁荣昌盛!

四、学生案例

(一)家庭环境建设:我爱我的家——郑州航空港区外国语小学六(4)班张钦慧之家纪实

每个人的成长都离不开家庭,家庭环境和家庭教育会直接影响到我们的所作所为。它就像是阳光,一直都在温暖着我和家人。就拿我来说吧,我的父母十分注重家庭环境的建设。在我家,爸爸妈妈一个房间,我和弟弟各有一个房间,我们姐弟两人的房间都有专门读书与学习的地方。在书桌上摆放的是我们各自的图书,墙上贴着一张时间计划表,上面清晰地罗列出每天要做的事情。寒暑假期间,我和弟弟会把课外阅读、写作业、做运动、收拾家务一并安排得井井有条,让时间得到充分的利用。当然了,我们也会根据学过的知识,时常更新一些激励自己的话贴在上面,为自己的生活和学习加油鼓劲。

在周末假期等空闲时间,我们会收拾整理各自的房间。在打扫房间的过程中,培养了我和弟弟的自理能力,也促使我们养成一个好习惯。为了拥有整洁温馨的家庭环境,每个月都会定期开展家庭大扫除。在大扫除时,一家四口齐上阵,每个人都有不同的分工。爸爸负责擦窗户、收拾厨房等工作,妈妈负责全家的整理收纳,我和弟弟分配的是扫地、拖地、擦东西等力所能及的劳动。在整理的过程中,我们不放过任何一个卫生死角,每个人都参与其中,乐在其中,各负其责。打扫的过程虽然辛苦,但是一家人在一起完成一件事情的感觉实在是太美妙了,看着一尘不染、整洁有序的家,我们都觉得很幸福!

家庭对我来说是非常重要的,它就像是一盏灯,照亮我前行的路,伴随我从懵懂无知逐渐走向成熟。父母总是在无形中给我们姐弟俩树立好榜样,传递正能量,让我们在潜移默化中受到正面教育。

希望每个家庭都行动起来,争做新文明家庭,让各自的家庭越来越好!

(二)家务劳动:传承劳动精神——郑州航空港区实验小学六(4)班焦娇之家纪实

"我的好妈妈,下班回到家,劳动了一天,多么辛苦呀!"每当唱起这首歌,我就会想起妈妈忙碌的身影。人们常说劳动是伟大的,是光荣的,没有劳动就没有这个五彩缤纷的世界。

通过亲子劳动,我体验到了劳动的艰辛,懂得了感恩;通过学做饭,我感受到了不能浪费粮食;从拖地浇花中,我懂得了节约用水的重要,明白节俭是一种美德;通过简单的家务劳动,我学会分类、学会注意细节、学会安排顺序等,这些都塑造了我勤劳、乐观的品格。劳动让我养成勇于面对困难、不畏艰辛、坚持不懈的精神。劳动可以锻炼身体,并且在劳动的过程中,我们可以体会到劳动的价值与意义,收获劳动成果的喜悦,使人身心愉悦。劳动可以让我们学到在书本上学不到的知识。在家务劳动中,经历克服困难的过程,能锻炼意志和毅力。

一个人家务劳动的能力强,独立生活的能力就强,从而对生活充满自信心,能独立面对各种困难。所以,我们要做一些力所能及的家务劳动,把桌子擦干净,把窗户弄明净,将书摆放有序,将衣服叠整齐。这些都是生活的点点滴滴,也愿大家都能把爱劳动这个传统传承下去!

(三)家庭会议:我的家庭会议——郑州航空港区冯堂第一小学马敬舒之家纪实

时间:2020 年 10 月 24 日

地点:家

出席:爸爸、妈妈、孩子

主持人:爸爸

记录人:妈妈

议题:如何合理统筹并有效利用时间

【会议内容】

主持人发言:今天我们在一起讨论如何统筹规划好每天的时间,提高时间的利用效率。敬舒开始上四年级了,每天怎样合理统筹规划利用好时间变得尤为重要。

首先,进入四年级以后,文化课任务开始加重;其次,课外兴趣班也不能落下;再者,需要广泛阅读课外书,积极参加社会实践活动;最后,每天要尽可能安排时间到公园散步、锻炼,达到德智体美劳全面发展。各个方面关系协调的最重要因素就是规划好时间,在有限的时间内完成所定的任务。比如:作业应该在半小时内完成,但是拖拉用一小时,其他事情就没时间做或者导致晚上睡觉太晚,所以要有时间观念,合理安排、利用时间,分清主次,先做主要事情后做次要事情;分出重点和非重点,先做当天必须完成的事情,再做本周应该完成的事情。

【互相致谢】

主持人:现在是互相致谢环节。

爸爸:首先,我要感谢妈妈。爸爸经常在外,虽然心里也想和你们在一起,但是由于工作,心有余而力不足,很多时间都在外面出差,照顾、陪伴和辅导你们的时间就不多。妈妈要一边工作、一边照顾你们,包括买菜做饭辅导及家务,所以妈妈是最辛苦的,我要感谢妈妈。

其次,感谢孩子。你已经长大了,非常值得爸爸欣慰的是我不在家的时候,妈妈一个人照顾你,你非常懂事,自理能力很强,也非常体贴照顾妈妈,爸爸很欣慰也很感动。

主持人:下面由孩子发言。

孩子:感谢妈妈一直照顾着我,任劳任怨,陪伴我长大。妈妈在我遇到不懂的问题时,都会耐心地给我讲。当我放学回家,妈妈总是做好饭菜在等我,如果有课外班,还是妈妈风里来雨里去地接送我。

感谢爸爸。虽然爸爸经常外出,但是只要在家,就会关注我的学习。你们两个的方式不同,但对我的关心是一样的。谢谢爸爸!

主持人:下面由妈妈发言。

妈妈:感谢爱人给我们一个温暖的家,家里的大事都由你操心、担当,家里的经济压力都在你身上,但是从来不怨累怨苦,承担起保护我们、照顾我们的重担。尤其是在回老家、旅游等外出时,所有杂事琐事都由爸爸操心,无论多么辛苦也会把一切打点好。非常感谢你。

感谢孩子。一路陪伴长大,也让我成长了不少。孩子现在非常懂事,自理能力很强,能够自己照顾好自己,每次我工作回来不舒服的时候,都会很贴心地照顾我,有时候看我太累,还会心疼地让我早点休息,自己的事情自己处理。

主持人:经过讨论,达成以下共识。即关于以后如何管理好时间的问题,每天回家要掌控好时间,晚上几点睡觉,在睡觉之前有多少事情要做;每件事情大概需要多长时间可以完成,分清楚哪些事情是必须做的,哪些事情可以晚一些;规划好时间,按时间规定去完成,提高做事情的效率和质量。

主持人:我宣布今天的会议圆满结束!

五、调研报告:家家争做文明家庭,人人参与创新活动——郑州航空港区领航学校四年级新文明家庭社会实践报告

(一)基本信息

学校:郑州航空港区领航学校

班级:四(5)班、四(6)班

小组成员:张豫川、申家乐、刘芋彤、肖润涵

辅导老师:王丹丹、黄素芝

(二)社会实践目标

为弘扬中华民族传统家庭美德,深入贯彻落实"立德树人"的根本任务,把"上善共生"的德育理念落到实处,扣好人生第一粒"善"的扣子,特举行新文明家庭创建活动,培育新文明家风,建设新文明家庭,促进学校、家庭、社会共育上善少年,营造优良的社会风气。具体目标如下:

(1)营造优良的家庭环境。

(2)形成家务劳动新风尚。

(3)建设书香家庭。

(4)形成家风家训。

(5)定期召开家庭会议。

(6)家长有良好的教育方式。

(7)社区对家庭良好的评价。

（三）社会实践具体内容

1.营造优良家庭环境

家庭环境美观、整洁、优雅。

2.形成家务劳动新风尚

转变家务劳动观念。劳动是成长的第一课,要让孩子和家长共同参加家务劳动,养成热爱劳动的好习惯。在家务劳动的过程中要增强孩子的自信心和成就感。虽然孩子年龄还小,不能做得很完美,但在学习做的过程中,孩子发现自己有能力完成很多事,从中获得自信。

3.构建书香家庭

亲子共读、家庭成员共读都是构建书香家庭的好方式。家庭读书氛围建设是所有家庭成员的事情。每一个家长都希望自己的孩子爱读书、多读书、读好书。除了在学校老师的教导之外,培养孩子良好的阅读兴趣和习惯,努力营造一个书香家庭是每一个家长的义务。

4.形成家风家训

好家风是一个家庭的精神风尚,是传统美德的现代传承,是安身立命的先决条件,是社会和谐的人文基础。学生通过展示家风家训,讲述家风家教故事,分享家风家教事迹,从小养成良好的习惯,树立良好的三观。

5.定期召开家庭会议

家庭会议是促进家庭成员之间相互沟通、营造民主气氛的重要载体,家庭会议也是家庭优秀文化的酿造池,正能量的发源地。家是最小国,国是千万家。我们的"小家"和"大家"一样,都需要妥善地经营和管理。不定期地举行家庭会议就显得格外重要。

6.家长有良好的教育方式

孩子的家庭教育是一个长期而又艰巨的过程,需要我们不断摸索,需要适时鼓励、夸奖与鞭策,需要家长付出极大的耐心。但是再好的教育方法,不因材施教,都会流于形式。培养孩子既要有一颗爱心,又要有一颗恒心,已所不欲,勿施于人,家长要做好示范;要多陪伴孩子,不要总是以工作忙为借口,要让孩子感到家的温馨,伴有一种幸福愉悦感;家长要做一名倾听者,让孩子愿意与你交流,让孩子的天性自由释放,适时加以启发与诱导,因时制宜、因事制宜、因材施教。

7.社区对家庭的评价

邻里和睦,热心公益,社区评价反响良好。

（四）评价标准

（1）思想进步。家庭成员思想积极向上、热爱祖国、热爱社会主义、热爱中国共产党;道德高尚、遵章守纪,不做有损人格和有损他人的事,自觉争做文明公民。

（2）文明。家庭中尊老爱幼、男女平等;互敬互让、无虐待、无歧视;重视教育子女、言传身教、严格要求,无劣迹;人人讲卫生,家庭成为卫生合格户,并争取成为卫生模范户,懂得卫生保健的基本知识,重视环境美。

（3）守法护法。家庭成员积极接受法制宣传教育,熟悉法律基本常识:能够遵守社会公德,遵守公共秩序,遵守宪法等法律,讲究文明礼貌。

（4）科学生活。摒弃愚昧腐朽的传统观念,改变落后的生活方式和生活习俗,无封建迷信和赌博行为;能勤俭持家、合理消费、民主管理、不铺张浪费;重视家庭智力投资,努力提高家庭成员的素质,促进家庭生活方式逐步向健康、科学方向发展。

（5）勤奋劳动。家庭成员自立勤劳,在本职岗位上努力工作,认真负责,积极完成自己所承担的生产、工作、学习任务。

（五）社会实践成果报告

1.过程

（1）学校宣传,家长积极申报。

"新文明家风"活动的发起者是从学校层面开始的,学校先是通过班主任会议传达上级有关精神,了解活动举办的目的和意义,这样我们的工作就有了方向和标杆。

为了让理论和实践相结合,了解家长意愿,调查新文明家庭的参与度和家风家训实际情况,学校制订了"新文明家风"的相关调查问卷,通过问卷星的形式以班级为单位发送给班级,从而了解新文明家风的第一手资料。问卷星的调查不仅结合实际情况，具体问题具体分析，更能起到宣传和倡议的效果，一举多得。

除此之外，学校层面还举行"新文明家风"相关的主题班会，普及"新文明家风"的概念、内涵和外延，让孩子们把抽象的"家风家训"具体为日常行为规范和良好习惯，让学生了解什么是"新文明家风"，通过历史名人故事、身边日常事例、《颜氏家训》等相关材料深化认识，让孩子以拥有"新文明家风"的相关品质为荣，号召孩子和家长积极参与"新文明家风"活动之中，调动孩子参与的热情，为接下来的"新文明家风"活动奠定群众基础。

表 7-2　郑州航空港区领航学校"新文明家风家庭"评分表

评委姓名			班级			电话			
基本信息		家庭环境	家务劳动	亲子共读	读书氛围	家庭文化	家风家训	家庭会议	教育方式	总分
1号家庭	学生姓名									
	学生班级									
	家庭电话									
	家庭住址									
2号家庭	学生姓名									
	学生班级									
	家庭电话									
	家庭住址									

（2）多彩活动，积极践行。

通过班级主题班队会、家长会等形式鼓励家长积极参与"新文明家风"活动，鼓励、指导孩子和家长积极参与"新文明家风"活动，明确活动对于孩子可持续发展的重要意义。

征集"好家训"：让孩子和家长以家庭和谐、孝道、勤奋、向善、节俭、励志、修养等为内容，采用格言、对联、民谚、短诗、警句、顺口溜等形式展现家规家训。可以是时代传承的，也可以是根据当代社会主义核心价值观挖掘提炼的，在80字以内。

征集"好家风"故事：征集以弘扬中华传统美德为主的良好家风、家族故事，讲述自己身边优良风家训的事例，发掘身边的家风故事。第一，关于品质方面。如勤劳的妈妈、诚实守信的爷爷、爱岗敬业的爸爸、勤俭节约的奶奶、乐于助人的邻居叔叔等。第二，关于家务劳动。回忆或者反思，家里的卫生是不是都有过参与？有没有分工？最擅长的家务是什么？第三，关于书香家庭。有没有浓厚的学习氛围？生活起居有规律吗？饮食健康科学吗？第四，关于家风家训。自己有没有听长辈说过家族里令人感动的故事，哪些家人让你感觉值得敬佩，为什么？第四，关于家教方面。爸妈教育孩子是民主解决还是独断专行？亲子关系、夫妻关系是否亲近、和睦？做过最令父母或者子女感动的事情是什么？

"家风家训手抄报"活动：绘制相关"家风家训"的手抄报，办几次家风家训手抄报展，激励孩子从别人身上汲取能量。

"说说我家风"故事大赛：通过前面的家风家训故事征集活动，通过小组推荐，全班层层推选，举行"说说我家风"故事大赛，让"家风家训"精彩亮相，增强孩子自豪感。

"晒晒我的好家风"照片：开展"晒晒我的好家风"活动，记录精彩或感人瞬间，传承优良家风，让每一个孩子充分绽放精彩的自己，让好家风陪伴孩子成长。

（3）实践活动，入户调查。

接下来班级内每个孩子发一张"新文明家风"报名表，让孩子和家长根据孩子和家庭实际，选择参与"新文明家风"的相关活动，鼓励家长和孩子一起共成长。

经过层层推荐筛选，总结表彰，发现一些做得扎实或者拥有良好家风家训的孩子，及时表彰，激励再接再厉。通过自愿申报和班级推选，入围"家风家训"

核心小组的成员选出小组长,准备入户调查。当然出于回避原则,自己不参评本人家庭。

入户调查前做足功课。首先辅导老师对小组成员进行集体培训,将提前准备的调查评价表发给孩子,对孩子进行调查的问题分类讲解,明晰评价类目、评价标准分值……其次,对小组成员明确分工,记录员负责记录、计分汇总,表达清楚,孩子负责提问关于家庭环境、家务劳动、书香氛围、家风家训等方面内容。调查入户的住户负责向大家介绍自己家庭的房间布局,展现自己的良好家风家貌,做好小小主持人的接待工作。

2.成果

本次社会实践活动,学生全程积极参与,老师及时指导和鼓励,孩子和家长参与的积极性很高,也让家长们对建设新文明家风的劲头更足了。经过步步选拔,层层推选,小组成员一致认为,本次新文明家庭之星的获得者是四(5)班的张豫川、申家乐同学。荣获"新文明家庭之星",他们当之无愧!

说起张豫川的变化,真是让同学们不得不佩服。三年级的时候,张豫川是一只顽皮的小猴子,上课捣乱,害得老师讲课中间不得不多次停下来维持纪律;下课上蹿下跳,一会儿摸摸这个,一会儿打打那个,一会儿惹哭这个,一会儿骂骂那个……反正,课间十分钟让老师不得安生。一想到他,就头疼……"新文明家庭之星"评选开始了,他参选的是"劳动之星"。是的,他总有用不完的劲儿——劳动从来都积极主动不含糊!老师抓住他的优点,赞不绝口!鼓励他参与新文明家风的"劳动之星"评选。还真别说,跟着新文明家风的魔法棒,他的变化最大,上课能安静地听课了,下课能跟同学好好相处了,在临时劳动委员的考察期,做得井井有条,卫生从来没让老师操心过……老师夸他、同学夸他,他成了班级最乐于助人的"小雷锋",人气高涨——新文明家风"劳动之星"非他莫属!

申家乐同学的优秀理所当然,书香阅读做得扎实,真让人赞叹。他的卧室,整齐的书架,藏书之多,占据卧室"半壁江山"。整洁的卧室和客厅,让人不忍心下脚进门。被子折成豆腐块似的一块块摆着,一只可爱的小熊憨态可掬地趴在床头。醒目的家训时刻提示着主人"珍惜时间""泛舟书海",令去调查的老师和成员赞叹连连,自愧不如!

通过这次实地入户调查,让孩子们知道"天外有天,人外有人",不比不知道,一比吓一跳啊。他们不光学习优秀同学家庭的做法,还明白了自己的不足,小组成员间学会从别人身上汲取力量。同学们边入户调查,边拍照留念,有的孩子通过家长访谈了解其他同学的优秀做法,收获满满。

回来之后,他们都写出了自己的入户调查感想,在后来的主题班会中畅谈了优秀孩子的做法。通过这次"新文明家风"活动,有更多的孩子更加注重自己的个人卫生和家庭卫生了,有更多的孩子开始更加明确自己想做什么样的人,通过家风家训鼓励规范自己,成为最优秀的自己并为之努力!家长们也更加深刻反思自己,认识到家庭对孩子的深刻影响了——"幸福的人用童年治愈一生,不幸的人用一生治愈童年"。

践行新文明家风,争做新文明家风之星,在孩子和家长心中悄悄种下一颗"新文明家风"的种子,默默耕耘,让"新文明之花"常开,家长和孩子的这些收获,才是这次"新文明家风"评选活动最重要的成果!

教师感想:群星闪耀 你是最动人的星

教师　王丹丹

古往今来,家风乃是一个家庭或宗族重要的精神内核,是一切家庭成员都务必遵从的行为准则和品德规范。作为一种润物细无声的品德,家风时刻净化着每一个家庭成员的心灵,它是潜移默化的教育。

俗话说:"身教胜于言教。"孩子的好品质、好习惯养成都需要由家长、老师正确引导和督促。自开展"新文明家风"评选活动以来,孩子们发生了可喜的变化,班级层面"新文明家风家庭"评星活动热火朝天。我们的新文明家庭实践活动也收获满满!

1月13日,酝酿已久的"新文明家风家庭"实践活动终于要实地考察了,我和孩子们既激动又忐忑。孩子们做得怎么样呢?在家又有哪些变化呢?

出发之前,我们实践小组先整理出考察的内容和方案,制订出具体的活动计划和路线,确保万事俱备。同时和参加实践的孩子们共同开了一个小会,举办了一个小小的培训,就孩子们要考察的内容和细节进行讨论和培训。孩子们信心满满,带着激动好奇的心情出发了。

我们组四个孩子,分别是张豫川、申家乐、刘芊彤、肖润涵,都住在学校附近的小区。孩子们一路上叽叽喳喳,讨论着各自为新文明家风做出的种种努力,为自己好的做法而自豪。我也期待着孩子们的书房是充满书香味的,屋子是整理得整整齐齐的。

我们首先来到申家乐的家,家乐妈妈已经等候多时啦!家乐的家可真温馨啊!首先是客厅摆放有序,窗明几净,一看就知道是一个勤劳有爱的大家庭。孩子的书桌上摆放着上百本课外书,整整齐齐。书柜旁边摆放着鲜明的几个大字——勤奋、好学、恒心、毅力,这些优良的家训是激励孩子前进的旗帜吧!

本次实践考察,最高兴的是家乐妈妈,她说起家乐的变化滔滔不绝,以前是怎样也不爱劳动,现在又是多么乐于助人,是家里公认的劳动小能手呢!说起家乐,他的故事可多了。刚接这个班的时候,这个孩子的行为让我头疼不已,下课来我办公室告状的孩子更是数不胜数,经过新文明家风系列班队会的开展和家长的沟通,慢慢地,申家乐同学像变了一个人似的。他跟我和他的爸爸妈妈提出建议——共同监督他,他会以身作则。现在他成了班上乐于助人的生活委员。以身作则之星,非申家乐不可!

接着我们来到张豫川的家,一进门,就见墙面上一幅画——赠人玫瑰,手留余香。是啊,"小雷锋"的称号当之无愧!他可是我们班的小暖男,去餐厅吃饭时,下楼的门口总是有一扇门不方便打开,他总是自觉地、默默地走过去,把门打开,用手扶稳,等大家过去之后再赶上队伍。有时候,别的小朋友的水果出现伤口要求换一换时,他总是贴心地说:"我的给你换吧。"他瘦瘦的、小小的个头儿,但是却温暖人心——温馨和睦之星,张豫川当之无愧!

接下来我们来到刘芊彤家,孩子们在与芊彤妈妈的交谈中了解到,芊彤这么优秀是有原因的。"良好的家庭学习习惯是学校教育的保证。在孩子放学后,第一件事就是要求孩子完成当天的作业。在做作业时必须是一气呵成,中途不能停。之后要把第二天上课的文具和课本准备好。良好习惯的养成,必须从小做起,从细节做起。为了培养孩子的阅读习惯,我们定期带孩子到学校图书馆、新华书店借书、购书,在阅读中学习做人的原则,培养爱心。现在每天闲暇之余,刘芋彤总能津津有味地捧起一本课外读物阅读。为了增加孩子读课外书的兴趣,我们还经常和孩子一起读,一起讨论书中的人物,使孩子明白看课外书会使人更聪明,更能干。"刘芋彤家长深有体会。"书山有路勤为径,学海无涯苦作舟",是芋彤的座右铭。作为我班的学习委员,她每天坚持阅读,值得我们学习!

"新文明家风"活动开展以来,我们年级组有"诚实守信之星""勤奋刻苦之星""文明礼貌之星"……真可谓群星闪耀。

让我们从细微处着眼,从点滴小事做起,为了孩子的美好未来,为了世界的温馨和谐,身体力行,家校携手,做好家风的建立者、实践者、推行者,给社会留下一道道绚丽的风景,让我们伟大的祖国成为一个高度礼貌、繁荣昌盛的大家庭!

学生感想:我是小小调查员
——新文明家风调查感想
学生　申家乐

今天我们新文明家风实践小组几个人要去同学家里实地考察。1号是我,所以第一个去的是我家。当时我特别紧张,因为我不知道妈妈准备得够不够好。

刚到我家门口,一股香味扑鼻而来,老师和另外3名同学都赞叹我家很香。老师看见地板那么干净都不敢进去了。进到屋里我就开始介绍自己的卧室、客厅和厨房,重点是书房。我的书房整整齐齐,书桌干净整齐,上百本书像列兵一样"一"字排开。同学们都投来羡慕的目光,都要营造像我家一样的家庭环境和读书氛围呢!

2号是小川。我们来到小川的家里,看到他家的地面闪闪发光,墙上挂着许多奖状和照片,一看就知道小川是一个优秀的同学。照片上一家人和和美美,幸福美满。我们来到他的卧室,看到他的书架上有很多书。我们要学习他勤奋学习的精神。他的家一尘不染,读书氛围也很浓。通过跟他爸爸妈妈的交流,我们知道小川每天一放学就先把作业完成,然后读自己感兴趣的书,这样的好习惯特别值得我们学习。怪不得他学习这么棒呢!让我印象最深的是小川天天和妈妈一起轮流打扫卫生和爱读书写字的好习惯。我以后也要做个勤劳的小蜜蜂,像小川同学一样做妈妈的好助手。

这次活动真是收获满满,希望新文明家风让我们更加健康快乐地成长!

学生感想:以人为镜,可以明得失

——新文明家风调查感想

学生　张豫川

今天下午,我们新文明家风实践小组要到各个家庭去实地考察。

第一站我们来到了申家乐的家。他家里干净亮堂,地面亮得都可以用来做镜子了。我们走进他的书房,书房里整整齐齐。书桌上摆放着上百本书,书上一尘不染。书架旁边几行醒目的大字映入我的眼帘,我不禁读出声来——勤奋、好学、恒心、毅力。这不禁让我肃然起敬。怪不得家乐变化这么大呢,精神食粮很足啊!在被子叠得方块豆腐似的床上,还有一个小熊娃娃正躺在上面,感觉朝我们咧嘴笑呢!我给他整洁的卧室和家庭环境打上了最高分。

第二站是刘芊彤的家,一进门就看见芭蕾舞室似的墙壁,再进房间一看,里面整整齐齐的,让人感到舒适。最引人注目的是一件孔雀服,那上面的羽毛像真的一般,绚烂无比的墙上还有一张家训的小画呢,让人无比舒心。兴趣是最好的老师——感觉到主人公家训的力量。

"以铜为镜,可以正衣冠;以古为镜,可以知兴替;以人为镜,可以明得失。"这次实践活动不仅让我增长了见识,了解了同学的生活方式,学习了他们的优秀做法,也让我们了解了更多的文明家风,激励着我不断前进。

第八章　新时代统筹城乡区域德育一体化展望

第一节　区域学校德育的价值品质状态

一、学校德育的价值定位思考

从区域学校德育经验介绍可发现,多数学校高度重视德育工作,并主动尝试探索,取得一定成效。但部分学校德育价值定位存在一定偏差,主要体现在以下几个方面:

(一)注重外塑,忽略生命成长

少数学校德育停留于外在制度层面的灌输、规范和控制上,失却了德育的本原意义与价值。本质上讲,学校德育的意义在于直面人的生命,从本质上理解"立德树人"的精神内涵,通过人的生命,最终实现人的内在生命品质的提升,是以人为本社会中最体现生命关怀的一项崇高事业。"发展性""自主性""生命化"是学校德育价值追求的核心关键词,也应是当前学校德育变革的方向。

(二)学校德育偏向成人视角,而缺乏学生立场

部分学校仅立足于社会本位、成人立场,主观设计、盲目开展学校德育工作,忽视对学生现实生活状态、生活需求的真实解读。事实上,学生是在自己的生命实践中、通过有意义的生命实践而成长发展的,对学生现实生活的关注、思考、研究、重建,尤其是重建一种能够促进学生主动、健康成长的有意义、有价值、有尊严的校园生活,这是学校德育工作的根基所在。因此,学生立场、解读学生是学校德育实践的基础与前提。

(三)视野受限,缺乏整体规划

部分学校德育缺乏整体的改革规划,尽管每个月、每个学期按计划组织开展德育工作,但其内容、形式多为点状构成,缺乏系统科学的整体规划。其次,

管理过程散乱,上级安排的任务就完成,没有布置任务便不再自觉研究思考。再次,年段系列性缺乏,各年级之间、不同发展阶段之间的教育活动缺少层次性,无法形成满足不同年级学生发展需求的、学校整体层面的德育系列,导致学校德育出现低水平重复现象。

二、德育实践的品质特点思考

(一)品种繁多,但教育内涵不足

事实上,学校德育工作是最让人繁忙、劳累,最没有人愿意从事的一项工作。因此,引导一线教育工作者主动发掘学校常规事务性工作的育人价值,丰富事务性工作的育人价值内涵,实现"成事"与"成人"的有机统一,是提升区域学校德育品质的关键环节。

(二)基础性内容多,发展性内容少

从总体而言,农村学校重点抓养成教育较多,城市学校开展主题教育活动较频繁。从某种意义上讲,学校德育并没有走在学生发展的前面,引领学生的发展,不排除成人社会主观的抽象宣传和无意义的空洞表演。

(三)上级及学校部门布置任务多,教师自主开展活动少

现实中,更多的德育任务来自教育行政部门教研室的布置、学校的统一安排,而不是一线班主任自主研究、主动策划、勇于实践。因此,学校德育赋权一线基层,激活班主任教师德育的积极性、主动性和创造性,是促进区域学校德育发展的重要使命。

三、德育队伍工作状态思考

当前,学校德育队伍的普遍性、根本性问题是缺乏内在的专业化发展,缺乏职业的尊严感和使命感,教师的专业成长多呈现为一种自发的"原生态",这种现象应该引起重视。从德育队伍自身工作创新维度来看,问题集中在工作过程的研究性、创造性不足,导致学校德育多停留于按部就班的常态空心运作。从德育队伍自身专业发展来看,问题主要集中于发展性缺乏,多数班主任教师,甚至学校德育干部不重视、不了解如何发展自身专业能力和素养。

第二节　新时代区域学校德育新生长点

新时代区域的德育一体化工作推进需要贯彻习近平新时代中国特色社会主义思想和习近平总书记关于教育的重要论述精神,紧密结合区域地方实际,找准自己所在区域学校的德育工作新的生长点。下面以郑州航空港区的区域德育实践为例,提出相应的德育新生长点相关思考。

一、理念认同生长点

以"立德树人"为统领,以"上善共生"为引领,"为道而生""为德而来""为生而做",以核心素养、关键能力及必备品格培养为目标,抓住"陪伴"与"赏识"的郑州航空港区两条德育常规主线,培养合格的社会公民,培养德智体美劳全面发展的社会主义建设者和接班人。

二、现状认同生长点

尊重现状,尊重起点,尊重教育规律,尊重学生主体,增强学校德育的对象意识;正确认识德育及德育工作的价值,遵从学生身心发展特点,以德育为突破口,提高港区学校教育教学质量。

三、强化德育组织领导,促进区域德育内涵发展

(1)建立健全德育管理体制机制。

(2)建立定期谈心汇报制度。

(3)建立德育导师制度。

四、完善德育教育管理制度,提高德育工作实效

(1)逐步推行校长德育工作述职制。

（2）试点试行区域德育诊断制度。

五、强化德育队伍建设，提升德育专业化水平，建立数量充足和作风优良的德育师资队伍

（1）加快德育干部培训步伐。

（2）加大班主任全员培训力度。

（3）试点"荣誉班主任"制度。

（4）完善区域教师德育先进评比制度。

（5）举办区域班主任基本功等相关竞赛。

六、加强常规德育三大载体的过程化设计

（1）以德育课程为基础，设计有效的德育活动。

（2）以实践活动为载体，开展丰富的德育活动。

（3）以行为习惯为抓手，落实细微的行为表现。

七、在尊重差异中注重德育核心素养与细节

（1）尊重地区差异，开展符合地区发展的德育活动。

（2）尊重学段差异，开展符合学生发展的德育活动。

（3）突出核心素养，开发具有育人价值的德育课程。

（4）落实细节教育，培养学生知行合一的道德品质。

八、深度挖掘校园文化资源，拓展德育渠道

（1）营造"上善共生"及符合学校特色理念的全区校园（班级）文化。

（2）打造学校德育活动精品。

（3）构建长程序列化的主题班队会课。

（4）加强学科育德研究。

九、以教学研究为突破口，加强德育教研工作，推动区域德育内生发展，寻求广阔的德育发展空间

(1)构建德育三级教研网络。

(2)强化区级层面德育教研引领示范职能。

(3)增强学校德育常规教研实效。

(4)定期举办各级层面德育工作专题论坛。

(5)举行优质主题班队会课竞赛。

十、加强学校德育常态活动研究，加强德育科研引领，提升区域德育品牌

(1)积极申报区域层面的德育龙头科研课题。

(2)鼓励学校申报德育科研课题并自主开展校内立项。

(3)尝试推行教师个人成长德育科研课题制度。

(4)加强新时期网络德育的港区特色及郑州航空港区学校特色的研究。

十一、学校碎片化德育活动课程化整合方向

(1)学校德育活动和德育学科课程相结合。

(2)先行先试，开展学科德育体系化专项研究与学科试点。

(3)树立科学的评价观，以科学的德育评价促进德育的体系化与科学化。实施多方面德育考核，建立基于过程的德育评价体系，开发多主体参评的评估指标体系。德育活动作为一种重要的育人活动，具有内隐性，因此，仅仅依靠于学科课程的书面成绩难以对学生进行综合考核，因此，无论是形式还是内容，都应该切合德育发展的目标，将过程性评估与总结性评估相结合，建立基于过程的德育评价体系。基于过程的综合考评对于学生来讲相对公平，也较为科学。

十二、老师或学生心目中的"好学生标准"

(1)幼儿园：活泼、可爱、善良、宽容、自律，爱国、爱区、爱家。

（2）小学：有责任感，正义，人品好，有礼貌，心地正直善良，积极乐观；学习好，勤学好问，上课好好听讲，作业好好完成，放学后先写作业，写字好，写作文好，每天读书，多做题多思考；纪律好，知错就改，帮家长分担家务，讲卫生，不乱丢垃圾，爱护动物；有自己的特长。

（3）中学：五育并举全面发展。心理健康，团结一致，语言文明，态度端正，朝气蓬勃，懂得感恩等。

十三、比较喜欢的活动或希望开展的活动

（1）小学：跑步，蜡染，拔草，运动会，足球，羽毛球，棋类；希望开展诗文比赛，跳绳及花样跳绳比赛，唱歌比赛（比赛不仅培养团体意识，而且可以享受别班的美妙歌声）；开展六一亲子舞蹈，小实验；希望学习戏曲文化之类的课程和在网上学习课程（渴望进步与了解外面的世界）；开展安全防火演练、汽车模拟驾驶、航模活动等；希望去跳蚤市场，希望去博物馆，希望参加树叶画评比大赛。

（2）中学：开展故事会、经典阅读等益智类项目；组织拔河，乒乓球比赛等体育活动等。

十四、《立德树人，上善共生——郑州航空港区中小学生德育发展指南手册》的主要内容及呈现的形式建议（略）

附　录

1.《"党的领导"相关内容进大中小学课程教材指南》

国家教材委员会关于印发《"党的领导"相关内容进大中小

课程教材指南》的通知

国教材〔2021〕5 号

各省、自治区、直辖市教育厅（教委），新疆生产建设兵团教育局，部属各高等学校、部省合建各高等学校：

为深入贯彻习近平新时代中国特色社会主义思想，进一步推动"党的领导"相关重大理论成果和实践成果进课程教材，我委制定了《"党的领导"相关内容进大中小学课程教材指南》，现印发给你们，请在大中小学课程、教材建设和教育教学中认真贯彻落实。

国家教材委员会

2021 年 9 月 26 日

"党的领导"相关内容进大中小学课程教材指南

为全面贯彻习近平新时代中国特色社会主义思想，推进"党的领导"相关重大理论创新成果和实践经验进课程教材，加强对大中小学生进行坚持和加强党的全面领导的教育，落实立德树人根本任务，培养德智体美劳全面发展的社会主义建设者和接班人，制定本指南。

一、重要意义

办好中国的事情,关键在党。中国共产党是中国特色社会主义事业的领导核心。党的领导是做好党和国家各项工作的根本保证。坚持党对一切工作的领导,是党和国家的根本所在、命脉所在,是全国各族人民的利益所在、幸福所在。

将"党的领导"相关内容全面融入大中小学课程教材,对"党的领导"教育教学基本原则、总体目标、主题内容、载体形式、学段要求、课程教材安排等进行顶层设计,是培养学生对坚持和加强党的全面领导的政治认同、思想认同、情感认同,强化使命担当的重要举措。

二、基本原则

(一)坚持价值导向,突出政治性。坚持以马克思主义为指导,充分反映党领导人民进行革命、建设、改革的光辉历程和伟大实践,充分反映党的十八大以来党的重大理论创新、实践创新、制度创新成果,充分反映马克思主义政党学说及其中国化最新理论成果。

(二)遵循认知规律,突出针对性。充分考虑不同学段学生随着年龄增长由浅入深、由感性到理性的认知发展特点,确定各学段的融入要求以及学习内容安排、载体形式,贴近学生生活、学习、思想实际。

(三)加强整体设计,突出统筹性。落实中央有关重要精神和重大决策部署,结合国家教材委、教育部有关要求,科学确定目标,在大中小学循序渐进地编排教学内容,注重不同学段课程教材体系的统筹布局和衔接协调,做到层次分明、重点突出、统筹兼顾,纵向有机衔接、横向协同配合。

(四)强化育人目标,突出实效性。依据各学科内容体系和育人功能的不同要求和特点,综合运用多种载体形式,教育引导学生通过学习、实践、体验、感悟等形式,进一步提升对党的领导的认知认同,提升为党育人、为国育才的效果。

三、总体目标

"党的领导"相关内容进课程教材的整体布局与分科安排科学有序,学段学科全面覆盖,理论内涵充分阐释,学习要求循序渐进,全面提升课程教材铸魂育人功能。教育引导学生不断增进对中国共产党和中国特色社会主义的政治认同、思想认同、理论认同、情感认同,增强做中国人的志气、骨气、底气,让爱党、爱国、爱社会主义的深厚情感,融于新时代中国特色社会主义伟大实践,统一于全面推进社会主义现代化强国建设,统一于中华民族伟大复兴的历史进程。

四、主题内容

(一)中国共产党的特质和使命。中国共产党是中国工人阶级的先锋队,同时是中国人民和中华民族的先锋队,是中国特色社会主义事业的领导核心,代表中国先进生产力的发展要求,代表中国先进文化的前进方向,代表中国最广大人民的根本利益。党的最高理想和最终目标是实现共产主义。为中国人民谋幸福,为中华民族谋复兴,是中国共产党的初心和使命。一百年来,中国共产党形成和弘扬了坚持真理、坚守理想,践行初心、担当使命,不怕牺牲、英勇斗争,对党忠诚、不负人民的伟大建党精神。民主集中制是党的根本组织原则。

结合党史、新中国史、改革开放史、社会主义发展史教育内容,引导学生理解党的性质宗旨、初心使命、伟大建党精神、组织原则、组织体系及其与"党的领导"之间的内在关系,夯实听党话、感党恩、跟党走的思想根基。

(二)中国共产党的领导地位。党政军民学,东西南北中,党是领导一切的,是最高的政治领导力量。中国共产党领导是历史的选择、人民的选择。中国共产党领导是中国特色社会主义最本质的特征,是中国特色社会主义制度的最大优势。在新时代,建设中国特色社会主义现代化强国、实现中华民族伟大复兴,必须坚持和加强党的全面领导。党的全面领导体现为党对经济建设、政治建设、文化建设、社会建设、生态文明建设等各个领域和各项事业的领导。要把党的领导贯彻到改革发展稳定、内政外交国防、治党治国治军等全部活动和全部过程。

引导学生充分认识党的领导与中国特色社会主义的内在统一性,充分认识党的领导是中国特色社会主义最本质的特征、党的领导是中国特色社会主义制度的最大优势、坚持和加强党的全面领导的重要性和必要性,不断增强学生对中国特色社会主义的道路自信、理论自信、制度自信、文化自信,切实做到"两个维护"。

(三)党的领导体制机制。党的领导体制机制是实现党的领导的制度途径,包含党对自身的领导体制机制和对国家、社会的领导体制机制。中国共产党按照总揽全局、协调各方的原则,在同级各种组织中发挥领导核心作用,实现党对各方面的领导。

教育学生了解党领导各方面工作的体制机制,准确认识党对人大、政府、政协、军队以及外事工作的领导方式,深刻理解党的领导制度体系在整个国家制度和治理体系中的根本和关键地位,引导学生自觉接受党的领导,增强在党的领导下奋发有为的责任感使命感。

(四)中国共产党的自身建设。坚定不移全面从严治党,不断提高党的执政能力和领导水平。以党的政治建设为统领,全面推进党的政治建设、思想建设、组织建设、作风建设、纪律建设,把制度建设贯穿其中,不断增强自我净化、自我完善、自我革新、自我提高能力,提高党把方向、谋大局、定政策、促改革的能力,以党的自我革命推进社会革命,以高质量党建推动高质量发展。

帮助学生深刻认识党的自我革命品格,引导学生坚信中国共产党通过自身建设,在长期执政条件下能够始终保持不变质、不变色、不变味,永远保持先进性和纯洁性,在新时代坚持和发展中国特色社会主义的历史进程中始终成为坚强领导核心。

五、载体形式

通过多种载体形式,深化对党的领导的认识,强化对党的领导的认同。

(一)经典著作和重要文献。主要指马克思主义经典作家、特别是党的领袖关于党的领导的经典著作和重要论述,党章、宪法、党的重要文献等。

(二)史实案例。主要指典型人物、英雄事迹、重大历史事件、科技成果、发展成就等。

(三)仪式、重要纪念日和纪念场馆。主要指国家颁奖、授勋、宪法宣誓等仪式,党的生日、国庆节等重要纪念日,中国共产党第一次全国代表大会会址、西柏坡中共中央旧址、中国共产党历史展览馆等纪念场馆,党旗、党徽等象征标志。

六、学段要求

(一)小学阶段。重点呈现党的领袖故事、革命英雄事迹、重要历史事件、重大发展成就等内容。通过故事讲述、活动游戏、参观革命旧址和纪念馆、认识党旗党徽等象征标志、庆祝党的生日等重要纪念日等方式,围绕思想启蒙与价值引导,让学生知党情、懂党恩,了解中国共产党始终代表最广大人民根本利益,系扣好人生第一枚扣子,初步形成热爱党、拥护党的领导的朴素情感。

(二)初中阶段。重点围绕党领导人民进行革命、建设、改革的基本线索,介绍不同历史时期的重大事件和重要人物,以及党的理论探索成果和自身建设成就等内容。通过阅读梳理、分析思考、参观考察红色教育基地等方式,围绕觉悟提高和品德塑造,让学生听党话、跟党走,懂得没有中国共产党就没有新中国,就没有中华民族伟大复兴的道理,理解中国共产党领导是历史的选择、人民的选择,坚持爱党、爱国、爱社会主义,夯实拥护党的领导的信念根基。

(三)高中阶段。重点解析中国共产党的先进性、革命性、人民性,以及党的基本理论、基本路线、基本方略,深化对党的领导历程的认识。结合党史资料和文献节选,通过自主探究、表达分享、社会实践等方式,围绕思想认同和精神升华,让学生深刻理解伟大建党精神是中国共产党的精神之源,明确中国共产党领导是中国特色社会主义最本质的特征,是中国特色社会主义制度的最大优势,是党和国家的根本所在、命脉所在,是全国各族人民的利益所系、命运所系,形成拥护党的领导的政治认同。

(四)大学阶段。系统介绍党的领导的基本知识、基本理论、体制机制,重点阐释党的领导的历史逻辑、理论逻辑、实践逻辑。本、专科课程重在加强理论教育和学习,高等职业教育课程要体现职业教育特点,研究生阶段要强化研究式教育。通过经典研读、理论宣讲等方式,围绕理论自信和行动自觉,让学生增强对党的领导的政治自觉,坚决维护习近平总书记党中央的核心、全党的核心地位,坚决维护党中央权威和集中统一领导,积极投身于党领导人民进行的伟大斗争、伟大工程、伟大事业、伟大梦想,践行拥护党的领导的使命担当。

七、课程教材安排

按照大中小学不同学段要求,根据不同类型课程教材功能,融合渗透"党的领导"相关内容。

(一)中小学课程教材安排

以道德与法治(思想政治)、语文、历史三科课程教材为主,艺术课程教材有重点地纳入,其他学科课程教材有机渗透。

1.道德与法治(思想政治)课程教材。重在讲述党的先锋队性质、全心全意为人民服务的宗旨、以人民为中心的根本立场等基本知识,对党的政治领导、思想领导、组织领导及科学执政、民主执政、依法执政等进行阐释,结合党的理论创新成果、党领导人民治理国家的基本方略以及中国特色社会主义建设取得的伟大成就等,引导学生感受坚持真理、坚守理想、践行初心、担当使命的伟大建党精神,理解党是领导我们事业的核心力量,筑牢听党话、感党恩、跟党走的思想根基,了解增强"四个意识"、坚定"四个自信"、做到"两个维护"、牢记"国之大者"的基本要求。

2.语文课程教材。注重以文化人,主要选取《吃水不忘挖井人》《谁是最可爱的人》《县委书记的榜样——焦裕禄》《喜看稻菽千重浪》等反映党领导人民进行革命、建设、改革的伟大历程,以及《为人民服务》《丰碑》等阐述党的理论和革命精神的优秀作品等,引导学生感受不怕牺牲、英勇斗争的伟大建党精神,热爱党的领袖,拥护党的领导,传承革命精神,树立崇高理想。

3.历史课程教材。重在全面介绍党自成立以来,领导新民主主义革命、社会主义革命和建设、改革开放和社会主义现代化建设、新时代中国特色社会主义各个历史时期的奋斗历程和建设成就,讲述不同时期党的重要人物、重大事件、历史经验,反映党的领导的伟大功绩等,引导学生感受对党忠诚、不负人民的伟大建党精神,知史爱党、知史爱国,以史为鉴、开创未来,增强为实现中华民族伟大复兴而奋斗的使命感、责任感。

4.艺术课程教材。注重传承红色文化,主要通过油画《开国大典》、歌曲《英雄赞歌》、舞蹈《白毛女》、电影《英雄儿女》、歌剧《洪湖赤卫队》等美术、音乐、舞蹈、影视、戏剧形式的作品,反映党的领导的动人场景,体现人民群众对党的领导的真情拥护,增强教育的感染力、吸引力,培养学生深厚的爱党爱国情感,弘扬光荣传统,赓续红色血脉。

5.其他课程教材。结合各门课程特点,选择典型人物、科学史实等鲜活案例素材,以及在党的领导下取得的脱贫攻坚、遏制疫情等重大发展成就和载人航天、载人深潜、北斗导航、量子通信等重大科技成果,体现党的领导的重大意义,引导学生矢志跟党走,树立投身于中华民族伟大复兴实践的坚定志向。

(二)大学课程教材安排

以思想政治理论课和政治学类课程教材为主,法学类、历史学类课程教材有重点地体现,哲学社会科学其他课程教材和理工农医类、军事类课程教材全覆盖。

1.思想政治理论课教材。集中阐释坚持和加强中国共产党领导的基本理论,特别是习近平总书记关于坚持党的全面领导的重要论述,深入阐述中国共产党领导人民进行革命、建设、改革所取得的历史性成就,重点阐释中国共产党弘扬伟大建党精神,在长期奋斗中形成的精神谱系和政治品格,帮助学生深刻理解中国共产党领导的必然性和重要性,深刻认识中国共产党永远是中国人民和中华民族的主心骨,坚定在中国共产党领导下走中国特色社会主义道路的信心和决心。

2.政治学类课程教材。政党是现代政治的重要现象,中国共产党领导是政治学教学研究的核心内容。政治学类课程教材要重点阐明党的领导在国家权力结构中的地位、党的组织结构、党的领导原则和领导体制,准确阐述党对人大、政府、政协、军队的领导方式,帮助学生全面掌握"党的领导"的主要内容,深刻理解其核心要义,增强对中国共产党领导的理性认识和思想认同。

3.法学类课程教材。贯彻习近平法治思想,重点阐述党的领导与依法治国的关系,深刻阐明中国共产党的领导是社会主义法治之魂,是推进全面依法治国的根本保证,系统阐述党推进全面依法治国的战略举措,帮助学生深刻理解把党的领导贯彻到依法治国全过程各方面的根本要求,引导学生忠实信仰、坚定捍卫、积极践行中国特色社会主义法治道路。

4.历史学类课程教材。运用唯物史观,从大历史的角度,深刻阐明中国共产党成立 100 年来,领导中国人民从站起来、富起来到强起来的伟大历程、巨大贡献和宝贵经验,帮助学生深刻领会中国共产党领导的历史必然性,不断深化对共产党执政规律、社会主义建设规律、人类社会发展规律的认识,引导学生学史明理、学史增信、学史崇德、学史力行。

5.其他课程教材。哲学、经济学、社会学、教育学、文学、新闻学、管理学、艺术学等哲学社会科学其他课程教材和理工农医类、军事类等课程教材,要从自身实际出发,运用典型人物、英雄事迹、鲜活案例、科技成果、发展成就等载体,将"党的领导"相关内容有机融入课程教材之中,帮助学生认识和理解中国共产党领导是中国最大的国情,坚定地永远跟党走,积极投身中华民族伟大复兴的实践中。

八、组织实施

(一)加强专业指导。在国家教材委相关专家委员会下组建由资深学者教授、课程教材专家等组成的专业指导组,加强统筹、指导,推进教材及时修订,确保"党的领导"相关内容融入不同学段课程教材的准确性、系统性。

(二)做好实施细化。各类课程教材编修团队要结合自身特点,根据《"党的领导"相关内容要点》,分学段分学科细化任务,明确各类课程教材融入"党的领导"的具体内容,实现中小学国家、地方、校本课程教材和职业院校、普通高等学校各学科专业课程教材及时进、有效进。

(三)强化培训培养。组织开展课程教材编修团队专题培训,确保"党的领导"相关内容进课程教材的系统性、准确性、针对性和适宜性。把"党的领导"相关内容充分体现在骨干教师队伍建设、高校哲学社会科学教学科研骨干研修、高校思想政治理论课骨干教师研修、高校辅导员骨干培训中。

(四)加强教学研究。充分利用各地教科研部门和高校的相关优势学科、重点研究基地和相关科研力量,深入开展对"党的领导"相关内容教育教学研究,为"党的领导"教育教学和教材编写提供理论基础和学理支撑。

2.《中小学德育工作指南》

教育部关于印发《中小学德育工作指南》的通知

教基〔2017〕8 号

各省、自治区、直辖市教育厅（教委），新疆生产建设兵团教育局：

为全面贯彻党的十八大和十八届三中、四中、五中、六中全会精神，深入贯彻落实习近平总书记系列重要讲话精神，落实立德树人根本任务，不断增强中小学德育工作的时代性、科学性和实效性，经研究，我部制定了《中小学德育工作指南》。现印发给你们，请认真贯彻落实。

该《指南》是指导中小学德育工作的规范性文件，适用于所有普通中小学。各地要加强组织实施，将《指南》作为学校开展德育工作的基本遵循，纳入校长和教师培训的重要内容，并将其作为教育行政部门对中小学德育工作进行督导评价的重要依据，进一步提高中小学德育工作水平。

请将贯彻落实情况及时报我部。

教育部

2017 年 8 月 17 日

中小学德育工作指南

为深入贯彻落实立德树人根本任务，加强对中小学德育工作的指导，切实将党和国家关于中小学德育工作的要求落细落小落实，着力构建方向正确、内容完善、学段衔接、载体丰富、常态开展的德育工作体系，大力促进德育工作专业化、规范化、实效化，努力形成全员育人、全程育人、全方位育人的德育工作格局，特制定本指南。

一、指导思想

全面贯彻党的十八大和十八届三中、四中、五中、六中全会精神，深入贯彻习近平总书记系列重要讲话精神和治国理政新理念新思想新战略，始终坚持育人为本、德育为先，大力培育和践行社会主义核心价值观，以培养学生良好思想品德和健全人格为根本，以促进学生形成良好行为习惯为重点，以落实《中小学生守则（2015年修订）》为抓手，坚持教育与生产劳动、社会实践相结合，坚持学校教育与家庭教育、社会教育相结合，不断完善中小学德育工作长效机制，全面提高中小学德育工作水平，为中国特色社会主义事业培养合格建设者和可靠接班人。

二、基本原则

（一）坚持正确方向。加强党对中小学校的领导，全面贯彻党的教育方针，坚持社会主义办学方向，牢牢把握中小学思想政治和德育工作主导权，保证中小学校成为坚持党的领导的坚强阵地。

（二）坚持遵循规律。符合中小学生年龄特点、认知规律和教育规律，注重学段衔接和知行统一，强化道德实践、情感培育和行为习惯养成，努力增强德育工作的吸引力、感染力和针对性、实效性。

（三）坚持协同配合。发挥学校主导作用，引导家庭、社会增强育人责任意识，提高对学生道德发展、成长成人的重视程度和参与度，形成学校、家庭、社会协调一致的育人合力。

（四）坚持常态开展。推进德育工作制度化常态化，创新途径和载体，将中小学德育工作要求贯穿融入学校各项日常工作中，努力形成一以贯之、久久为功的德育工作长效机制。

三、德育目标

（一）总体目标

培养学生爱党爱国爱人民，增强国家意识和社会责任意识，教育学生理解、认同和拥护国家政治制度，了解中华优秀传统文化和革命文化、社会主义先进文化，增强中国特色社会主义道路自信、理论自信、制度自信、文化自信，引导学生准确理解和把握社会主义核心价值观的深刻内涵和实践要求，养成良好政治素质、道德品质、法治意识和行为习惯，形成积极健康的人格和良好心理品质，促进学生核心素养提升和全面发展，为学生一生成长奠定坚实的思想基础。

（二）学段目标

小学低年级

教育和引导学生热爱中国共产党、热爱祖国、热爱人民，爱亲敬长、爱集体、爱家乡,初步了解生活中的自然、社会常识和有关祖国的知识,保护环境,爱惜资源,养成基本的文明行为习惯,形成自信向上、诚实勇敢、有责任心等良好品质。

小学中高年级

教育和引导学生热爱中国共产党、热爱祖国、热爱人民,了解家乡发展变化和国家历史常识,了解中华优秀传统文化和党的光荣革命传统,理解日常生活的道德规范和文明礼貌,初步形成规则意识和民主法治观念,养成良好生活和行为习惯,具备保护生态环境的意识,形成诚实守信、友爱宽容、自尊自律、乐观向上等良好品质。

初中学段

教育和引导学生热爱中国共产党、热爱祖国、热爱人民,认同中华文化,继承革命传统,弘扬民族精神,理解基本的社会规范和道德规范,树立规则意识、法治观念,培养公民意识,掌握促进身心健康发展的途径和方法,养成热爱劳动、自主自立、意志坚强的生活态度,形成尊重他人、乐于助人、善于合作、勇于创新等良好品质。

高中学段

教育和引导学生热爱中国共产党、热爱祖国、热爱人民,拥护中国特色社会主义道路,弘扬民族精神,增强民族自尊心、自信心和自豪感,增强公民意识、社会责任感和民主法治观念,学习运用马克思主义基本观点和方法观察问题、分析问题和解决问题,学会正确选择人生发展道路的相关知识,具备自主、自立、自强的态度和能力,初步形成正确的世界观、人生观和价值观。

四、德育内容

(一)理想信念教育。开展马列主义、毛泽东思想学习教育,加强中国特色社会主义理论体系学习教育,引导学生深入学习习近平总书记系列重要讲话精神,领会党中央治国理政新理念新思想新战略。加强中国历史特别是近现代史教育、革命文化教育、中国特色社会主义宣传教育、中国梦主题宣传教育、时事政策教育,引导学生深入了解中国革命史、中国共产党史、改革开放史和社会主义发展史,继承革命传统,传承红色基因,深刻领会实现中华民族伟大复兴是中华民族近代以来最伟大的梦想，培养学生对党的政治认同、情感认同、价值认同，不断树立为共产主义远大理想和中国特色社会主义共同理想而奋斗的信念和信心。

（二）社会主义核心价值观教育。把社会主义核心价值观融入国民教育全过程，落实到中小学教育教学和管理服务各环节，深入开展爱国主义教育、国情教育、国家安全教育、民族团结教育、法治教育、诚信教育、文明礼仪教育等，引导学生牢牢把握富强、民主、文明、和谐作为国家层面的价值目标，深刻理解自由、平等、公正、法治作为社会层面的价值取向，自觉遵守爱国、敬业、诚信、友善作为公民层面的价值准则，将社会主义核心价值观内化于心、外化于行。

（三）中华优秀传统文化教育。开展家国情怀教育、社会关爱教育和人格修养教育，传承发展中华优秀传统文化，大力弘扬核心思想理念、中华传统美德、中华人文精神，引导学生了解中华优秀传统文化的历史渊源、发展脉络、精神内涵，增强文化自觉和文化自信。

（四）生态文明教育。加强节约教育和环境保护教育，开展大气、土地、水、粮食等资源的基本国情教育，帮助学生了解祖国的大好河山和地理地貌，开展节粮节水节电教育活动，推动实行垃圾分类，倡导绿色消费，引导学生树立尊重自然、顺应自然、保护自然的发展理念，养成勤俭节约、低碳环保、自觉劳动的生活习惯，形成健康文明的生活方式。

（五）心理健康教育。开展认识自我、尊重生命、学会学习、人际交往、情绪调适、升学择业、人生规划以及适应社会生活等方面教育，引导学生增强调控心理、自主自助、应对挫折、适应环境的能力，培养学生健全的人格、积极的心态和良好的个性心理品质。

五、实施途径和要求

（一）课程育人

充分发挥课堂教学的主渠道作用，将中小学德育内容细化落实到各学科课程的教学目标之中，融入渗透到教育教学全过程。

严格落实德育课程。按照义务教育、普通高中课程方案和标准，上好道德与法治、思想政治课，落实课时，不得减少课时或挪作他用。

要围绕课程目标,联系学生生活实际,挖掘课程思想内涵,充分利用时政媒体资源,精心设计教学内容,优化教学方法,发展学生道德认知,注重学生的情感体验和道德实践。

发挥其他课程德育功能。要根据不同年级和不同课程特点,充分挖掘各门课程蕴含的德育资源,将德育内容有机融入各门课程教学中。

语文、历史、地理等课要利用课程中语言文字、传统文化、历史地理常识等丰富的思想道德教育因素,潜移默化地对学生进行世界观、人生观和价值观的引导。

数学、科学、物理、化学、生物等课要加强对学生科学精神、科学方法、科学态度、科学探究能力和逻辑思维能力的培养,促进学生树立勇于创新、求真求实的思想品质。

音乐、体育、美术、艺术等课要加强对学生审美情趣、健康体魄、意志品质、人文素养和生活方式的培养。

外语课要加强对学生国际视野、国际理解和综合人文素养的培养。

综合实践活动课要加强对学生生活技能、劳动习惯、动手实践和合作交流能力的培养。

用好地方和学校课程。要结合地方自然地理特点、民族特色、传统文化以及重大历史事件、历史名人等,因地制宜开发地方和学校德育课程,引导学生了解家乡的历史文化、自然环境、人口状况和发展成就,培养学生爱家乡、爱祖国的感情,树立维护祖国统一、加强民族团结的意识。

统筹安排地方和学校课程,开展法治教育、廉洁教育、反邪教教育、文明礼仪教育、环境教育、心理健康教育、劳动教育、毒品预防教育、影视教育等专题教育。

(二)文化育人

要依据学校办学理念,结合文明校园创建活动,因地制宜开展校园文化建设,使校园秩序良好、环境优美,校园文化积极向上、格调高雅,提高校园文明水平,让校园处处成为育人场所。

优化校园环境。学校校园建筑、设施、布置、景色要安全健康、温馨舒适,使校园内一草一木、一砖一石都体现教育的引导和熏陶。

学校要有升国旗的旗台和旗杆。建好共青团、少先队活动室。积极建设校史陈列室、图书馆(室)、广播室、学校标志性景观。

学校、教室要在明显位置张贴社会主义核心价值观 24 字、《中小学生守则(2015 年修订)》。教室正前上方有国旗标识。

要充分利用板报、橱窗、走廊、墙壁、地面等进行文化建设,可悬挂革命领袖、科学家、英雄模范等杰出人物的画像和格言,展示学生自己创作的作品或进行主题创作。

营造文化氛围。凝练学校办学理念,加强校风教风学风建设,形成引导全校师生共同进步的精神力量。

鼓励设计符合教育规律、体现学校特点和办学理念的校徽、校训、校规、校歌、校旗等并进行教育展示。

创建校报、校刊进行宣传教育。可设计体现学校文化特色的校服。

建设班级文化,鼓励学生自主设计班名、班训、班歌、班徽、班级口号等,增强班级凝聚力。

推进书香班级、书香校园建设,向学生推荐阅读书目,调动学生阅读积极性。提倡小学生每天课外阅读至少半小时,中学生每天课外阅读至少 1 小时。

建设网络文化。积极建设校园绿色网络,开发网络德育资源,搭建校园网站、论坛、信箱、博客、微信群、QQ 群等网上宣传交流平台,通过网络开展主题班(队)会、冬(夏)令营、家校互动等活动,引导学生合理使用网络,避免沉溺网络游戏,远离有害信息,防止网络沉迷和伤害,提升网络素养,打造清朗的校园网络文化。

(三)活动育人

要精心设计、组织开展主题明确、内容丰富、形式多样、吸引力强的教育活动,以鲜明正确的价值导向引导学生,以积极向上的力量激励学生,促进学生形成良好的思想品德和行为习惯。

开展节日纪念日活动。利用春节、元宵、清明、端午、中秋、重阳等中华传统节日以及二十四节气,开展介绍节日历史渊源、精神内涵、文化习俗等校园文化活动,增强传统节日的体验感和文化感。

利用植树节、劳动节、青年节、儿童节、教师节、国庆节等重大节庆日集中开展爱党爱国、民族团结、热爱劳动、尊师重教、爱护环境等主题教育活动。

利用学雷锋纪念日、中国共产党建党纪念日、中国人民解放军建军纪念日、七七抗战纪念日、九三抗战胜利纪念日、九一八纪念日、烈士纪念日、国家公祭日等重要纪念日,以及地球日、环境日、健康日、国家安全教育日、禁毒日、航天日、航海日等主题日,设计开展相关主题教育活动。

开展仪式教育活动。仪式教育活动要体现庄严神圣,发挥思想政治引领和道德价值引领作用,创新方式方法,与学校特色和学生个性展示相结合。

严格中小学升挂国旗制度。除寒暑假和双休日外,应当每日升挂国旗。除假期外,每周一及重大节会活动要举行升旗仪式,奏唱国歌,开展向国旗敬礼、国旗下宣誓、国旗下讲话等活动。

入团、入队要举行仪式活动。

举办入学仪式、毕业仪式、成人仪式等有特殊意义的仪式活动。

开展校园节(会)活动。举办丰富多彩、寓教于乐的校园节(会)活动,培养学生兴趣爱好,充实学生校园生活,磨炼学生意志品质,促进学生身心健康发展。

学校每学年至少举办一次科技节、艺术节、运动会、读书会。可结合学校办学特色和学生实际,自主开发校园节(会)活动,做好活动方案和应急预案。

开展团、队活动。加强学校团委对学生会组织、学生社团的指导管理。明确中学团委对初中少先队工作的领导职责,健全初中团队衔接机制。确保少先队活动时间,小学1年级至初中2年级每周安排1课时。

发挥学生会作用,完善学生社团工作管理制度,建立体育、艺术、科普、环保、志愿服务等各类学生社团。学校要创造条件为学生社团提供经费、场地、活动时间等方面保障。

要结合各学科课程教学内容及办学特色,充分利用课后时间组织学生开展丰富多彩的科技、文娱、体育等社团活动,创新学生课后服务途径。

(四)实践育人

要与综合实践活动课紧密结合,广泛开展社会实践,每学年至少安排一周时间,开展有益于学生身心发展的实践活动,不断增强学生的社会责任感、创新精神和实践能力。

开展各类主题实践。利用爱国主义教育基地、公益性文化设施、公共机构、企事业单位、各类校外活动场所、专题教育社会实践基地等资源,开展不同主题的实践活动。

利用历史博物馆、文物展览馆、物质和非物质文化遗产地等开展中华优秀传统文化教育。

利用革命纪念地、烈士陵园(墓)等开展革命传统教育。

利用法院、检察院、公安机关等开展法治教育。

利用展览馆、美术馆、音乐厅等开展文化艺术教育。

利用科技类馆室、科研机构、高新技术企业设施等开展科普教育。

利用军事博物馆、国防设施等开展国防教育。

利用环境保护和节约能源展览馆、污水处理企业等开展环境保护教育。

利用交通队、消防队、地震台等开展安全教育。

利用养老院、儿童福利机构、残疾人康复机构等社区机构等开展关爱老人、孤儿、残疾人教育。

利用体育科研院所、心理服务机构、儿童保健机构等开展健康教育。

加强劳动实践。在学校日常运行中渗透劳动教育,积极组织学生参与校园卫生保洁、绿化美化,普及校园种植。

将校外劳动纳入学校的教育教学计划,小学、初中、高中每个学段都要安排一定时间的农业生产、工业体验、商业和服务业实习等劳动实践。

教育引导学生参与洗衣服、倒垃圾、做饭、洗碗、拖地、整理房间等力所能及的家务劳动。

组织研学旅行。把研学旅行纳入学校教育教学计划,促进研学旅行与学校课程、德育体验、实践锻炼有机融合,利用好研学实践基地,有针对性地开展自然类、历史类、地理类、科技类、人文类、体验类等多种类型的研学旅行活动。

要考虑小学、初中、高中不同学段学生的身心发展特点和能力,安排适合学生年龄特征的研学旅行。

要规范研学旅行组织管理,制定研学旅行工作规程,做到"活动有方案,行前有备案,应急有预案",明确学校、家长、学生的责任和权利。

开展学雷锋志愿服务。要广泛开展与学生年龄、智力相适应的志愿服务活动。

发挥本校团组织、少先队组织的作用,抓好学生志愿服务的具体组织、实施、考核评估等工作。

做好学生志愿服务认定记录,建立学生志愿服务记录档案,加强学生志愿服务先进典型宣传。

(五)管理育人

要积极推进学校治理现代化,提高学校管理水平,将中小学德育工作的要求贯穿于学校管理制度的每一个细节之中。

完善管理制度。制定校规校纪,健全学校管理制度,规范学校治理行为,形成全体师生广泛认同和自觉遵守的制度规范。

制定班级民主管理制度,形成学生自我教育、民主管理的班级管理模式。

制定防治学生欺凌和暴力工作制度,健全应急处置预案,建立早期预警、事中处理及事后干预等机制。

会同相关部门建立学校周边综合治理机制,对社会上损害学生身心健康的不法行为依法严肃惩处。

明确岗位责任。建立实现全员育人的具体制度,明确学校各个岗位教职员工的育人责任,规范教职工言行,提高全员育人的自觉性。

班主任要全面了解学生,加强班集体管理,强化集体教育,建设良好班风,通过多种形式加强与学生家长的沟通联系。各学科教师要主动配合班主任,共同做好班级德育工作。

加强师德师风建设。培育、宣传师德标兵、教学骨干和优秀班主任、德育工作者等先进典型,引导教师争做"四有"好教师。

实行师德"一票否决制",把师德表现作为教师资格注册、年度考核、职务(职称)评审、岗位聘用、评优奖励的首要标准。

细化学生行为规范。落实《中小学生守则(2015 年修订)》,鼓励结合实际制订小学生日常行为规范、中学生日常行为规范,教育引导学生熟知学习生活中的基本行为规范,践行每一项要求。

关爱特殊群体。要加强对经济困难家庭子女、单亲家庭子女、学习困难学生、进城务工人员随迁子女、农村留守儿童等群体的教育关爱,完善学校联系关爱机制,及时关注其心理健康状况,积极开展心理辅导,提供情感关怀,引导学生心理、人格积极健康发展。

(六)协同育人

要积极争取家庭、社会共同参与和支持学校德育工作,引导家长注重家庭、注重家教、注重家风,营造积极向上的良好社会氛围。

加强家庭教育指导。要建立健全家庭教育工作机制,统筹家长委员会、家长学校、家长会、家访、家长开放日、家长接待日等各种家校沟通渠道,丰富学校指导服务内容,及时了解、沟通和反馈学生思想状况和行为表现,认真听取家长对学校的意见和建议,促进家长了解学校办学理念、教育教学改进措施,帮助家长提高家教水平。

构建社会共育机制。要主动联系本地宣传、综治、公安、司法、民政、文化、共青团、妇联、关工委、卫计委等部门、组织,注重发挥党政机关和企事业单位领导干部、专家学者以及老干部、老战士、老专家、老教师、老模范的作用,建立多方联动机制,搭建社会育人平台,实现社会资源共享共建,净化学生成长环境,助力广大中小学生健康成长。

六、组织实施

加强组织领导。各级教育行政部门要把中小学德育工作作为教育系统党的建设的重要内容,摆上重要议事日程,加强指导和管理。学校要建立党组织主导、校长负责、群团组织参与、家庭社会联动的德育工作机制。学校党组织要充分发挥政治核心作用,切实加强对学校德育工作的领导,把握正确方向,推动解决重要问题。校长要亲自抓德育工作,规划、部署、推动学校德育工作落到实处。学校要完善党建带团建机制,加强共青团、少先队建设,在学校德育工作中发挥共青团、少先队的思想性、先进性、自主性、实践性优势。

加强条件保障。各级教育行政部门和学校要进一步改善学校办学条件,将德育工作经费纳入经费年度预算,完善优化教育手段,提供德育工作必需的场所、设施,订阅必备的参考书、报纸杂志,配齐相应的教学仪器设备等。

加强队伍建设。各级教育行政部门和学校要重视德育队伍人员培养选拔,优化德育队伍结构,建立激励和保障机制,调动工作积极性和创造性。要有计划地培训学校党组织书记、校长、德育干部、班主任、各科教师和少先队辅导员、中学团干部,组织他们学习党的教育方针、德育理论,提高德育工作专业化水平。

加强督导评价。各级教育行政部门要将学校德育工作开展情况纳入对学校督导的重要内容,建立区域、学校德育工作评价体系,适时开展专项督导评估工作。学校要认真开展学生的品德评价,纳入综合素质评价体系,建立学生综合素质档案,做好学生成长记录,反映学生成长实际状况。

加强科学研究。各级教育行政部门、教育科研机构和学校要组织力量开展中小学德育工作研究,探索新时期德育工作特点和规律,创新德育工作的途径和方法,定期总结交流研究成果,学习借鉴先进经验和做法,增强德育工作的科学性、系统性和实效性。

3.重庆市 A 区学生价值准则教育现状监测报告

重庆市 A 区学生价值准则教育现状监测报告(公开版)

重庆市 A 区德育研究项目组

2022 年 3 月

一、监测的基本思路及方法

(一)问题的提出

我国正处在社会转型时期,在社会信息化、经济全球化、网络社会化、文化多元化的社会进程中,培育和践行社会主义核心价值观,是推进中国特色社会主义伟大事业,实现中华民族伟大复兴中国梦的战略任务,是全面建设小康社会的奠基工程之一,也是中小学教育的核心根本任务之一。

目前,重庆市 A 区围绕自己的区域德育理念,以中小学生价值准则教育为重点,全面加强中小学生思想道德建设。本次调查研究,正是对全区中小学生价值准则教育现状进行重新审视,对学校价值准则教育工作进行深层次思考,找到学校德育改革与发展新的生长点,为学校教育创新提供选择思路,为区域性德育工作发展提供决策依据。

(二)监测的基本思路

社会主义核心价值观是包括国家、社会和个人三个层面、12 个方面的整体目标体系。重庆市 A 区结合区域特点,按照"生活化、操作化、层次化"的基本思路,顶层设计区域德育系统,从社会主义核心价值观个人层面的价值准则入手,制定了《A 区中小学(幼儿园)价值准则培养分层目标》,将"爱国、诚信、责任、友善"等 4 项核心价值准则目标,具体细化为贴近学生现实生活、反映学生成长发展需求的 25 个具体价值准则教育德目要点,力图将核心价值观的要求通俗化、生活化、具体化。其中"爱国"包括"国情意识、乡土观念、政治意识、传统文化、革命传统"等 5 项基本内容;"责任"包括"认真学习、讲究卫生、生活自理、热爱劳动、生活节制、着装得体、服务他人(社会)"等 7 项基本内容;"诚信"包括"遵守规则、遵守时间、重诺守信、为人诚实、遵守公德、知法守法"等 6 项基本内容;"友善"包括"热爱生命、自尊自爱、文明有礼、友好相处、关心他人、热爱自然"等 7 项基本内容。本次监测以《A 区中小学(幼儿园)价值准则培养分层目标》为基本内容,旨在对区域中小学生价值准则教育现状做出客观事实性描述,从而判定学校价值准则教育现状与理想状态之间存在差距的程度,并据此提出学校价值准则教育改进的具体对策。

本次监测坚持"科学性、生本性、常态性、操作性"的基本原则,重视监测的科学依据、科学态度和科学方法,遵循德育基本原则和基本规律,严格按照全区统一制定的监测标准,科学、合理使用监测工具,严格按照监测程序、监测步骤开展监测工作;聚焦区域中小学生的价值准则教育情况,重点观察学生在真实生活现场中的行为表现,考察其价值观念水平发展情况,对其做出实事求是的客观判断;以学生日常生活中的客观行为和真实事件作为主要评测依据,重点关注学校价值准则教育的常规常态工作,即日常的升旗仪式、班队会(朝会)等学校德育常规工作,观察学生上(放)学、校园活动等日常生活情景的随机、真实行为表现。

(三)对象与方法

本次监测采用自编的《A区中小幼学生价值准则教育监测标准》(以下简称《监测标准》),采取学校自测和区级抽测相结合的方式,按照分层监测的思路,分别选择幼儿园大班、小学三年级、小学五年级、初二年级、高二年级学生作为监测对象。本次监测主要采取行为观察法、个别访谈法、问卷调查法实施监测。行为观察法主要是根据《监测标准》各项指标体系和监测方式的说明,有目的、有计划地对学校、教师、学生等被测对象在真实生活中的言语、行为等外部表现进行认真观察、客观记录,计算相应等级分数。个别访谈法主要是监测人员随机选择部分学生进行交流访谈,深入、详细、全面了解学生的内心真实想法和思想观念,再给出相应评定的等级分数。问卷调查法则采用全区统一编制的调查问卷进行监测。其中,学校自测涉及学校86所(其中幼儿园4所、小学56所、中学26所)。区级抽测14所学校(含高完中学校3所、单办初中3所、小学6所、幼儿园2所),随机抽测学生1301人次,具体人数统计如表1。

表1　各年级调查对象分布情况统计表

	幼儿园	小学低段	小学高段	初中	高中
现场观察	25	324	320	152	155
现场访谈	10	30	30	30	15
问卷调查	0	60	60	60	30

二、监测结果及初步分析

（一）爱国维度

爱国是为民之本，指个人对祖国的忠诚和热爱，是民族自我认同的基础。爱国主义教育就是要树立学生的爱国意识，引导广大中小学生增强爱国情感。我们主要从国情意识、乡土观念、政治意识、传统文化、革命传统等五个方面了解学生的爱国意识和爱国行为情况。

1. 国情意识

国情意识主要是了解学生关于国家、家乡及所在社区等不同层面基本常识的掌握、理解情况。调查数据反映，中小学生对国情基本知识掌握较好。城乡学校之间相差较大，城市学校普遍好于农村学校，这也许与学生生活视野、生活经验有一定关系，也可能与学校德育的方式、方法有一定的关系。

2. 乡土观念

乡土意识主要指学生对社区、学校、家乡的了解、认同等基本情况。数据整体反映出学生对社区、学校、家乡等生活经验层面的情况较好。另一方面，各个年龄段的城市学生的情况普遍好于农村学校，说明农村学校德育工作需要进一步加强。

3. 政治意识

政治意识主要指中小学生关于少先队、共青团、中国共产党等党政组织的基本知识、价值认同以及民主参与现状等情况。数据显示，改进思想政治教育的途径、方法和思路显得很有必要。

4. 传统文化

传统文化是文明演化而汇集成的一种反映民族特质和风貌的精神内核，是民族历史上各种思想文化、观念形态的总体表现。本次测查主要了解学生对基本传统文化常识的了解情况以及是否主动悦纳的价值意愿。数据显示,重庆市A区中小学校普遍重视学生的传统文化教育,并结合个人生活经验对其再认知。但比较发现,城乡学生差异较大,与学生个人接触的生活环境有一定关系。

5.革命传统

革命传统是指革命志士以及广大人民群众为民族解放事业英勇奋斗、坚韧不拔的革命精神和革命人格,是共产主义世界观、人生观、价值观的集中体现。

(二)责任维度

责任是为事之本,具体表现为使人担当起某种职务和职责,做好分内之事,做不好分内事应承担责任,主要包括认真学习、讲究卫生、生活自理、热爱劳动、生活节制、着装得体、服务他人(社会)等基本内容。

1.认真学习

学习是学生最主要的生活方式和最重要的任务内容,是学生责任感的重要体现形式之一。本次测评主要从学生的课堂学习精神状态、学习准备、学习方法、学习主动性等角度,采用现场观测和现场访谈两种方式监测。在学生的个人学习计划制订上,90%的五年级小学生表示在教师要求下制订过计划,100%的初二学生能说出自己的学习计划,93.3%的高二学生能分享自己的学习计划,这反映出重庆市A区中小学生的学习计划性较好。

2.讲究卫生

对学生个人卫生主要从私德和公德两个方面进行监测。根据对学校、学生的现场监测情况,97.5%的中小学生个人卫生较好,但仍有部分学校较隐蔽地方的环境卫生值得改进,且卫生清洁保持不好。

3.生活自理

生活自理主要了解学生管理、服务自我生活的基本习惯、基本能力和基本态度。总体而言,A区学生的生活自理能力发展较好,但个人生活习惯表现上还有进一步提升空间。

4.热爱劳动

热爱劳动主要了解学生劳动的技能、方法、态度、观念等方面的基本情况。据调查数据显示:100%的小学三年级学生参加过班级劳动。

5.生活节制

生活节制主要指学生能对自我生活的状态主动认知,从而形成一种理性、审慎、积极的个人生活态度。抽样显示,重庆市 A 区学生个人生活克制,生活态度积极。

6.着装得体

着装得体指学生着装符合年龄,不穿过短、过露、过透衣物和拖鞋出入教室及公共场所。现场观测表明:重庆市 A 区 100％的小学生衣着符合小学生年龄要求,不佩戴夸张、不规范的饰品;100％的初二学生穿戴整齐得体,仪容仪表完全符合中学生行为规范;100％的高二学生着装符合身份,无穿着过短、过露、过透衣物及穿拖鞋出入教室的情况。数据表明,重庆市 A 区中小学生高度重视学生的仪容仪表要求和教育,中小学生外在形象表现较好。

7.服务他人(社会)

服务他人(社会)主要指学生能主动参与班级、学校组织的各种活动,承担相应班集体责任。主动服从班干部的管理,积极参与班级管理工作,并认真履职。并参加相应的社会实践活动。

(三)诚信维度

诚信即诚实守信,是一个人的为人之本。主要包括遵守规则、遵守时间、重诺守信、为人诚实、遵守公德、知法守法等基本内容。

1.遵守规则

遵守规则指具备良好的规则意识,能自觉遵守各种社会公共秩序。理解规则的重要性,具备一定的规则意识,能够采取民主协商的方式商议制定班级管理规则。调查数据表明,重庆市 A 区中小学生具备良好的规则意识,能在校内表现出良好的规则行为。但另一方面,学生对规则的践行与特定的生活情境具有密切的关系,需要学校积极营造一种良好的社会规则氛围。同时,学生主动参与规则制定机会不多,对规则难以真正发自内在地价值认同。

2.遵守时间

遵守时间是最基本的一种社交礼貌,也是最基本的良好习惯和美德,是一个人立足社会的基本文明素质和基本原则。从现场观察来看,整体而言,学生守时习惯较好,但也存在城乡差异,来自成年人的不良影响可能对儿童的惜时习惯造成负面影响。

3. 重诺守信

重诺守信主要指信守诺言、不说谎话,答应别人的事尽力做到,难以完成时应主动向对方说明缘由。数据反映出中小学生普遍认同信守承诺的价值观念,认为这是一个人的立身之本。

4. 为人诚实

为人诚实主要指不说谎话、做错事能主动承认。调查显示,学生普遍认同诚实的价值观念,但在实际行动中却存在一定的差距,需要教师结合学生的现实生活经验进行深层次的价值引领。

5. 遵守公德

社会公德是维系正常社会公共生活秩序的基本道德规范,是形成良好社会风气的基石,体现出一个民族的文明程度和精神风貌。调查显示,重庆市 A 区中小学生普遍认同日常公共生活中的基本规范,但现实生活行动却存在一定差距,除了社会普遍不利的氛围影响外,也可能与学校教育中缺乏针对具体生活情境的生活细节指导有关。

6. 知法守法

知法守法主要指学生具备一定的法律素养,在现实生活中能学法、知法、守法,并主动利用法律知识保护自己。调查显示,当前中学生法治意识正逐步增强,利用法律保护自己合法权利的观念深入人心,但另一方面,学生对法律的理解主要侧重于与个人私人权利密切相关的领域,对于国家、社会等公共生活相关的公权领域的法治意识比较薄弱,仍需进一步加强。

(四)友善维度

友善即友好善良,是人与人之间的交往之本。主要包括热爱生命、自尊自爱、文明有礼、友好相处、关心他人、热爱自然等相关内容。

1. 热爱生命

热爱生命主要让学生掌握必要的安全知识,学会自我保护的基本技能,从而养成积极健康的生活态度。总体而言,重庆市 A 区中小学生安全自护知识掌握较好,自我安全保护意识较为强烈,这与当前中小学校普遍高度重视学校安全教育密切相关。

2.自尊自爱

自尊自爱旨在引导学生主动追求积极健康的生活方式,探索并发现个体生命的意义与价值,从而在个体与群体的关系中实现并升华个人的生命价值。调查显示,重庆市 A 区中小学生具备健康、良好的个人生活方式,呈现出积极上进的精神风貌,但在个体的合作、自信等能力素养发展上还有进一步提升空间。

3.文明有礼

文明有礼不仅是个人素质、教养的直接反映,也是个人道德和社会道德的综合体现,主要涉及个人仪容、举止、表情、语言、服饰、谈吐、待人接物各方面。调查显示,重庆市 A 区中小学生均表现出良好的文明素养,这与重庆市 A 区中小学校长期注重学生的文明礼仪教育密切相关。

4.友好相处

现场监测显示,重庆市 A 区学生人际关系良好,并且具备一定的人际关系协调技能和能力。但访谈也发现,小学生之间的同桌关系存在一定问题,尤其体现在优生与后进生同桌情况下,这需要教师加强生生间同桌关系协调能力的指导。

5.关心他人

关心他人主要指真心实意地、设身处地地为别人思考,具备一定换位思考的能力,能因人而异采取恰当的方式表达个人的关心和帮助。整体而言,重庆市 A 区学生人际关系和谐,学生能够主动关心他人,但从数据分析上看,从幼儿园到高中人际关系和谐程度呈现一种下降趋势,这可能与学生年龄越大,面临的生活复杂性越大密切相关。因此,基于学生的现实生活基础,紧扣人际关系的复杂问题进行深度对话指导,显得非常有必要。

6.热爱自然

人与自然和谐相处,是尊重自然、敬畏自然的一种高级的生命意识形态。本次测评主要集中在重庆市 A 区高二年级学生。调查反映,重庆市 A 区中小学生具备一定的环保意识,但在具体的环保知识、环保能力、环保行动上存在一定的差距。

三、对重庆市 A 区价值准则教育实施现状的基本认识

（一）目前重庆市 A 区价值准则教育实施现状的主要特点

调查结果表明，重庆市 A 区中小学生价值准则教育整体效果良好，学生形成了积极健康、富有时代精神、体现现实生活特点的价值观念系统，这既是中小学校德育长期实践的结果，也是现实生活熏陶的结果。

一是价值准则整体认同度较高。中小学生对核心价值观整体上比较认可，并有强烈的价值主体意识。二是个体性价值观念积极向上。所谓个体性价值观念，主要是指集中体现在私人领域里的价值观念和行为，是一个人独处时具有的个体性价值思维方式。当前，重庆市 A 区中小学生普遍重视与个人生活、学习、做事、成长、发展相关的私人性价值观念，并取得了较好的效果。三是价值教育取向趋于理性。本次监测采用问卷调查、现场访谈、现场观测等三种方式实地调查学生对价值准则的认识、理解、认同和践行情况，从 4 个维度 25 个观测范畴来看，虽然呈现一定的知易行难态势，但整体上趋于一致。这也反映出重庆市 A 区"思辨型""体验型""欣赏型"三种基本价值教育模式的有效性。

（二）重庆市 A 区价值准则教育实施中存在的主要问题（略）

（三）加强重庆市 A 区价值准则教育的主要对策

1. 加强长效机制建设，促进区域价值准则教育内涵发展

一是健全区域价值准则教育领导体制。以贯彻落实《A 区关于深入开展"爱国、责任、诚信、友善"四个序列价值教育的实施意见》文件精神为抓手，整体推进区域价值准则教育步伐。整合区域德育力量，依托教委德育科，统一领导、规划、组织、实施、评价区域价值准则教育整体情况。发挥"督"和"导"机制作用，进一步提高中小学校实施价值准则教育的责任意识，制定"A 区中小学校价值准则教育工作考评指标体系"，将学校实施价值准则教育工作情况纳入办学质量评估，确保区域价值准则教育在基层学校落地生根、取得实效。

二是健全价值准则教育科研引领机制。以市教育科学规划相关重点课题"区域推进中小学生价值准则教育实践研究"为突破，采取"统一规划、科研引领、课题推动、整体构建、突出特色"的思路，引领中小学聚焦区域价值准则教育

热点、难点问题,有针对性地进行系统攻关,努力探索学校价值准则教育的新内容、新方法、新途径,不断推进区域德育深度内涵发展;加大校本价值准则教育实践探索力度,设立中小学校价值准则教育专项课题,鼓励中小学校围绕校本价值准则教育实践的主要问题,自主确立课题申报方向、研究内容,调动基层学校开展价值准则教育的积极性、主动性;尝试推行教师价值准则教育个人成长科研课题制度,支持一线班主任教师以课题研究为载体,围绕班级建设实践的具体问题,按照"问题即课题、实践即研究、成长即成果"的思路,以德育实践变革为着力点,不断推动班主任教师自身专业成长。

三是完善校长德育工作论坛机制。进一步强化校长实施学校价值准则教育的职责,增强校长领导学校德育工作意识,更新校长育人理念,提升校长德育能力,定期每两年举办一次校长德育专题论坛,由一把手校长围绕学校实施价值准则教育的创新性举措作 15 分钟左右的专题性交流。同时,邀请权威性德育专家组成第三方教育评审团,围绕学校价值准则教育的工作思路、实践、效果等情况做出客观、公正评价。通过教育行政推动、专家专业引领、学校相互观摩,最大限度发挥区域价值准则教育的联动效应。

四是试点试行区域价值准则教育诊断制度。建立价值准则教育调研的监测、评价、诊断、调控工作机制,发挥区教研室德育专业引领服务职能。每年选择部分学校,以每所学校"蹲点"一周左右时间的深度调研工作方式,针对学校价值准则教育的德育文化、德育过程、德育要素、德育效果等内容,从问题描述、原因揭示、改进方案设计等方面帮助学校查找存在的问题,厘清问题内在机理,并提出改进和解决问题的具体对策,确保区域价值准则教育有序推进、可持续发展。

五是启动价值准则教育品牌建设工程。以校本价值准则教育实践为主要创建内容,本着落细、落小、落实的基本原则,立足区域、学校实际和学生生活实际,全面推进价值准则教育基本要求的实践化、课程化、生活化。按照"创新项目学校""特色项目学校""品牌项目学校"三阶段创建总体思路,充分挖掘区域价值准则教育资源,围绕一批重点项目进行深层次研究、指导、推广,创建一批理念先进、模式科学、特色鲜明、在全市有一定影响力的价值准则教育品牌项目,整体推进区域德育实践纵向深度发展。利用 3 年左右时间,实现所有学校建有价值准则教育"创新项目",50％的学校建成"特色项目",20％的学校达到"品牌项目",基本实现"一校一品"或"一校多品"的区域学校价值准则教育新格局,全面提升重庆市 A 区中小学德育工作的科学化水平。

六是举行思辨性主题班队会课竞赛。定期每两年组织开展区域"思辨性"主题班队会课竞赛,调动学校开展价值准则教育教研工作的积极性、主动性,不断推进区域价值准则教育内涵深度发展。同时,坚持"以赛促研、以赛促学、以赛促培"的竞赛方针,积极为一线教师专业成长搭建平台,不断更新育人理念,不断提升专业思维品质和德育能力,努力推进区域价值准则教育实践转型。

2.聚焦学校德育常态,提升学校价值准则教育育人内涵

一是发掘班级组织建设育人内涵。班级组织建设不仅是学生自我管理的重要方式和班级生活形成的内在有机性力量,更是实施学生价值准则教育最为重要的路径。学生组织的建立与发展过程,可以成为学生的实践过程,更应成为学生价值生成的有利教育资源。一方面,中小学校德育要主动思考班级岗位建设与学生价值生成的关系与意义,注意从班级岗位类型、班级岗位设置、岗位职责制定、岗位动态运行评价以及其年级特点等方面,探讨有效促进学生主动健康发展的班级岗位建设规律。另一方面,重点关注不同年段学生干部竞选方式、工作方式和轮换方式对学生发展的重要育人价值,进一步丰富、完善学校班级组织建设的育人价值内涵,实现从"管理"向"育人"的自觉转化。

二是加强校园(班级)文化建设。克服当前学校(班级)文化建设"成人视角""千校一面"等误区,以学生对校园环境的主动作用为重点,以学生与校园环境的主动对话为核心,进一步发现学校(班级)文化建设的育人价值。一方面注重营造洋溢学生生命成长气息的校园文化。要发动学校成员(尤其是学生)参与学校(班级)环境的整体规划,让学生在校园(班级)文化建设中得以成长发展,不断增强学生对校园文化的内在自我认同。另一方面,要组织文化活动,充分利用文化建设中的教育资源。如,让学生献计献策、共同策划教室环境的布置内容和相关要求;举行教室文化设计比赛……发动每个学生设计布置方案;召开班委会,整理、修改、加工各种方案,并认真组织实施。

三是打造学校价值准则教育精品活动。教育行政主管部门要与基层一线学校各司其职,要重点结合学校实际,加强对学生活动的类型、内容和组织机制的研究,要紧扣区域价值准则教育目标体系,把培养学生的关键品格和必备能力作为学校德育活动的核心价值追求。要针对不同类型学生的参与特点和发展需求变化设计德育活动,注重学生活动过程中的主动参与、真实体验、反思升华,让学校德育活动的每一个环节都洋溢着育人的芬芳,让学校德育活动的每一个环节都成为学生成长发展的契机,让学校德育活动的每一个环节都成为教师专业发展的良机。

四是加强学科实施价值准则教育研究。学科课程对学生个体价值观念的形成产生直接影响,是学校德育的最主要途径。遵从课程育人的"三个统一"思想:坚持文化知识学习与思想品德修养的统一、理论学习与社会实践的统一、全面发展与个性发展的统一,采取"整体联动、功能互补、多管齐下"的推进策略,以增强教师立德树人使命感和责任感为基础,以发挥不同学科课程育人的作用为出发点,以提高教师整体育人能力为核心,以学生身心健康和谐发展、综合素质全面提高为目的,确实发挥课程育人的主渠道作用。

3.强化德育队伍建设,提升教师价值教育意识和能力

一是加快德育干部培训步伐。定期举办学校分管德育工作的校长专题培训班、德育主任(少先队大队辅导员)专题培训班,邀请国内知名德育专家进行专题式德育培训,不断更新干部队伍德育理念、思维方式。定期组织德育干部队伍赴教育发达地区考察交流,不断开阔德育干部教育视野,主动吸纳先进地区的德育典型经验。

二是落实班主任全员培训力度。秉持"学员为本、按需施培"的理念,按照"合理分层,突出差异"的指导原则,确立"金字塔式"的多层级培养体系:以适应规范为重点,加强职初班主任培养;以整体提升为目标,落实班主任全员培训;以专题研修为途径,加强骨干成熟型班主任培养;以引领示范为核心,加强名班主任培养。

三是推行"名班主任"工作室制度。激活区域德育优势资源的共享共生,采取"以点带面"策略,加快区域班主任队伍专业化发展步伐。以三年为一周期,

采用"志愿申报+考核评比"的工作方式,在全区中小学校挑选 10 名经验丰富、班级建设具有一定特色、具备一定专业理论基础的专家型班主任,作为区域班主任专业发展的领军带头人物。在此基础上,每名专家型班主任跨校际挑选 4~5 名具有一定丰富班级工作经验的骨干班主任教师组成班主任名师工作室,作为区域班主任专业发展的中坚力量。最后,每名骨干班主任在本校内选择 5~10 名班主任组成校内骨干班主任团队,作为区域班主任专业发展的基础。同时,加大班主任专业发展支持力度,采取团队汇报展示的方式,每年对专家型班主任团队工作情况进行考核评价,并给予一定的专项经费奖励。

4. 加强德育教研工作,推动区域价值准则教育内生发展

一是强化区级层面价值准则教育教研引领示范职能。树立"全、深、实"的教研价值取向,依托区教研室德育研究力量,按照"教研专题化、专题系列化"的教研策略,秉持"聚焦问题、重点攻关、持续研究、分别突破"的教研思路,采取"大处着眼、小处入手"工作策略,不断推动区域德育教研纵深化、精细化、内涵化发展。"大处着眼",即把握区域价值准则教育的宏观教研主题视域,紧扣区域德育发展热点、重大问题,明确教研的总体架构。以三年为一周期,分别确定每一阶段区域价值准则教育教研重心。"小处入手",即坚持选择教研问题的草根性,在大的主题确定范围内,分别确定具体研究的教研问题,追求通过一次教研活动加深对一个小的研究问题的深刻认识。

二是定期举办区域层面价值准则教育工作专题论坛。加大区域内校际德育工作互动研讨力度,按照"整体设计、差异推进、放大新质、滚动发展"的工作思路,定期举办区域价值准则教育工作交流研讨,整体推动区域价值准则教育实践变革。"整体设计",即围绕区域价值准则教育焦点主题,统一制订年度论坛研讨的价值准则教育实践任务和计划,确保研讨活动的成果源自基层一线价值准则教育实践变革;"差异推进",即关注各校价值准则教育实践变革推进步伐的差异性,并在差异中发现、生成积极的德育资源;"放大新质",即在发现学校价值准则教育经验的基础上,及时提炼、概括,形成具有一定普遍推广意义的区域价值准则教育典型;"滚动发展",即区域价值准则教育变革过程整体呈现出不断扩大的阶段式、波浪式推进历程。

　　三是启动优秀德育教研组建设计划。进一步加强学校德育教研组建设，改变学校德育教研长期停留于工作布置的现状，按照"小、实、近"原则，采取"专题化教研"思路，以提升教师价值准则教育能力为重点，针对价值准则教育中的热难点问题，围绕一线班主任教师班级管理、活动组织实施、班级文化建设、家校沟通、学生评价、后进学生转化等现实德育工作困惑确立学校价值准则教育教研主题，采取"德育案例导入—问题诊断分析—行为改进策略—改进效果反思"的问题解决式的教研思维路径，定期组织开展校本班主任教师德育工作教研活动。

4.河南省郑州航空港区德育现状专题调研报告

立德树人,上善共生,幸福人生

——河南省郑州航空港区德育现状专题调研报告

研究项目组

2018 年 11 月

一、调研概况

2018 年 5 月 11 日至 8 月 22 日、8 月 22 日至 10 月 19 日,第三方教育智库机构受郑州航空港区教文卫体局教育处及郑州航空港区(以下简称"港区")基础教研室的委托,组织教育及文化研究和实践领域的德育知名专家组成德育品牌建设专题研究项目专家组。项目组成员涵盖国内顶级教育研究机构北京师范大学、西南大学及重庆市教科院等科研院所专家、一线中小学校长、教育行政部门的领导及相关领域的专家,专家地域包括北京市、上海市、重庆市、浙江省、四川省、河南省、甘肃省等省市。

项目组深入港区教育体育处、教研室及 15 所样本学校(幼儿园),通过与港区教育处、教研室领导深度访谈对话 6 人次,参与港区组织的全区学校参加的 3 次德育专题工作推进会、学校校长书记班子成员及中层领导访谈 60 人次,领导(60 份)、教师(140 份)、学生问卷(225 份),家长现场访谈及电话调研(18 人),查阅相关资料,听课及看课(28 节),主要采取看课,比如听一二九中学"道德与法治""建设法治中国,夯实法治基础"及语文课,一二二中学的"诚信教育课"、吕槐小学"品德与社会""我们的班干部选举"、博雅小学"道德与法治"中"说说我们的学校"等,通过实地观察等方式,先后对航空港区第二小学、一二九中学、君赵小学、一二二中学、桥航路小学、吕槐小学、实验小学、航南幼儿园、领航学校、清河中心校、遵大路小学、郑州一中航空港区学校、绿苑幼儿园及龙港中心校博雅小学等 15 所学校(含幼儿园)进行了现场调研,调研对象涵盖港区教育各类型学校,学校对象包括三大中心校、幼儿园、小学及中学类型全覆盖。现将调研的情况报告如下。

二、总体印象

(一)港区整体概况

按照国家、河南、郑州及港区相关单位要求,尤其是从 2018 年 3 月港区教研室下发《关于举办 2018 年中小学德育教育模式实践与途径创新现场交流会活动安排》以来,港区相关教育部门、中心校级各学校积极行动,整体而言,德育工作推进力度覆盖面大,共识度高,成效明显。不过也存在需改进的地方。

(二)港区学校概况

学校调研程序及内容:学校领导向项目组汇报交流学校德育工作特色亮点、学校未来德育规划及对港区层面的德育工作相关建议、2019 年港区现场德育工作会相关材料的建议及其他工作、参观学校德育亮点工作及实地考察情况,必要时抽听或观察班会课(队会课)、法治课及其他课程。

从调研的情况来看,港区多数学校对德育工作比较重视,开展了多种形式的德育活动,做了一些有实效的工作,但也不同程度地存在亟待解决的问题。

三、成效亮点

(一)港区层面

1.港区教文卫体局教育处教研室通过专家评审,以超前的战略意识和强烈的智库意识确定第三方教育智库协助港区德育品牌建设工作,值得高度肯定赞扬。港区教育领域领导教育前瞻意识强。

2.“上善共生”理念成为普遍共识。通过港区教育系统冷内部凝练、专家论证、智库打磨,自下而上、自上而下提出的航空港区“上善共生”德育理念得到广大师生、家长、社会及港区教育人的体悟认同。基于实际的科学并尊重教育规律的“上善共生”理念正作为航空港区的德育工作主题观念及顶层设计引领航空港区德育工作大步向前。

3.德育体系建设思路彰显特色。航空港区遵循“时间为序、空间为纲、问题为基”的基本思路,聚焦中小(幼)学生中普遍存在的道德共性问题,依据学生道德关系发生“由己及人、由近及远”的情境规律,按照“由浅入深、由低到高、由感性到理性、由具体到抽象、分层递进、螺旋上升”的思路“分层面、分年度、抓常规、凸重点”,建立并逐渐完善具有航空港区特色的德育目标内容体系和德育活动体系——“郑州航空港区学生成长指南手册”。同时,郑州航空港区注重中原文化的德育经典内涵,寻根“乡土文化”,汇聚智慧,编撰了五本系列《郑州航空港经济综合实验区乡土文化教材》。从整体而言,港区在家校、学校与社区的合作方面意识较强,也是教研室及学校德育工作开展较好的方面。

4.注重大德育观念,学生在常规"基础德育"中成长。航空港区以"基础德育"为抓手和突破口,把握常态德育"陪伴""赏识"的主线,多角度、多层次、多地区开展德育活动,通过推进长程序列化德育主题活动、学校德育文化活动节等,全面提升学生综合素质,并将其作为各学校开发校本德育课程、设计学校德育活动的参考依据,增强了学校德育的针对性、科学性和实效性。各校不同程度地关注了学科课程渗透德育。各校开展了不同形式的家校结合的德育实践活动。领航学校、第二小学、桥航路小学、龙港中心校博雅小学等做得比较扎实。港区及各学校整体而言没有为德育而德育,比如2018年11月1日上午在港区召开的教育系统生活垃圾分类工作培训会,就注重环保教育与学校德育的有机结合。

5.德育工程"九个一"常态推进。在如火如荼的教育改革大潮中,航空港区正常态推进全区的"九个一"德育工程:一生(道德实践风尚人物暨美德少年)评比,一剧(德育舞台剧,即学生"课本剧"、班级"舞台剧"才艺表演等)展示,一师(德育名师并授牌德育名师工作室)选拔,一课(语文等科德育精品课程或精品班队会)比赛,一例(德育经典小故事或典型案例)征集,一文(德育工作论文)评选,一特色或亮点学校(各学校可以结合自己实际创建某个专项奖:家庭教育示范校、心理健康教育示范校、行为规范示范校、研学旅行示范校、生涯规划教育示范校、社团活动示范校及德育综合工作示范校等)奖励,一专项课题(鼓励亦要求每个学校向区教研室及以上层面至少申报一项德育专项课题)立项,一把手(推行校长德育工作述职制度)述职等。

6.德育工作队伍建设成效明显。为促进德育工作队伍及教师专业发展,航空港区定期开展学校分管德育工作的校长专题培训班、德育主任(少先队大队辅导员)专题培训班及面向全体教师的相关培训,邀请国内知名德育专家进行专题式德育培训,不断更新改进学校干部队伍德育理念和思维方式;建立班主任名师工作室,举办区域班主任基本功竞赛,采用"赛训一体、以赛促建"的方式,围绕"班主任工作案例展示""班主任观答辩""班主任个人专业成长案例"等班主任工作核心内容组织实施比赛，"班主任基本功竞赛""学科育德精品课竞赛"等比赛提高了班主任及专任教师课程德育专业知识、核心技能和管理水平，展现了德育教师队伍的风采，增加了教师的职业认同感、内在成就感、自豪感和使命感；建立教师定期学习和进修制度，为教师专业发展提供平台和机会；不断更新教师的育人理念，提升教师的专业品质和育人能力；定期组织德育干部队伍赴发达地区和德育工作改革成效显著的地区及学校考察交流，不断拓展德育干部教育视野，主动吸纳先进地区的德育典型经验。2018 年 4 月，航空港区教育专家团队前往杭州学习先进的德育理念和教育实践；2018 年 7 月，组织港区校长及教师团队前往西南大学及重庆学习考察；2018 年 9 月，专家团队前往甘肃平凉进行考察学习，了解和调研城乡小规模学校及农村学校具有地区特色的德育课程。2018 年 9 月，郑州航空港区领航学校举行了为期一周的新教师汇报课活动，充分体现了学校"和悦课堂"的教学理念，不仅为新教师提供了展现自我风采的平台，而且提高了新教师驾驭课堂的能力，有效促进了新教师的专业发展。2018 年 10 月，港区教育系统相关领导和教师前往上海及贵州学习考察。

7. 德育课程建设及校园文化美美与共。航空港区"上善共生"的德育理念尊重差异，尊重个性，满足学生的多样化成长需求及学校的自主特色发展。航空港区学校在讨论和征求相关领导的基础上，由德育教师及学科教师进行自主设计，自主开发，自主实施校本课程。2018 年 9 月，港区各中心校举办了校本课程开发成果展，参展的校本课程共有 20 余种，种类繁多、制作精美，不仅有版画作品，而且还有制作精美的沥粉画作品、民间剪纸艺术作品、手工作品和陶瓷作品等。各学校充分结合学校历史、校情和学校德育文化环境开展丰富多彩的学校德育品牌建设，比如君赵小学的"博物馆德育"、一二九中学的"术木工坊中的劳动德育"、领航学校及清河博雅小学的"足球德育"、遵大路小学"简约"文化下的"正德好少年"实践课程、郑州一中航空港区学校"爱的文化、善的教育"理念指导下的"军训德育课程"、港区第二小学的"实地劳动德育"、一二二中学"模拟法庭"社团课程及"五净"教育、桥航路小学较系统的仪式德育课程、吕槐小学"破冰向上——臻善臻美"理念下的系列主题教育活动和"善美学子"评选活动。

航南幼儿园形成了"用心等待每一朵花开"办园理念,初步形成了环境育德、课程育德、文化育德、活动育德、家园育德的幼儿园德育活动框架体系,绿苑幼儿园倾注"春风化雨,润物无声"式的"美的教育、心的成长"的环保德育环境育人课程,实验小学"润心启智"办学理念下打造学校"润"文化及学校德育"创造自我、理解同伴、亲子融合、师生相长、学校参与、文学艺术、社会实践、家国情怀"八项子课程并构建了德育课程星级评价指标,领航学校初步构建了德育三级管理框架体系,教师坚持撰写教育教学反思日志,延时教学弹性放学显大爱,为学生服务得到肯定。清河中心校各学校已基本形成了清河中心校引领下的"美丽清河,和美与共"的德育课程体系……

8.德育机制凸显教育治理思路。为落实立德树人根本任务,航空港区正拟建立航空港区德育研究中心—学区或中心校德育教研中心组—学校德育教研组三级德育治理研修网络,组成校际德育教研共同体,采取"互助式""捆绑式"推进策略,按照"整合资源、聚合力量、强弱搭配、优化组合"的工作思路,将全区中小学分成若干个学区或中心校(共同体),共同推进德育教研工作;通过区域德育工作交流研讨和培训交流,培养和造就了一批能够支撑和推动本地区中小学德育工作的专家队伍和名师队伍,切实发挥了德育研究引领示范效应,推动了区域德育的实践和变革,有效确保了全区德育教研质量的整体提升;学校建立了德育教研组,聚焦学校德育工作的具体问题,定期组织交流研讨,共同探索破解德育工作难题的方法策略。

(二)学校角度

1.各校德育常规教育(包括升旗仪式、班队活动、社团实践活动、传统教育活动等)基本形成常态。

2.各校的德育活动各有特点:

港区第二小学:学校德育理念与区域的理念契合度高,学校德育以"善"为出发点,与区域的"上善共生"关系密切,能很好印证区域德育理念。学校总结的一周(开端教育周)两会(周一的晨会及班会)三结合(家庭、学校与社会结合)展现了常态德育成效。学校通过"家校联系热线电话"等方式开展家校联系,并制订了《学校、家庭、社会三结合教育活动计划》,把握现状及前瞻意识较强。学校德育课程初具体系,采取按每月一个德育主题的方式来开展德育,对于学生进行潜移默化的影响,符合未成年人的认知特点。劳动基地进行劳动教育并把劳动成果在市场销售,让学生体会劳动的不容易和成功的喜悦。利用校园空地种菜、种果树的劳动教育,培养了学生的劳动观念和劳动意识。

一二九中学:在"做尊重人的教育,育有自信心的人"的办学理念指引下建构学校的德育理念"做人向上向善,为学求实求真,立足课程课堂,育人成才成长",与区域"上善共生"的德育理念近乎一致。学校将课堂作为德育主阵地,并利用现有资源,积极开发校本课程,特别是木工课程,让学生在动手实践中,领悟传统文化的魅力,成效显著。高度重视"礼仪教育"和学生社团。术木工坊的劳动教育注重劳动与德育相结合,培养了学生的劳动习惯。

君赵小学:学校已经构建起了一整套相对比较完善的理念架构,"以美育德,德美共生",从核心理念到办学目标、育人目标、教风学风以及学校精神等层面相当完善。学校的校园文化建设有明确的逻辑体系,学校文化的载体"莲""荷"富有情趣,特别是园林打造、校园景观设计,极具震撼力。领导认识明确,积极准备,提出了"荷美"教育理念,初步建构了学校的适应性、超越性、发展性三大方面七大板块的德育课程框架;荷动心智,莲生情韵,利用农耕博物馆开展农耕传统文化教育,利用物理空间,拓展了心理空间,体现了以美育德、德美共生。

一二二中学:学校有自己的德育课程体系,有较成体系的"德育三年工作计划"。"德育三年工作计划"确立了"学生为本,体验为主"的德育理念,倡导生命成长中的生命德育。学校领导高度重视明年现场会的准备工作。社团活动中的"模拟法庭""创客空间""心理咨询"很有特色,结合本校实际,提出并实施行为规范的"五净"教育卓有成效。

桥航路小学:学校是"全国优秀家长学校",坚持以德立校、以德立人的办学方向,确立了"博学知礼,胸怀家国"的德育工作理念,学校办有校刊《祥耘》,成为展示学校成果与交流的重要平台。该校形成了"向着明亮那方"的比较系统的仪式教育(入学、入队、升旗、结业等),注重学生的养成教育。同时,学校注重加强社区教育与学校社区的联合,比如学校做到"传统民俗文化进社区",将家校合作做到家庭、社区与学校的共赢。另外该校微课程、微班会值得提倡与推广。

吕槐小学：作为一所典型的乡村学校，学校理念契合港区教育理念"上善共生"，学校领导对德育有自己的认识研判，积极上进，对2019年德育工作现场会高度重视，正历练内功。学校"立德树人""做有道德的教育""做有未来的教育"，涵养一个适合学生成长的教育生态，不断研究探索新时期德育工作的新方法、新途径，积极构建学校、家庭、社会"三结合"育人网络。通过以德育常规管理为规范、班级常规教育为基础、主题教育活动为主线、善美之星评比为引领，提出了"破冰向上——臻善臻美"的办学理念，围绕理念加强了德育常规管理，开展了系列主题教育活动和善美学子评选活动。

航南幼儿园：学校成果凝练意识强，有宣传册，办有航南幼儿园园报《快乐起航》，成为家园沟通、学校德育品牌建设的重要窗口。园领导班子成员积极准备现场会的各项工作。形成了"用心等待每一朵花开"的办园理念，初步形成了环境育德、课程育德、文化育德、活动育德、行为育德、绘本育德、家园育德的幼儿园德育活动框架体系。德育无痕，花开有声。幼儿阶段是人生的启蒙时期，家庭是人生的第一所学校。

实验小学：学校领导高度重视，充满信心，积极筹备2019年德育工作会。学校自认为德育工作最大的亮点是"以情育人，用爱润心"。学校是一所有故事的学校。特色之一就是写家长信和班级叙事持之以恒。坚持小班额就是大爱的思想体现了平和有爱的校长的办学精神。强将手下有强兵。学校办学思想先进，较有国际化意识。根据学校"润心启智"的办学理念，打造学校"润"文化，紧紧围绕办学理念，构建形成了学校德育"创造自我、理解同伴、亲子融合、师生相长、学校参与、文学艺术、社会实践、家国情怀"的八项子课程，积累了比较丰富的活动经验。同时学校有"课外家访，携手成长——郑州航空港区实验小学家访活动方案"值得推广。有爱的、有教育情怀的校长一定会把学校带领得更远。

领航学校：最大亮点是学校社团活动的开展。学校德育及相关成果固化及凝练意识强，有现成的材料。领导班子成员高度重视德育工作，以提升课堂幸福指数为核心,初步构建了德育三级管理、德育队伍建设、学生养成教育、德育主题活动、社团活动、班级文化建设等内容的德育框架体系和和悦课堂。教师坚持撰写教育教学反思日志,积累资料,编印成册并发表在"郑州教育博客"上,教育博客有专刊,为学校德育工作的有效开展奠定了坚实的基础。想家长之所想,教学生之所需,延时教学(弹性放学),为学生服务得到充分肯定。三十几个社团,百名学生争百星活动,群星闪耀。在我眼中你最美,追求幸福的教育,人手一本反思集的做法值得推广。

清河中心校(含福和希望小学):中心校下属 7 所小学、3 所幼儿园、1 所中学。德育理念契合港区"上善共生"理念,主要亮点是突出"和",行为习惯课程、书写课程由全中心校统一课程。在德育课程体系建设方面积极着手,狠抓落实,已基本形成了清河中心校引领下的"美丽清河,和美与共""和而不同,各美其美"的德育课程体系,以指导引领辖区各校的德育工作;中心校默默无闻地做了很多事,而且积少成多,积累多了就好了。越多越好,越来越好。福和希望小学主要以养成教育为抓手,自主研发"习惯长河""习惯课程",培育"和慧少年"的行为值得肯定,规范学生的行为。

遵大路小学:以"简育智慧,约定未来"为核心理念,学校注重从活动中培养道德精神。在学科拓展、语言文学、艺术体育、人文素养、身心发展、生活技能六大类实践课程方面下了很大功夫,也作出了突出的成绩。学校校长见证了学校的发展变化。学校确立了"简育智慧,约定未来"的理念。学校开展的相关活动"我和春天有个约会"研学旅行值得提倡。学校在简约而不简单的路上,有简约而不简单的人,一定可以做得更好。

郑州一中港区学校:学校坚守"爱的文化,善的教育"。学校校长眼中"无不是的人",这是尚善、向善的起点。从一定意义上说,教育就是德育,学校未将德育当作一项孤立的工作来做,也不是将其作为口号挂在嘴上,而是试图将之贯穿于从教学到生存、生活、生命的各个方面。学校常态的实践活动涉及实习、仪式课程、艺术节、大合唱、诗朗诵、绘画、书法、创客、3D 打印等各个方面。学校校长是一个有思想、上进、善于学习思考的校长。关于学校当前面临的德育现实问题,校长认为是师资队伍建设,教师能力、教师修养成为制约学校教育的瓶颈问题。学校一直思考关于教育目的及"自由的人"的认识。学校着眼于学生的"三生"(生存、生活及生命)教育。学校有生命的教育、有温度的唤醒德育值得提倡。爱满校园,校长有大爱,学生有善福,有大教育情怀的校长团队一定会发展得更好。不要只记住苏格拉底的"教育不是灌输,而是点燃火焰",还应该记住他的另外一句:"没有人因为知道了善而不向善的。"

绿苑幼儿园:春风化雨,润物无声。学校环保德育成了常态,教育活动深化了德育。幼儿园有800多名儿童,园子很精致,内容很丰富,进入教室犹如进入童话世界。管理工作很有秩序。德育在幼儿园教育中的地位是十分突出的,可以说全部的教育就是德育。令人印象最深的是重阳节感恩活动的照片,庭院里展示的照片足有上千张,孩子给家人洗脚、捶背、孝敬老人的感人画面,对孩子们具有极强的示范作用和感化作用。同时,幼儿园利用家庭教育资源,构建以幼儿园教育为主体、家庭教育为基础、社会道德为依托的立体化德育网络值得提倡。

龙港中心校(博雅小学):学校狠抓德育队伍建设,中心校属各学校在积极行动。博雅小学已经有小规模特色学校的特点。学校利用周边足球基地的优势建成了全国足球特色学校。学校在农村,但是学生很快乐。我们认为让学生身心愉悦的课堂和学校就是好课堂好学校。博雅小学以"博雅"为教育理念,试图将广博的知识基础和良好的品德培养统一起来并贯穿于教育教学的实际当中。学校硬件条件不是太好,但在做好常规德育工作的同时也有亮点。从听课情况来看,老师能将品德教育的内容渗透于课堂教学之中,教师态度自然活泼,富有启发性,学生参与度较高,发言积极,气氛活跃,师生间频繁的交流与互动提高了教学的质量。整个课堂教学活动看上去很完美,是一种比较理想的状态。但愿每个教师、每堂课都是如此。

四、问题与建议(略)

五、区域德育专家工作组调研后记

郑州航空港区德育工作需要紧跟新时代,"立德树人""上善共生"的德育工作、教育工作不是一蹴而就的,需要我们教育人持之以恒。郑州航空港区在国家及省市的要求及相关精神指导下,提出德育顶层设计是发展完善德育的大好机会和学校提升的一个良好契机。建议各学校积极开展德育研究,以培育学生核心素养及关键能力、必备品格为目标,培养合格且优秀的社会公民和社会主义建设者和接班人,各学校进一步系统规划,建设行之有效的德育团队,打造自身特色和符合学校的德育精品,认真走好德育工作中的每一个小步。"德育无小事,事事皆德育;教育即德育,德育即教育",做到"人人德育,处处德育";让郑州航空港区教育工作者人人做到"陪伴"与"赏识","与孩子们在一起"。"长风破浪会有时,直挂云帆济沧海",航空展翅,志在千里;陪伴赏识,功在当代;上善共生,志在未来。港区教育,德育先行,传承华夏文明,新时代的郑州航空港区教育定当与万千学子合力腾飞!

后　记

当今世界正经历百年未有之大变局，全球治理体系正在发生深刻变革，建构人类命运共同体对新时代的教育提出了新要求。培养担当中华民族复兴大任的时代新人，扣好接班人的人生第一粒"品行扣子"是新时代赋予教育事业的神圣使命。统筹城乡区域教育，贯彻落实习近平新时代中国特色社会主义思想及习近平关于教育的重要论述精神，紧扣立德树人教育根本任务，立足区域实际，以统筹城乡区域德育一体化体系建设为主要载体，统整城乡区域德育优势资源并优化德育路径、完善德育建设机制显得尤为重要。在特殊的时间节点，本书编著者结合我国相关省市区域德育实际，从理论与实践两大角度探讨了统筹城乡区域德育的基本理论、路径及模式等。既有道德观念论、德育认识论、德育方法论及城乡区域德育一体化的理论探究，还有鲜活生动的区域德育案例，值得相关研究人员、教育评价智库机构人员、教育管理人员及一线教育工作者实践参考使用。

本书部分内容来源于重庆市高校人文社会科学 2019 年度重点课题"新型城镇化背景下重庆乡镇寄宿制学校内生育人模式建构与评价研究"（项目编号：19SKGH166）、河南省教育科学"十三五"规划基础教育重点专项课题"新时代区域德育一体化工作体系构建研究"（项目编号：2019—JKGHJCJYZDZX—03）等课题阶段性研究成果。全书由相关教育行政主管部门、高校、第三方教育智库机构、基础教育教研机构和一线学校的管理人员及研究人员编著而成。全书由向帮华、倪胜利、张秀芬担纲主编，向帮华教授、海国忠主任对全书进行了修订统稿。相关编著者来自北京师范大学、西南大学、长江师范学院、河南省郑州航空港实验区教文卫体局、河南省郑州航空港实验区基础教研室、河南省郑州航空港实验区实验小学、重庆市江北区人民政府教育督导室、重庆市沙坪坝区教师进修学院、重庆市第八中学、重庆市秀山县凤起初级中学、重庆市沙坪坝区融汇沙坪坝小学校、重庆市外国语学校森林小学、重庆市城口县巴山镇第二中心小学、四川省成都市玉林小学、重庆天正教育评估监测咨询服务中心的教授、博士、教育管理人员、一线校长及相关研究人员。各章节编写人员如下：

前言：向帮华、倪胜利。第一章：第一节倪胜利、向帮华，第二节倪胜利、张秀芬，第三节倪胜利、海国忠。第二章：第一节倪胜利、袁桂林、向帮华，第二节倪胜利、张秀芬、海国忠、唐小兵，第三节倪胜利、张秀芬、向帮华、胡波。第三章：第一节王显锋、向帮华、郭先富，第二节刘晓霞、王显锋、郭先富，第三节冯保伟、王显锋、郭先富。第四章：第一节肖欣耘、冯保伟、伍德瑞、郭先富，第二节马明坤、刘开幸、王秀霞、文绍松，第三节郑仁均、马明坤、黎强，第四节满泽洪、向帮华、唐小兵、冉平。第五章：第一节王显锋、郭先富、向帮华、胡波，第二节向帮华、倪胜利、刘晓霞、王鹏。第六章：第一节张秀芬、向帮华、海国忠，第二节海国忠、张秀芬、向帮华。第七章：第一节海国忠、王秀霞、向帮华，第二节海国忠、张秀玲、贾会杰。第八章：第一节向帮华、海国忠、唐小兵、文绍松，第二节海国忠、向帮华、胡波、文绍松。附录材料由相关编著者整理或提供。

本书编著者参阅学习借鉴了相关书籍的有关内容，在书中引用了相关成果，并以适当的方式做了注明，在此表示衷心的感谢。虽然全书编著者为本书出版付出了许多努力，但是由于编著者水平所限，难免有疏漏或不妥之处，敬请读者提出宝贵意见，以便我们及时修订。

本书的编写出版得到重庆市"十四五"市级重点学科教育学建设经费及相关课题经费资助，得到全体编写人员所在单位领导的关心，得到江西教育出版社编辑的帮助，得到全体编著者的大力支持与倾力付出，在此一并感谢！

向帮华

2022 年 10 月